박정희시대와 한국 대중문화

체험자와의 대화

이 도서는 조은문화재단의 지원을 받아 간행되었습니다.

박정희시대와 한국 대중문화 -체험자와의 대화

초판 1쇄 발행 2012년 11월 15일

엮은이 김상민
펴낸이 윤관백
펴낸곳 선인

등록 제5-77호(1998.11.4)
주소 서울시 마포구 마포동 324-1 곶마루 B/D 1층
전화 02)718-6252 / 6257   팩스 02)718-6253
E-mail sunin72@chol.com

정가 · 18,000원
ISBN 978-89-5933-577-0   94900
ISBN 978-89-5933-333-2   (세트)

· 저자와 협의에 의해 인지를 생략합니다.
· 잘못된 책은 바꿔 드립니다.

박정희시대와 한국 대중문화

체험자와의 대화

김상민 엮음

선인

이 도서가 출간될 수 있도록 여러 지원을 아끼지 않은 조은문화재단과 관계자 여러분께 감사드립니다.

책을 내면서

이 책에 실린 내용은 명지대학교 국제한국학연구소에서 진행하고 있는 정기학술포럼의 성과를 활자화한 것이다. 명지대학교 국제한국학연구소에서는 박정희시대를 중심으로 한국 현대사를 재조명하겠다는 목표 아래 2004년부터는 관련 전문연구자들의 연구 성과를 중심으로, 2006년부터는 시대를 직접 경험했던 체험자들의 증언을 구술채록의 형식으로 정리해 국제한국학연구총서로서 지속적으로 기획·발간해왔다. 특별히 이처럼 구술과 채록의 형식으로 진행되고 있는 국제한국학연구소의 정기학술포럼은 박정희시대를 바라본 다양한 시선들과 생각의 온도차를 서로 이해하고 소통하며 확인할 수 있는 소중하고 특별한 장임에 틀림없다.

포럼이 시작된 이래 박정희시대의 정치, 경제, 외교, 안보, 국방 등의 테마로 진행되었던 정기학술포럼은 2011년에 이르러 문학과 대중문화를 주제로 삼게 될 만큼 다양한 시도와 그에 따른 성과를 거두었다고 자평할 수 있다. 그 결과 지난 명지대학교 국제한국학연구소 학술총서

6권은 2011년 상반기 포럼의 결과를 정리해 『박정희시대와 한국문학·한국사회』라는 제목으로 소설가 이호철, 문학평론가 임헌영, 시인 이근배, 문학평론가 염무웅 선생과의 대담이 엮여 출간되었고, 이번 7권에서는 2011년 하반기 포럼의 주제였던 『박정희시대와 한국 대중문화』가 활자화되는 기회를 얻게 되었다. 그에 따라 이번 총서에는 영화감독 이장호, 방송인 강동순, 배우이자 방송인 전무송, 그리고 언론인 정홍택 선생과의 대담을 실었다. 당연하지만 무엇보다도 포럼 초청에 흔쾌히 응하여 생생한 증언을 남겨주신 이 네 분의 선생님께 먼저 깊은 감사의 마음을 전한다.

영화·연극·방송·연예계에서 활약했던 증언자들의 체험을 직접 듣는 기회를 얻는다는 것은 사실 이 분야를 전공한 전문가가 아니더라도 분명 솔깃한 이야기일 것이다. 대부분의 사람들은 대중문화 자체를 즐기며 많은 시간과 비용을 여기에 소비하기 때문이다. 달리 말하면 대부분의 대중문화 생산주체들은 그것을 소비하는 사람들의 욕구와 성향을 잘 파악하고 있다. 이러한 이유로 이 책에 실린 증언자들은 한결같이 자신의 생각을 이미지화해 언어로 구사하는 데 탁월한 능력을 지닌 사람들이다. 그들의 체험을 듣는다는 것은 결국 그들의 생생한 묘사력을 통해 그들의 세계와 기억을 함께 공유한다는 의미일 것이다. 이 때문에 특별히 이번 대담의 내용을 정리해 한 권의 책으로 엮어 내는 작업은 증언자들의 기억의 재구성을 얼마나 생생하게, 곁에서 듣는 것처럼 활자화할 수 있는가가 핵심이었다.

정기학술포럼의 진행방식이 기본적으로 구술과 채록이다 보니 문헌사료에 집착하는 편자의 개인적 성향으로 인해 과연 이번 총서를 제대로 엮어 낼 수 있을까 걱정이 앞섰던 것이 사실이었다. 부족한 지식과 일천한 경험에도 불구하고 지난 십여 년간 영화사를 공부하고 가르쳤다는 이유로 이처럼 중요한 성과들을 국제한국학연구소의 일곱 번째

총서로서 정리할 수 있는 기회를 얻게 된 점에 대해 솔직히 부끄러운 마음이 앞선다.

사실 이 책 『박정희시대와 한국 대중문화』에는 제목 그대로 박정희시대와 한국의 대중문화를 구술을 통해 살펴보고자 포럼의 주제로 삼길 바랐던 편자의 개인적 바람도 포함되어 있었다. 그러나 제목과는 달리 영화와 연극, 방송계로 한정된 대담만이 실리게 되어 아쉬운 마음을 감출 수가 없다. 본문에도 실려있지만 '박정희시대와 한국 대중문화'를 포럼 주제로 기획하면서, 초빙하고자 했던 많은 증언자들을 모두 모실 수 없던 것이 이러한 결과를 낳게 된 가장 큰 원인이었다. 그러나 오히려 음악이나 여타 예술계 인사들을 모셔 대담을 진행했다면 편자의 짧은 지식으로 온전히 이 책을 엮어 낼 수 없었을 것임이 틀림없기에 내심 다음을 기약해야 한다는 사실에 남몰래 안도한 것도 사실이다. 그나마도 전무송, 정홍택 선생님과의 대담을 현장에서 이끌어주시고, 녹취 결과를 꼼꼼히 확인해 해설과 함께 정리해주신 연구소의 김택호 박사님과 손동유 박사님의 정성과 노력에 절대적으로 기대어 이 책이 출간되었음은 본문을 읽는 독자 여러분도 쉽게 아실 수 있을 것이라 생각한다. 지면을 빌어 두 분 선생님께 우선 감사의 말씀을 전한다.

굳이 다시 언급하지 않아도 구술을 중심으로 진행되는 포럼의 특징상, 그 성과가 책으로 정리되기 위해서는 많은 분들의 관심과 그것을 넘어선 부단한 열정과 노력이 수반된다. 이를 위해 무엇보다도 국제한국학연구소의 박정희시대와 한국현대사 학술포럼에 지속적인 관심을 갖고 참여해 주시는 선생님들과 포럼이 순항하는데 물심양면으로 지원을 아끼지 않은 조은문화재단의 김승남 이사장님과 이후득 상임이사님께 감사드린다. 아울러 녹화된 영상자료와 녹음된 음성자료를 보고 들어가며 최대한 정확하게 활자화하는 것이 가장 우선적으로 실행되어야 할 중요한 작업임을 감안한다면, 이 책의 저본과 다름 아닌 녹취문을 제작해주신 조성희 선생님의 노고도 잊을 수 없을 것이다. 그리고 어려운 상황에서도 60회가 넘도록 학술포럼을 이끌고 계시는 정성화 소장님의 관심과 애정이 이 책 발간의 가장 핵심적인 원동력이라는 점도 다시 한 번 알리고 싶다. 포럼의 원활한 기획과 진행에 늘 노력하시는 연구위원님들과 조영재·이나미 박사님을 비롯한 연구교수님들, 포럼 진행에 차질이 없도록 늘 수고해 주시는 김하나·권용찬 연구원, 그리고 부족한 편자의 시선 속 사각을 밝혀 채워주신 도서출판 선인에게 역시 깊이 감사드린다.

  마지막으로 짧지 않은 시간 동안 국제한국학연구소에서 여러 모습으로 신세를 지고 있으면서 단지 포럼의 제목이나 주제로 인해 보수와 진보를 막론하고 정치색의 선입견을 여러 차례 보아왔던 편자로서는 한국 현대사 사료를 축적하고자 노력해온 연구소의 의지가 더욱 널리, 보다 많은 사람들에게 알려지기를 진심으로 바란다. 이 책의 발간으로 인해 연구소의 이러한 노력들이 조금이나마 더 많은 사람들에게 이해될 수 있는 계기가 마련되기를 소망한다.

2012년 11월
편자 김상민

목 차

책을 내면서 ·· 7

박정희시대와 한국 영화계
― 영화감독 이장호와 박정희시대 / 김상민 ······························ 15
  증언 | 이장호 • 19

KBS 공채아나운서 1호에서 방송계의 산 증인으로
― 방송인 강동순과 박정희시대 / 김상민 ······························ 71
  증언 | 강동순 • 74

연극배우 전무송과 일상인 전무송이 만나는 자리 / 김택호 ······ 123
  증언 | 전무송 • 127

우리나라 연예기자 1호
― 정홍택이 말하는 박정희시대의 대중문화 / 손동유 ·············· 173
  증언 | 정홍택 • 177

찾아보기 ·· 233

일러두기

1. 이 책은 명지대학교 국제한국학연구소 정기학술포럼에서 이루어진 박정희시대 체험자들의 증언을 모은 것이다.

2. 증언의 내용을 보충하기 위한 각주를 붙여 독자들에게 도움을 주고자 했다.

3. 구술된 증언 내용을 읽기 좋게 교열하였으나, 가급적 구술자의 말투를 살리기 위해서 구어체적 표현을 유지하였다.

4. 구술증언이라는 특성상 지나치게 문장이 길어 의미전달에 장애가 있다고 판단한 경우에는 독자를 위해 문장을 분리하였다.

5. 잘 알려진 인물이나 작품이 아닌 경우, 원어를 병기하거나 각주로 설명을 추가하였다.

6. 현장성을 바탕으로 이루어지는 구술 증언을 글로 옮기는 과정에서 보충이 필요한 부분은 괄호( ) 안에 넣어 읽기 편하게 하였다.

7. 언급된 내용 중에서 작품명은 「 」로, 작품집을 비롯한 단행본과 정기 간행물은 『 』로, 영화명과 방송프로그램명은 ≪ ≫로, 연극명 및 일부 기관단체명은 〈 〉로 표시하였다.

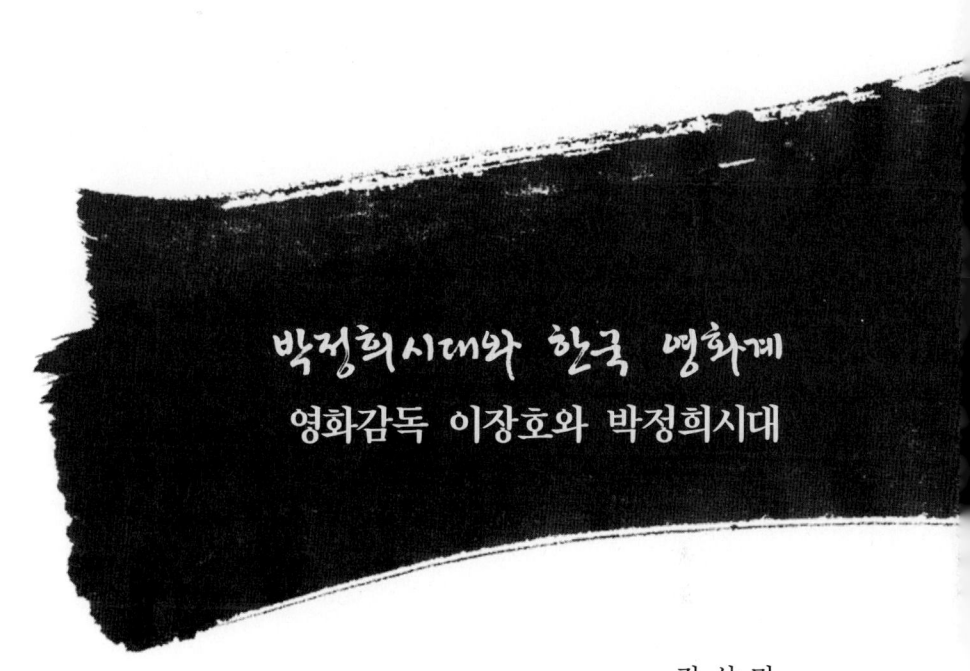

박정희시대와 한국 영화계
영화감독 이장호와 박정희시대

김 상 민
명지대학교 국제한국학연구소 연구교수

박정희시대와 한국 영화계

영화감독 이장호와 박정희시대

김 상 민

　과거의 기억을 유려한 말솜씨와 눈앞에서 보는 듯한 생생한 묘사력으로 청중들에게 재치 있게 풀어냈던 이장호 감독과의 세 시간은 그의 여전히 변치 않는 인기와 유명세의 이유를 거듭 확인시켜주었다. 분명 이장호는 대한민국을 대표했던 영화감독이었고, 중년이라면 그의 필모그래피에 한 번쯤 감정이입하지 않고서 청춘과 사회 그리고 시대를 이야기할 수 없었던 예술인이었다. 여러 사건들로 인해 영화계를 떠나있던 기간 중에도 확실히 그의 인생은 그야말로 영화관을 벗어나지 못했다. 아울러 그 사건들과 얽히고설킨 인연들과의 관계에 대한 이야기들 하나하나는 놀랍고 신기하기 그지없던 것들이었다. 이처럼 이장호 감독과의 대담은 모두에게 시종일관 유쾌했고, 때로는 감성적이며 때로는 웃음이 가득했던 포럼이었다.

　실제로 국제한국학연구소에서 '2011년 박정희시대와 대중문화'를 주제로 영화·연극·방송인을 초빙하기로 결정했을 때, 모두가 이장호 감독을 초청의 가장 우선순위 중 한 명으로 생각했던 것이 사실이었다. 어쨌거나 그는 박정희시대의 대중문화를 조망하기에 매우 적절한 필모그래피를 지니고 있었음은 물론이고, 널리 알려져 있는 바와 마찬가지로 당시의 몇몇 주요한 사건 사고에 휘말렸던 것 또한 사실이었기 때문이다.
　이어지는 녹취록은 이장호 감독 특유의 생기 넘치고 감성이 가득 실려있는 기억의 재구성을 그 만의 표현력으로 언어화해 다시 활자화한 것이다. 구술기록의 대부분은 증언자의 발화력을 온전하게 글로 옮긴다는 것이 불가능하다는 문제를 태생적으로 안고 있다. 비록 이장호 감독의 기억력을 온전히 신뢰한다 하더라도 그의 입에서 순간 쏟아져 나온 영화 제목들이나 인명·지명들, 영화용어들은 이미 활자화되어 희석화된 그만의 멋들어진 표현들을 상대적으로 심심하게 만들었다는 점은 솔직히 아쉽다.
　이장호 감독은 분명 생각을 이미지화하고 그것들 다시 묘사해 상대에게 적절히 설명하는 탁월한 능력을 지니고 있었다. 아니, 어쩌면 보통의 사람들과 다른 눈을 지니고 있었던 것이었는지도 모른다. 그래서인지, 그와의 대담 중에 강조되었던 기억속의 꿈 이야기 등도 마치 경험했던 것처럼 생생해 다시금 녹취록을 검토해야 그 감성을 현실과 구분해 낼 수 있을 정도였다.
　이장호 감독의 영화인생은 그의 입을 빌려 듣지 않더라도 확실히 숙명적이었다. 영화 검열관인 아버지 밑에서 주류와 제3세계를 가리지 않고 다양한 작품들을 그야말로 온전하게 섭렵했고, 故 신상옥 감독 밑에서 수련했으며 배창호 감독을 (그의 표현을 빌리자면) 낳았고, 동생 이영호는 당시 유명한 영화배우였다. 특별히 최인호의 동명소설을 영화화한 ≪별들의 고향≫(1974)의 대히트는 그를 배우보다 더욱 인기있는 유명인으로 만들어주었고, 이로 인해 그의 인생은 전성기를 맞게 되었다. 그러나 당시 유명 연예인들과 연예계 인사들이 대거 연루된 대마초 사건으로 인해 감독직을 박탈당하고 4년여 동안 작품활동이 정지되기에 이르렀다. 그러나 이어지는 녹취문에서와 같이 그는 이 공백기를 '럭키찬스'라 여기고 본격적으로 사회와 작품활동에 대한 진지하고 깊은 성찰의 시기를 가졌다고 회고한다.

　영화계에서는 일반적으로 이장호 감독의 작품세계를 한마디로 표현하지 못해왔다. 그도 그럴 것이 그의 작품들은 청춘멜로, 리얼리즘, 사회비판 등 다양한 시선들을 포함하고 있기 때문이지만, 무엇보다 이것은 이장호 감독 특유의 실험적 도전정신이 그의 작품들은 물론 한국영화계에 더욱 풍성한 소재를 제공했고 보다 다양한 영화적 시도를 견인했다고 판단하는 것이 옳다.

　필자가 보기에 이장호 감독은 자신에게 이러한 기회와 소질을 제공해 준 그 4년간의 공백기를 자주 회고하며 즐겁게 추억하는 듯이 보였다. 비록 검열과 단속이 만연했던 박정희시대의 제작환경을 경험했지만 그의 냉철한 비판과 풍자들은 주로 '80년대 작품들에서 강하게 등장하고 있다. 이장호 감독과 이 책에 대담이 실린 강동순 위원은 이 점에 있어 박정희시대는 사람들이 생각하는 것보다 영화계나 언론계가 상대적으로 자유로웠다고 회고한다. 물론 그들이 공통적으로 지적하는 것처럼 5공화국 당시의 문화적 압박이 영화계와 언론계 모두 심각할 정도로 지나쳤기 때문에 박정희시대의 문화계 환경이 자유롭게 회상될 수 있을 것이다. 필자로서는 이 부분에 대한 정황적 해석을 그들의 5공화국에 대한 경험을 상세히 듣지 못하는 이상 일단 유보할 수밖에 없다는 점이 솔직히 아쉽다.

　이장호 감독의 새로운 시도는 계속되고 있는 것으로 보인다. 본문에서도 언급한 것처럼 그는 대학에서 퇴임한 이후 다시 영화계에서 열정을 불태우고자 했고, 그가 언급한 성과들이 세상에 다시 등장하기 시작했다. 특히 최근 기독교적 시각에서의 '신의 시점'과 영화 속에서 항상 작용하는 '감독의 시점'이 결국 사회를 보는 방법에 있어 거의 동일하다는 그의 주장은 그에게 영화계는 화려했던 추억이 아닌, 또 다시 시작되는 개척의 공간이라는 사실을 새삼 일깨워 주었다. 그와의 대담 내

내 그가 전해준 웃음과 눈물의 공간 어디쯤에는 분명히 시대와 사회가 남긴 그만의 상흔들이 있었다. 그 모든 경험을 공유하기에는 부족했지만 그 상흔을 공감하기에는 충분했던 시간이었다.

이장호 (영화감독 · 서울예술대학교 석좌교수)

김상민 : 안녕하십니까. 명지대학교 국제한국학연구소 제54회 정기 학술포럼의 사회를 맡은 김상민입니다. 바쁘신 와중에도 흔쾌히 포럼에 증언을 허락해주신 이장호 선생님께 먼저 진심으로 감사의 말씀을 드리겠습니다. 간단하게 저희 포럼에 대해서 말씀을 드리자면 명지대학교 국제한국학연구소는 2001년부터 창립된 이후로 지속적으로 한국현대사의 중요한 인물들을 초빙해서 현대사의 중심적인 이야기들을 듣고 녹취해서 출간하는 작업을 지속해오고 있습니다. 그래서 주로 정치, 경제, 사회, 외교안보에 관련된 선생님들을 모시고 포럼을 진행해온 것이 벌써 54회가 되었습니다. 2011년도에는 이전에 한국현대사 녹취를 연장하는 차원에서 문화예술계 주요 선생님들을 모시고 증언을 듣는

자리를 연속적으로 마련하고 있는데요. 그러한 견지에서 1학기에는 문학 중심의 선생님들을 모셨습니다. 1학기 때는 이호철 선생님이나 임헌영 선생님, 이근배 선생님, 염무웅 선생님 등을 모시고 한국현대사에 문학과 관련된 이야기를 들어왔고요. 이번 2학기부터는 이제 또 영화나 방송, 연극계나 연예계 선생님들을 모시고 이야기를 듣는 포럼의 자리를 진행하고자합니다. 그래서 2학기 첫 번째 시간으로 여러분들 잘 알고계시는 이장호 감독님을 직접 모시고 박정희시대와 한국현대사, 당시 영화계에 대한 이러저러한 이야기들을 듣고 함께 나누는 시간을 마련했습니다. 일단 그동안에 지속되어왔던 순서에 따라서 간단하게 이장호 선생님 연보를 제가 먼저 말씀을 드리고 그다음에 선생님의 최근 근황을 잠깐 들은 후 진행하는 것으로 하겠습니다. 먼저 이장호 선생님, 교수님, 그리고 감독님의 주요 연보 및 간단한 필모그래피(filmography)를 말씀드리는 것으로 시작하도록 하겠습니다. 이장호 선생님께서는 1945년 5월 15일에 서울에서 출생하셨습니다. 1950년에 금화초등학교에 입학하시고 바로 그해 한국전쟁이 발발하게 됩니다. 그리고 부산 부민초등학교 1952년도에 덕수초등학교에 입학하십니다. 전부 1학년으로 입학하셔서 재입학의 형태가 아니었는가 생각합니다. 1958년도에 서울중학교 입학하시고 1960년에 아시는 바와 마찬가지로 4·19가 발발하게 됩니다. 당시 선생님께서는 중3이었던 것으로 알고 있습니다. 1962년도에 서울고등학교에 입학하셨습니다. 1964년도에 홍익대학교 건축미술학과에 입학하시게 됩니다. 그리고 1965년도에 신상옥 감독님을 만나서 연출계에 입문하게 되고요. 〈신필름〉에 입사해서 작업을 함께하시게 됩니다. 그리고 '65년부터 '67년까지 연출부에서 활동하셨습니다. 1968년도에 신상옥 감독님 연출부에서 ≪무숙자≫와 ≪내시≫ 등의 작업을 하셨습니다. '71년에 '민족극단'에 입단하신 걸로 알고 있고요. 바로 다음해에 민족극단이 해체되게 됩니다. 이 관련된 내용도 선생님께서 직접 말씀해주셨으면 하는 바람이 있습니다. 1973년도부터 일관계로 홍콩에 계셨던 것으로 제가 자료에서 파악을 하고 있는데요, 이 내용도 잠시 후에 듣도록 하고요. 1974년도에 친구이신 최인호 선생님에게 「별들의 고향」 판권을 구입하셔서 영화를 직접 연출하시게 됩니다. '75년도 ≪너 또한 별이 되어≫, '76년도에 ≪그래 그래 오늘은 안녕≫ 등등의 작품을 하셨습니다. 이 해에 문공부로부터 감독직을 박탈당하는 상황을 맞이하시게 됩니다. 그리고 약 4년 정도 작업을 못하신 것으로 제가 알고 있습니다. 그 상황에서 충무로에서 술집을 경영하셨고 문화영화 연출도 하셨습니다. 송영수 연출의 ≪나비소녀≫, 박남수 감독님의 ≪지붕위의 남자≫ 등등의 시나리오를 각색하시면서 생활하셨습니다. 극영화, 만화영화도 기획하신 것으로도 알려져 있고요. 광고영화 연출이나 잡지 기고 등의 생활을 하셨습니다. '79년 유신정권이 종식되고 감독자격이 회복되고요. 그 다음해에 ≪바람 불어 좋은날≫로 화려하게 다시 재기하시게 됩니다. 그 이외에 필모그래피는 다들 아시는 바와 마찬가지인데요. ≪어둠의 자식들≫이나 ≪그들은 태양을 쏘았다≫, ≪낮은 데로 임하소서≫, ≪일송정 푸른 솔은≫, ≪바보선언≫, ≪과부춤≫ 등등의 명작을 남기셨고요. '84년도에 독립영화사 '이장호 워크숍'을 설립하고 이태원 씨를 만나시게 됩니다. 그리고 '85년도에 ≪무릎과 무릎사이≫, ≪어우동≫을, 이태원 제작자를 만나시고 나서 태흥영화사를 통해서 작업을 하셨고요. '86년도에 〈판 영화사〉 설립을 하시고 ≪이장호의 외인구단≫을 내놓게 되십니다. 그리고 '87년도에 ≪나그네는 길에서도 쉬지 않는다≫ 그리고 Y-Story로 알려져 있는 ≪Y의 체험≫ 등등을 연출하셨지요. 조민희 ≪이장호의 외인구단 2≫ 그리고 유영진의 ≪깜동≫ 등을 제작하셨습니다. '89년도에는 제가 정확히 알고 있는 사실인지 모르겠습니다마는 자동차회사의 지원을 받아서 ≪미스 코뿔소 미스터 코란도≫라는 작품을 연출하셨고요. '92년도에는 여러 가지 흥행문제는 좀 거론하긴 그렇지만 호평을 받았던 영화였던 ≪명자 아끼꼬 쏘냐≫를 지미필름을 통해서 연출하시게 됩니다. 그리고 '95년도에 ≪천재 선언≫을 연출하셨습니다. 그 이후에도 현재까지 다양한 위치에서 많은 작업들을 하고 계십니다. '97년에 부천국제판타스틱영화제 초대 집행위원장을 1년 하신 뒤 2000년부터 전주대학교 문화산업대학에 영화영상전공 교수로 재직해오시다가 작년에 퇴직하신 것으로 제가 알고 있습니다. 그리고 다시 2006년도에 부천국제판타스틱영화제 집행위원장을 하셨습니다. 현재는 서울영상위원회 위원장으로 계십니다. 워낙에 필모그래피가 길고 많은데다가 하신 작품들이나 삶이 극적인 부분이 많아서 제가 본의 아니게 길게 서론을 말씀드렸는데요, 먼저 감독님의 간단한 근황을 듣고 좀 진행을 하도록 하겠습니다.

이장호 : 여러분 반갑습니다. 근황이요?

김상민 : 네. 그렇습니다.

이장호 : 작년이지요. 정년이 돼서 퇴임했습니다. 학교는 퇴임하고 영화를 만들 준비를 하면서 영화진흥위원회 국가에서 기금을 마련해 영화제작을 지원해주는 그런 진흥위원회가 있는데 거기에서 '매스터지원'이라고 해외영화제에서 수상경력이 있는 감독들한테 제작을 지원하는 그런 프로그램이 있습니다. 시나리오를 공모해 결정되는데 제가 시나리오를 공모해서 최고점수를 받았는데 발표를 자꾸 늦추더니 결국은 그, 9인위원회, 영화진흥위원회가 아홉 명의 위원중심으로 일을 처리하는데 9인위원회가 임기가 끝나가지고 몇 명, 중간에 몇 사람이 끝나가지고 새로운 위원들로 구성되면서 이제 발표가 났는데 그 과정이 벌써 한 7, 8개월이 지났습니다. 공모에서부터 그 발표까지가 7, 8개월이 지났는데 거기서 무기명투표를, 심사한 것들을 다시 무기명투표 해가지고 제 작품이 부결됐습니다. 부결돼서 제가 바로 행정소송에 들어가 행

정소송에서 한 1년, 다음해 그러니까 금년 지난 7월에 우선 그, 행정소송 1차 그러니까 지방법원이겠죠. 서울지법에서 저한테 승소를 안겨줬습니다. 그래서 지금 다시 2차, 진흥위원회 쪽에서 이제, 요즘은 그, 국가기관들은 정부법무법인이 있어서 아마 그, 자동으로 항소가 되는지, 아마 대법원까지 갈 거 같아요. 그것만 믿고 있다간 안 되겠어서 서울영상위원회에서 기획을 해서 그, 역시 해외영화제 수상경력이 있는 감독들 나이 많은 원로감독들이 다섯이서 단편을 모아가지고, 단편을 만들어가지고 그걸 한 옴니버스 형태의 영화를 만들어서 요번에 부산국제영화제에 출품했죠. 거기서 오케이 돼가지고 촬영은 다 끝냈고 녹음만 남았는데 사전에 1차편집한 거를 부산국제영화제에 보냈더니 좋다고, '그 프로그램을 하겠다.' 그래서 부산국제영화제가 10월 6일부터 시작되는데 그때 그 영화를 일반 공개할 예정입니다.[1]

김상민 : 선생님 제가 이번에 모시면서 저도 선생님 관련된 기사를 봤습니다만, 그게 한 두 달 전 일이죠?

이장호 : 그렇죠.

김상민 : 일단 최근에 말씀하실 내용들은 저희가 진행 후반부에 다시 듣는 것으로 일단 하고. 먼저 오늘 자리에 중요한 내용들을 접근하기 위해서 먼저 선생님 연보를 따라서 비교적 가벼운 주제로 포럼을 좀 시작하고자 합니다. 저희가 항상 녹취나 구술 작업을 할 때 구술하시는 선생님의 개인사가 가장 먼저 들어가는 관계로 제가 몇 가지 사전질문을 준비해 왔습니다만, 선생님께서 이런 순서에 구애받지 않으시고 편

---

[1] ≪마스터클래스의 산책≫(2011). 이두용, 변장호, 이장호, 정지영, 박철수 감독의 옴니버스 영화이다. 제16회 부산국제영화제에 특별상영작으로 초청되어 호평 받은 작품으로, ≪처용무≫, ≪미몽≫, ≪이헌의 오디세이≫, ≪실명≫, ≪노인과 연인≫으로 구성되어 있다. 다만 변장호 감독의 ≪노인과 연인≫은 부산국제영화제 상영 당시 후반작업 중이었던 관계로 상영되지 못했다.

하게 말씀해 주시면 저희도 좋을 것 같습니다. 먼저 선생님 제가 방금 연보를 말씀드리는 과정에서 다 들으셨던 바와 마찬가지로 연도를 계산해볼 때 비교적 어린나이에 초등학교에 입학하신 이후에 전쟁 중에도 지속적으로 재입학 또는 전학을 반복하셨는데요, 특별히 집안이 교육열이 강하신 것인지 아니면 유년기에 어떤 성장과정을 거치셨는지 뭐 이런 얘기를 먼저 좀 듣고자합니다. 그래서 유년기에 기억 남는 삶이나 아니면 가정사를 간략하게 말씀해주시면 좋겠고요. 아울러서 이영호 선생님과의 추억도 있으시면 편안하게 말씀해주시면 감사하겠습니다.

이장호 : 저는 해방둥이인데 바로 위에 세 살 터울의 형이 있어요. 형이 있는데 형이 유치원 다닐 때 제가 태어나기를 저희는 함경남도 북촌이라는 곳에 할아버지, 아버지, 어머니가 그쪽 출신인데 할아버지가 일찍이 서울서 장사를 했기 때문에 그래서 해방 전에 아버지 어머니는 다 여기 오셔서 전 북아현동에서 태어났습니다. 북아현동에서 태어났는데 세 살 터울의 형이 유치원을 어딜 다녔냐면 이화여대부속유치원 병설유치원에 들어갔어요. 그러니까 늘 같이 자라다가 형이 유치원 들어가게 되니까 딸려서 나까지 보낸 모양인데 형이 유치원을 졸업하고 금화초등학교를 들어가니까 그렇게 떼를 쓰더래요. 자기도, 나도 학교를 가겠다고. 그러니까 형하고 유치원 다녔으니까 학교도. 그래서 아직 입학연령이 아닌 때에 금화초등학교 1학년에 집어넣었죠. 그게 1950년인데 두 달, 석 달 정도 다니다가 전쟁이 발발하니까 학교를 중단하고 그 다음해인 1951년 1·4후퇴 때 이제 부산으로 내려갔죠. 부산 내려가니까 이제 1년 더 전에 부산 또 피난 부민국민학교에 들어갔고. 그러다가 그 다음해에 환도를 하면서 제 나이가 된 거예요. 그러니까 이렇게 따져보니까 1학년만 3년 동안에 세 번 걸쳐서 '1학년만' 세 번 다닌 그런 건데. 그, 제가 지금도 그렇지만 조금 이렇게, 이렇게

더디 성장하는 거 있죠? 지능이. 더디 성장을 해가지고 그, 학교 학생들을 따라가지를 못했어요. 그래 그 버릇이 있어서 그런지 성적이 그렇게 언제나 좋지를 않았습니다. 학교 가서도 공부에 재미를 못 붙이고 그런 것 때문에 저희 부모님이 어려서부터 나는 좀 그 뭐랄까 총명하지 못한 아이, 형제 중에서 총명하지 못한 아이로 여겨지며 이렇게 성장을 한 거죠. 제 밑에는 이제 여동생이 하나 있고 그다음에 여섯 살 터울로 영화배우 하던 이영호가 있고. 그다음에 그 밑에 막내가 여자아이인데. 얘는 그, 말하자면 우리 집에서 유일한 수재여서 경기여중, 경기여고, 이대 그래가지고 머리 좋은 아이들이 앞장선다고 운동권에 있었어요. 운동권에 있어가지고 교도소 드나들더니 같이 운동권이었던 유인태라는 정무수석을 만나 결혼했지요. 저는 그렇게 다니는데 덕수초등학교라는 좀 (제 생각에) 독특한 학교였는데 아마 우리나라 어머니들이 치맛바람 제1기가 그때가 아닌가 생각하는데 제가 덕수초등학교 들어갔더니 덕수초등학교는 6년 동안 소풍 한 번 안가더라고요. 소풍 한 번 안가는데 내가 졸업하던 때 전통이 쭉 있었지만 내가 졸업하던 때에 덕수초등학교 졸업생 남학생 중에서 70명 정도가 경기중학교를 들어갔어요. 그리고 60명 정도가 서울중학교 들어가고. 그다음 한 50명 한 열 명씩 떨어지면서 경복 들어가고 그러니까 그러면 나머진 몇 명 안 남는데 그 아이들은 기타 중학에 들어가는 거예요. 저는 공부를 못했는데도 서울중학교에 들어갔어요. 그래서 물론 서울중학교에 들어가서도 그 성적을 따라가지 못하니까 계속 열등생으로만 따라갔는데. 저의 형도 그렇고 제 남자 동생도 그렇고 여동생도 그렇고 굉장히 학교성적이 좋은 상태였는데 나하고 바로 내 밑에 여자아이 여동생이 둘이 굉장히 그, 항상 열등한 그런 학교생활을 했죠. 그러고 보니까 특징은 공부 못한 아이가, 아이들이 또 신앙생활은 제일 먼저 빠져서 크리스천은 딱 둘이 크리스천이고 똑똑한 형제들은 지금도 무신론자로 있고. 그런 가게, 족보가 그렇습니다.

김상민 : 전쟁 통에 갖고 계시는 기억 같은 것들 또 있으신가요?

이장호 : 그러니까 여섯 살에 전쟁이니까 형하고 얘기하면 시체들이 그냥 널려 쌓였는데 나는 시체 죽은 건지 산 건지를 아직 개념이 없었는지 그런 거는 정확히 기억 안나고 그, 파편, 폭탄에서 파편 터지면은 파편들이 널려있거든요 길에. 그 파편을 주웠던 것만 기억나는데 형은 그 파편 주웠을 때 '시체들이 있어서 무서웠다'라는 얘기를 해요. 세 살 차인데 그런 차이가 있더라고요. 그리고 제가 전쟁에 대해서 특별하게 기억하는 것은 전쟁이 참 아름다운 풍경이다라는 생각을 첫 번에 가졌어요. 지하실에 숨어있는데 그 지하실 꼭대기 요렇게 쪼그만 창이 있는데 그곳을 통해 밖을 내다보면 불꽃, 총알이 날라 가는 게 보면요 이렇게 점선이에요. 점선이 이렇게 '파르르 파르르 파르르' 지나가는데 일종의 무슨 그, 불꽃놀이처럼 우리는 황홀하게 쳐다봤죠. 그리고 부모들 눈 속여서 밖에 나가보면 막 밤하늘에 막 그 어디가 불이 타가지고 화염이 들면 불이 밤하늘에 이렇게 빨간 그런 그, 화염을 보면서 저는 그, 굉장히 전쟁을 엔조이했던 세대가 아닌가. 피난, 1·4후퇴 때 피난 가는데 부모들이 이렇게 짐을 싸잖아요. 일단 가져갈 거 못 가져갈 거 다 짐을 싸는데 형하고 나는 여행 간다고 막 그 짐 위로 뛰어다니면서 즐거워했던 그런 기억을 생각하면서 야! 그때 부모들이 얼마나 참 그, 한심했을까. 철모르는 것들 데리고 떠나야 되니까. 그런 전쟁의 기억이 있습니다.

김상민 : 선생님 그 간략하게 어린 시절을 들어봤는데요. 본격적으로 포럼, 박정희시대와 한국 현대사를 중심으로 한 본격적인 이야기를 잠깐 또 진행하도록 하겠습니다. 이번 포럼뿐만 아니라 매번 포럼에서 매번 거론되는 주제입니다만은 당시 중학교 3학년이셨던 것으로 알고 있는데요. 선생님의 기억 또는 경험 속에 잔존해있던 4·19는 어떠했는

지 좀 궁금하고요. 또 당시 선생님이나 학교나 학급이 4·19를 맞으면 서 어떠한 분위기를 선생님께서 느끼셨는지 좀 듣고자합니다.

이장호 : 서울중학교가 그, 서울중학교·서울고등학교가 어떤 학교 냐면 당시에 이기붕 씨, 부통령 했던 이기붕 씨의 아들 이강석, 이강욱 이 전부 서울중·고등학교 출신입니다. 4·19가 나니까 학교 정문을 이 렇게, 철문을 닫아걸었어요. 우리들은 다 학교 안에 갇혀있었죠. 그렇 게 있다가 아마 그날이 4월 19일인지 20일인지 기억이 안나는데 학교 에서 결정을 어떻게 했냐면 조기에 퇴교를 시키겠다 그래가지고 전부 갇혀 있다가 이제 풀려나왔어요. 풀려나왔는데 바로 옆에 이기붕 씨 집 이 있었거든요. 지금 거기가 무슨 도서관인데.[2] 그 이기붕 씨 집 앞으 로 갔는데 벌써 불이 막 정문 앞에 막 불이 붙었고 데모대들은 지금 문화일보자리가 동양극장이었는데 동양극장 앞으론 뭐 숱한 그, 데모 대들이 벌써 점령하고 있어. 이미 아마 그때는 아마 이미 대세가 기울 어졌던 걸로 알고 있어요. 우리는 뭐 정치성향이 전혀 없는 세대였으니 까 부지런히, 그리고 제가 또 좀 불량했으니까 부지런히 퇴교해가지고 친구네 집에 가서 처음으로 담배를 피워봤어요. 그래서 한 3일 동안 학교를 안간 사이에 일종의 그, 문제 학생다운 행동으로 시간을 보냈 죠. 지나고 나니까 벌써 혁명, 4·19혁명은 성공했고요. 3년 터울의 형 은 당시 고려대학교 1학년이었는데 데모대 막 섞여가지고 집에 오니까 막 무용담을 얘기하더라고요. 깡패한테 습격당한 얘기도 하고.

김상민 : 아 네. 선생님 그러면 그 당시에 선생님께서는 정치적인 그 런 것은 잘 모르셨던?

이장호 : 전혀 몰랐어요.

김상민 : 그렇지만 또 위에 형님도 계시고 어떤 뭐 특별하게 관련해

---

[2] 이기붕 부통령 당시 자택은 현재 〈419 혁명 기념도서관〉이 되었다.

서 들은 어떤 말씀이 혹시 있으신지 궁금합니다. 뭐 동생분 앉혀놓고 뭐 이런저런 말씀….

이장호 : 나는 이승만 대통령이 나쁘다는 생각보다 이승만 대통령이 어렸을 때부터 우리들 세뇌시켰는지 모르지만 좋은 대통령이라는 인상만 갖고 있었거든요. 그리고 어렸을 때 기억 중에 하나가 6학년 땐가 5월 5일 어린이날 서울운동장 지금 동대문 서울운동장에서 행사가 끝나고 행진해가지고 광화문으로 오는 도중에 신익희 선생님이 돌아가셨다는 그 얘길 듣고 많이 울었어요.[3] 부산 피난시절에 아버지가 그 신익희 선생을 좋아해서 그 집에 자주 드나들면서 우리 영호(이영호) 이름을 신익희 선생이 이름을 지어줬거든요. 그래서 그런 것 때문에 울었는데 정치성향은 없었으니까 신익희 선생도 좋아했고 아마 이승만 대통령이 죽었다 그래도 울었을 거예요. 그런 정도의 정치적인 지식밖에 없었죠.

김상민 : 선생님 연보를 따라가면서 지금 말씀을 듣고 있습니다. 건너뛰어서 대학교 이야기를 좀 듣고자 하는데요. 선생님 필모그래피를 검색하면서도 늘 생각하는 것이지만 선생님께서 제가 알기로는 영화배우가 원래 꿈이셨던 것으로 제가 알고 있는데 특별히 홍익대학교 건축학과에 입학하신 동기가 있으신 건지 아니면 또 어떻게 또 대세를 따라가시다 보니까….

이장호 : 그것이요. 참 청소년시절이 자랑스럽지 못한데 공부는 못하고 불량한 쪽에 기울어져있었고 그런데 뭐라 그럴까요. 그, 아버지가, 아버지의 영향력이 굉장히 강한 편인데 나는. 부산피난시절에 처음으로 오페라를 봤어요. 나중에 생각해보니까 이게 〈라트라비아타, *La Traviata*〉, 〈춘희(椿姬), *La Dame aux camelias*〉야. 〈춘희〉인데 그 당

---

[3] 신익희 선생의 사망일은 1956년 5월 5일이다.

시에는 원어로 오페라를 한 게 아니고 번역으로 공연 했는데 그 오페라를 보고 아버지하고 돌아오는 길에 내가 거기에 나오는 노래를 했어요. '사랑아 파리를 나와 함께 떠나 이별 없는 생활 영원히 하리.' 그러니까 아버지가 신기해서 너 그 노래 어떻게 외웠냐고. 몇 번 반복하니까 외웠던 모양이에요. 공부는 내가 제일 못했지만 아이들 중에서 날보고 아버지는 '꼭 넌 예술가가 될 것이다'라는 얘기를 여러 번 했는데 말하자면 그런 때에 아버지도 놀랬고. 그림도 이렇게 그리면 아버지가 '야! 넌 꼭 훌륭한 예술가가 될 거다.' 뭐 이런 얘기를 해줬어요. 그게 세뇌가 됐는지 나는 예술이라는 게 뭔지도 모르는데 사람들이 물어보면 '나는 예술가가 될 거예요.' 그랬다고 그래요. 근데 중학교 때 밴드부에 들어갔었죠. 밴드부에 들어가서 지금도 색소폰을 부는데 그때 밴드부 선배 중에 이북에서 자기 아버지하고 단둘이서 월남한 선배가 있었어요. 우리 형이랑 같은 학년인데 이 형이 그, 계모를, 아버지가 여기 넘어와서 새장가 가시니까 계모하고 불화가 있으니까 집에 있지 않고 혼자 하숙처럼 나와 있었는데 내가 그 형을 좋아하니까 그 형을 우리 집으로 끌어들였죠. 집으로 끌어들여서 공부를 못하니까 소위 밥만 먹여주는 가정교사 역할을 그 형이 한 거예요. 그 형이 서울공대 건축과를 갔어요. 그러면서 늘 그, 그러지 않아도 예술 쪽에 대한 관심은 많았는데 뭐 르 꼬르뷔제(Le Corbuisier)라든지 프랭크 로이드 라이트(Frank Lloyd Wright) 같은 그런 건축 그림을 보여주면서 꿈, 막 내 이 꿈을 막 자극한 거예요. 그래서 '나는 건축을 하겠다' 이렇게 되는데. 우리 서울고등학교 때 이제 학생들이 고 3에 들어가면 공부 못하는 놈들도 다 처음에 서울대학을 준비합니다. 그러다가 1학기 지나면 연대를 준비를 해요. 그다음에 여름방학 지나가지고 점점 입학시즌이 오면 고대로 준비한다고. 그때는 연대가 오히려 더 서울고등학교는 연대를 더 쳐줬는데. 근데 나는 건축과가 서울공대만 있고 연대 고대는 제때에 아직 그게 안 생겼어요 건축과. 그래서 마지막에 연대가 건축과가 첫 번에 생긴 거예요. 제가 이제 막 그, 원서를 많이 쓸 때. 그래서 일단 담임선생님한테 원서는 연대를 썼습니다. 연대를 썼는데 제가 공부 못하는 중에서도 가장 못한, 떨어지는 게 수학하고 이 물리. 근데 건축에서는 또 그게 제일 중요해요. 그래서 야 이건 정말 자신이 없다 자신이 없다…. 그러다가 어느 날 그 당시에 우리 때 『소설계』라는 문학지가 있었어요. 이 『소설계』는 그 당시에 순수문학지와 달라서 말하자면 대중적 소설들이 실었던 첫 번 시도했던 문학진데 그 소설계를 읽다가 「강설의 시」, '눈이 내리는 강설의 시'라는 제목의 소설을 읽었는데 아, 이게 저한테 감동을 줬어요. 그래서 작가의 약력을 보니까 홍익대학교 미술, 미학 조소과야.[4] 그래 나는 홍익대학교라는 이름을 처음 들어봤어요. 그러니까 서울대, 연대, 고대만 학교인 줄 알았는데 정말 신기했어요. 그래서 그 다음날 이렇게 사람들한테 물어봐가지고 홍익대학교를 보니까, 신촌이니까, 가까우니까 한 번 가봤어요 홍익대학교에. 가봤더니 논밭이 있는데 건물 하나가 우뚝 서있는데 당인리, 그 가만히 보니까 학생들이 왔다 갔다 하는데 미술대학생들. 그 보니까 멋쟁이들인 거 같았어요. 마음에 들어요. 그래서 담임선생님한테 찾아가가지고 저, 이거, 미술대학에 거기도 건축과가 있으니까 그곳으로 가겠다. 그러니까. 선생님이 '야 물리하고 수학 안보는 건 좋은데 너 미술 실기는 어떻게 할래?' 그

---

[4] 소설가며 시인, 화가인 이제하(李祭夏: 1937~)의 「강설(降雪)」을 의미하는 것으로 보이나, 「강설」이 1986년의 작품인 것으로 보아 다른 작품을 구술자가 착각한 것으로 판단된다. 녹취문의 맥락과 이장호 감독의 나이를 감안해 볼 때 『소설계』에 실렸던 「나팔산조」(1958)가 그가 지칭한 작품이었을 가능성이 높다. 이제하는 홍익대학교 조각과를 중퇴하고 다시 홍익대학교 서양학과로 편입했으나 중퇴하였다. 1956년 동화 「수정구슬」이 『새벗』에 당선, 1959년 『신태양』에 단편 「황색의 개」가 당선되어 등단하였다. 이제하는 1985년 「나그네는 길에서도 쉬지 않는다」로 이상문학상을 수상하였는데, 이 작품은 1986년 이장호가 영화화하기도 했다.

러더라고. 그러니까 그걸 생각을 또 못했죠. 그래서 그때 친구 누나가 서울대학 다니는 누나가 있는데 미술대학. 그 누나한테 얘기해서 종로 2가에 미술학원에 처음 갔어요. 그래 거기 가서 그림을 그리는데 생전 처음으로 데생을 해보는데 그 학원 선생님이 유명한 화가예요. 이봉성 씬가 그런 화간데 내 그린걸 보더니 '야 너 거기 미술 실기가 세서 안 된다 홍익대학은.' 그래서, 뭐 담임선생님도 그랬고 또 여기 그림 그리면 될 줄 알았는데 또 그러니까 '그러면 제가 이번엔 재수할 생각하고 일단 그림을 공부하겠습니다.' 그렇게 했어요. 근데, 이제 별 얘기가 다 나오네. 입학시험을 이제 치르는데 우리 집에선 몰라요. 연대치는 줄 알아. 아침에 어머니가 어디서 점치고 오셔가지고 '너 이번에 서쪽에 꼭 된다.' 그러면서 부적을 태워가지고 냉수에다가 넣고 뭘 마시라 그러더라고요. 근데 그거 마시는데 갑자기 양심의 가책이 들어가지고 울었어요. 엄마가 왜우냐 그러는데 순진해가지고 그걸 숨길수가 없더라고. 그래서 그 얘기를 했더니 함경도 여잔데 그냥 욕이 그냥 걸어요. '이 간나새끼 말이야.' 그, 욕을 직하게 먹고 어머니 막 따라 올라고 준비를 하다가 어머니 그냥 퍼질러 앉더니 세 살 위에 형보고 '너 따라가라.' 그러더라고요. 그래가지고 홍익대 와서 시험 쳤어요. 결국 홍익대학교 들어갔는데 하하하. 근데 문제는 제가 덕수초등학교, 서울중고등학교 이런 습성이 생기다보니까 홍익대학교 들어가니깐 전혀 아는 사람은 없고 그리고 이상하게 학교 끝나면 연대 쪽에 가서, 연대는 그냥 동창들이 득실득실하니까. 거기서 어울리고 어쩌고 하다보니까 결국은 뭐 술 마시고 만날 딴 짓하니까 아버지가 '너 안 되겠다. 너는 차라리 딴따라해라.' 아버지가 쭉 지켜본 바에 의하면 딴따라가 좋을 거 같았던 모양이에요. 나는 영화배우 그런 생각은 안했어요. 영화배우 생각은 안하는데 영화를 하라 그러니까 영화를 보기는 좋아하고 재밌게 보지만 영화에서 영화감독이 뭐하는지 뭘 모르잖아요. 공부를 안했으니까.

그래서 영화하면 배우를 하는 줄 알았죠. 그래서 아버지가 신상옥 감독, 아버지가 영화 검열관이었습니다. 정말, 그 해방 직후에. 그래 영화인들 많이 아는데 신상옥 감독님한테 얘길 하니까 아마 데리고 오라 그랬던 모양이죠. 아버지하고 같이 갔는데 신상옥 감독님 딱 만나니까 아니 이양반이 너무 잘생겼어요. 내가 영화배우 하겠다는 생각이 쏙 들어가더라고. 근데 이 사람이 또 그 뭐랄까 카리스마가 사람을 굉장히 이렇게 탁 쳐다보면 뭐라 그러지 차갑고 뭐라 그럴까 수치심, 수치심이 생겨요 그러니까 무시하는 듯한 인상으로 보니까. 이 양반 잘생긴데다가 그런 시선으로 날보고 흘깃 보더니 보지도 않고 그다음에. 아버지하고 얘기하는 동안에 가만히 생각을 해보니까 이 사람한테 영화배우 하겠다는 생각이 들면 경멸할 거 같은 기분이 들어. 그런데 한참 있다가 이제 얘기 끝날 때쯤 되더니 그제야 그 너 영화해서 뭐하고 싶냐고. 그래서 배우 되겠다는 소리가 쏙 들어가 버리고 나도 모르게 어디서 뭐 어떻게 알았는지 연출이라는 소리는 기억이 났어요. '연출하고 싶습니다'라고 했더니 그 다음부터 고생이 시작된 거죠.

김상민 : 그러면 선생님, 아버님 되시는 즉, 어르신께서 영화 일을 하셨던 것이잖아요.

이장호 : 그렇죠. 영화검열관. 아버지가 영화배우하고 싶었는데 안되어가지고 공무원생활 하면서 영화검열관이 된 거 같아요.

김상민 : 그럼 아버님을 통해서 어려서부터 영화 관련된 이야기나 뭐 경험을 많이 갖고 있던 상황은 아니셨나요?

이장호 : 무지무지하게 많죠. 왜냐면 그, 해방 전에도 중앙청에서, 중앙청에서 영화 검열하는 거 찰리 채플린서부터 뭐 무성영화서부터 무수하게 많은 제목을 모르는 영화들을 계속 봤죠. 그러니까 아버지가 어떤 아버지냐면 그 시대에 그런 아버지가 없는데 아이들하고 친구처럼 지내는 아버지예요. 그래서 자기 직장에 아이를 데리고 갈 정도면 뭐

어느 정돈지 알겠죠. 그러니깐 그, 검열하는데 아버지 무릎위에 앉아서 본 영화들이 너무 많은 거죠. 그리고 집에는 늘 아버지가 그, 무슨 다큐멘터리 같은 거 이렇게 수입을 하고 그랬기 때문에 집에는 뭐 필름이 널려있었고 시나리오들이 널려있었고. 그래서 어렸을 때 [릴필름을 위에서 아래로 쭉 훑어보는 흉내를 내며] 이렇게 필름 보던 생각이 나는 데 똑같은 그림이 끝없이 있는 거예요. 그리고 또 전쟁 때 1·4후퇴, 피난가기 전에 아버지가 뭐 때문에 그랬는지 갑자기 필름들을 마당에 다 놓고 불을 질렀어요. 이 아마 걸리면 뭐 위험했던 거여서 그랬는지 근데 그때 필름이란 건 셀룰로이드인데 이렇게 성냥불을 탁 켜서 던지면요 휘발성이 있어가지고 펑하고 금세 불이 붙어버려요.[5] 그런 기억들. 영화에 대한 기억들은 참 많아요.

김상민 : 생각나시는 아버님과의 어떤 추억이나 이런 거 있으시면 말씀해주시지요.

이장호 : 하여간 영화를 무척 많이 봤어요. 어렸을 때. 영화를 너무 많이 봐갖고 그래서 내 동년배들하고 얘기를 하면은 동년배들은 내 영화기억을 못 따라가요. 근데 소위 나보다 한 열 살 위 그 사람들하고 얘기하면은 뭐 스페인영화, ≪싱고알라≫[6] 뭐 ≪악한 바스콤≫[7] 뭐 별 얘길 다해도 이 사람들이 '아유 야 네가 그 영화를 어떻게 아냐'고 할

---

[5] 셀룰로이드 기재의 필름은 내연성이 약해 영화작업시 화재가 발생하는 일이 흔했기에 현재는 사용되지 않는다. 이러한 셀룰로이드 필름의 내연성 문제를 해결하기 위해 셀룰로스 아세테이트(Cellulose Acetate) 필름이 개발되었다.

[6] ≪싱고알라, *Singoalla*≫(1949). 크리스티앙 자크(Christian-Jaque) 감독의 스웨덴·프랑스 합작영화이다. 중세 오를랑드의 영주가 보헤미언 집시 처녀 싱고알라와 사랑에 빠졌다 헤어진 후 서로를 찾아 방황하는 두 주인공의 운명을 담았다.

[7] ≪악한 바스콤, *Bad Bascomb*≫(1946). S. 실번 사이먼(S. Sylvan Simon) 감독의 미국영화이다. 남북전쟁 직후 로키 산맥 인근에서 강도를 일삼는 '바스콤'과 그 일당의 이야기를 그린 일종의 웨스턴무비이다.

정도로 영화에 대한 단편적인 기억이 많죠.

김상민 : 선생님께서는 어린 시절부터 무삭제 영화를 볼 수 있는 기회가 가지고 계셨던 거 같은데. 그러면은 그렇게 어린 시절부터 아버님 영향으로 영화를 많이 이렇게 접하셨음에도 불구하고 대학 들어갈 때까지 그야말로 신상옥 감독님 만나시기 전까지.

이장호 : 전혀 영화는 생각 못했죠.

김상민 : 영화는 전혀.

이장호 : 예, 예.

김상민 : 그러니까 영화 쪽으로는 애초부터 생각하지 않으셨던 것이란 말씀이시지요?

이장호 : 예. 그러니까 내 속에는 내 무의식속에 영화가 있었을 거란 생각이 들어요. 어렸을 때 본 단편 그다음에 커서도 영화는 좋아했지만 영화를 만들리라곤 상상을 못했던 거죠.

김상민 : 사실은 바로 이 다음번 질문이 바로 이것과 관계된 질문인데요. 선생님과 신상옥 감독님과의 인연은 문화계가 아니어도 이미 잘 알려져 있는 사실입니다. 근데 저희가 기록을 남기고자 하는 차원에서 선생님과 신상옥 감독님의 그 인연과 서로 간의 관계에 대해서 좀 언급해주시면 좋겠습니다.

이장호 : 신상옥 감독님은 제가 아버지 다음으로 좋아하는 분이고 제가 지금 〈신상옥 감독 기념사업회〉 이사장으로 있거든요. 근데 신상옥 감독님하고 저희 아버지는 이상하게 그, 냄새라든지 느낌이 굉장히 같아요. 두 분 다 멋쟁인데 모양내는 것도 비슷한 게 그 모던보이, 그 사람들을 모던보이라 그러거든요. 일제 때 신지식인들. 그러니까 셔츠에다가 머플러를 꼭 안에다 넣는 그런 모양을 내는데. 우리 어렸을 때 이제 아버지한테 가면은 이거, '찌꾸'라 그랬어요 '찌꾸'.[8] 포마드가 아니고 스틱으로 된 머리붙이는 건데 그걸, 우리 아버지도 그걸 사용하고

신상옥 감독도 그걸 사용하니까 냄새가 같을 수밖에 없죠. 그러니까 늘 신상옥 감독하고 아버지하고 같은 느낌인데 아버지는 딜레땅뜨(dilettante)고 신상옥 감독님은 소위 창작생산자죠. 그러니까 점점 우리 아버지는 나한테서 영향력이 점점 빠져나가고 요즘 아이들이 뭐 20대는 아버지를 어떻게 생각하고 30대는 어떻게 생각하는 식으로 나도 점점 아버지는 점점 불쌍하게 내려가고 신상옥 감독은 점점 영웅으로 떠오르고 뭐 그렇게 이제 조감독 생활을 그렇게 했는데. 한심한 거는 그, 저의 키워드 중에 하나는 열등감입니다. 그러니까 그, 학생들 공부 잘하는 수재들은 못 따라가던 열등감이 조감독 때는 여배우들이 참 좋았거든요. 여배우들 때문에 할 수 없이 그 고생을 하고 참고 살아갔는데 이 여배우들이 나를 또 알기를 우습게 아는 거예요. 왜냐면 촬영감독, 감독 뭐 조명하는 사람들은 같이 이제, 서로 이해관계가 얽혔으니까 말하자면 애교도 피고 하는데 조감독만 딱 봐도 얼굴이 표정이 달라져요. 저쪽에서 웃다가 조감독보면 싹 무표정이 된다고. 그런 속에서 4년 동안 굉장히 열등감속에서 살았는데 하루는 더 아주 기가 막힌 것이 우리 신상옥 감독님이 내 위에 퍼스트한테 그러더래요. 야 저 자식 이름이 뭐냐고. 근데 그걸 이제 우리 그 퍼스트 감독이 저 고등학교 선배여서 아주 친했는데 그 형이 그 얘길 해주는 거예요. '야, 감독님이 너 이름이 뭐냐고 물어보더라고. 그래서 아, 얼마나 섭섭한지 몰라요 나 4년 동안 그 밑에서 일 했으면. 그런데 어쩐지 만날 '야!', '인마!', '이 새끼!' 이렇게 부르지 한 번도 진짜 이름을 안 불렀어요. 그래 그, 우리 그, 형이 그랬다는 거예요. 아이 쟤가 그 아무개 씨 아들 아니냐 그러니까 그제야 이양반이 생각했지 '아, 저자식이 그자식이야?' 아! 그 소리에 이제 완전히 나는 정말 4년 동안 헛다녔구나. 근데 그리고 나서 ≪전쟁과 인간≫9)이라는 영

---

8) 헤어스틱(hair stick)의 일본어표기였던 헤아스칫쿠(ヘアスチック)의 '칫쿠(チック)'를 의미한다.

화를 찍는데 절벽에서 여자가 떨어져죽는 장면인데 그런 걸 할 때 우리가 마네킹을 들고 올라가서 던지는데 그걸 내가 할 수밖에 없는 위치예요. 그래서 절벽에 올라가서 이제 마네킹을. 올라가는데 시간이 얼마나 걸리는지 몰라요. 땀 뻘뻘 흘려가지고 가서 던지는데 이게 소나무, [절벽 위에서 조금 떨어진 위치를 표현하며] 이렇게 탁 얼마 여기서 안돼가지고 소나무에 딱 걸렸어. 그러면 우린 그동안에 배운 게 일 잘못하면 큰, 뭐 욕이 바가지로 들어오는데 우린 진짜 조감독 생활할 때 지침이 뭐냐면 불가능이란 없다 거든. 그래 이걸 어떻게든지 해결해야 되는데 방법이 없잖아요. 그래서 로프를 가져다가 로프를 몸에 묶고 사람이 하나가 이제, 그걸 로프를 잡아가지고 자기 힘으로 안 될지 모르니까 바위 하나를 이렇게 좀 큰 바위 하나 감아가지고 있고 나는 완전히 로프에 의지해가지고 그 절벽으로 이렇게 쭉 내려가서 발로, 발로 그걸 건드려서 이제 떨어뜨리는. 근데 그게 아마 성공적으로 찍은 모양이야. 신상옥 감독님이 촬영을 직접 하셨는데. 그래 땀을 뻘뻘 흘리고 내려갔더니 스태프들은 다 다음 장소로, 촬영장소로 옮기고 신상옥 감독님이 자기가 타고 다니던 지프차에 탁 기대가지고 이러고 [등을 대고 편하게 기대앉은 자세를 해보이며] 내가 오는 걸 보더니 '야 장호 수고했다.' 그러더라고. 이름을 장호라는데 그냥 눈물이 팍 쏟아지는 하하하. 그래서 그다음부터는 이제 장호, 제 이름을 찾아가지고. 지금도 그 얘기하면 눈물이 글썽한 게 이렇게 조감독 생활을 회상하면은 그, 내가 정말 그, 저는 군대를 못 갔거든요. 군대를 못 갔는데 조감독 생활 8년 한 게 군대한 것을 때운다고 생각해요. 그 내가 무슨 그, 신상옥 감독님 나중에

---

9) 안양영화사가 제작하고 남궁원, 박노식 등이 주연한 신상옥 감독의 대표작 중 하나이다. 1971년 4월에 개봉되어 9월에 앵콜개봉되기도 했다. 제17회 아시아영화제에서 감독상, 남우주연상 등 8개 부문을 수상하였고, 제8회 백상예술대상에서도 4개 부문을 석권했다.

이제 신상옥 감독님을 텔레비전 내가 하는 프로그램에 모셔가지고 이 얘기 저 얘기 옛날얘기를 하는 게 있었는데 신상옥 감독님한테 제가 바위고개 노래를 부르면 우리 감독님 모습 떠오르고 그리고 내가 눈물을 흘린다 그러니까 '그렇게 고생했냐.' 그러더라고. 그 바위고개 3절은 고개위에 언덕에서 기다리던 님 10여 년간 머슴살이 하도 서러워 이 대목이 그러니까 하하하. 그거하면 꼭 내 주제가 같아. 하하하.

김상민 : 그러면 그 일을 계기로 신상옥 감독님까지 좀 함께 이렇게 총애를 받으시면서 일을 하시게 된 계기라고 할 수 있겠네요.

이장호 : 그렇죠. 예 예.

김상민 : 연보를 따라가면서 재밌는 얘기를 듣고 있습니다. 사실 아까 감독님께서 별의 별 얘기를 다 하시게 된다고 잠깐 말씀하셨는데 여기 오신 분들이 다 별의 별 얘기를 듣기 위해서 오신 분들입니다. 그래서 한 질문만 더 드리고 쉬는 시간을 갖도록 하겠습니다. 선생님께서 '71년도에 민족극단에 입단하셨는데 저희가 이번 2학기 포럼에 다음 달에는 선생님을 비롯해서 방송계 연극계 인사들을 모시고 얘기를 듣고 기록을 남기고자 하고 있습니다. 선생님께서 이제 '71년도 민족극단 입단을 하시고 '72년도에 바로 민족극단이 해체되는 것으로 제가 알고 있는데요. 저희 연구소에서도 당시 연극계 인물로 11월 중에 전무송 선생님을 모실 예정에 있습니다. 선생님 그 혹시 민족극단에 계시는 동안에 특별히 생각나시는 연극계나 기타 뭐 활동들이나 사회분위기가 있으시다면 말씀해주십시오.

이장호 : 조감독생활이 하도 고생스러우니까 눈을 자꾸 한눈을 판 거예요. 근데 한눈판 것 중에 하나가 신춘문예. 그러면 신춘문예가 이제 가을 무렵 되면 신춘문예가 가까이 오잖습니까. 그러면 그때 이제 잘 나가던 영화사에 안 나가고 집에 들어앉아서 이제 시나리오를 썼어요. 근데 시나리오 쓰는 게 힘들었었는지 꼭 마감되면 그동안에 쓴 거 이렇게

보다가 포기하고 완성도 안됐으니까 이제 다시 이제 영화사를 나가기 시작해요. 그러면 사람들한테 면목도 안서요. 중간에 나왔다 그래서 한번은 해마다 연중행사로 그러다가 도저히 이 얼굴로는 신필름 못가 겠다 싶어가지고 그, 아는 선배 중에 무세중이라는 사람 있습니다.10) 원 이름은 김세중이고 조선일보 김대중 씨 형이죠. 그 친구의 형인데. 그, 연극 거기 하는데 도우러 갔어요. 도와가지고 같이 극단, 민족극단 이라는 걸 만들어서 연극을 시작했죠. 근데 연극이, 무세중 씨가 4·19 세대의 주도적 역할을 한 세대들 중에 좀 그 뭐랄까 웃질입니다. 우리 형 세 살 터울이 아니고 이 사람은 아마 한 나보다 여덟 살인가 터울이 어서 근데 그 사람들 중에서 문학 저, 저, 『사상계』 나중에 사상계 편 집장하던 황활원 씨라고 있었어요. 황활원 씨. 황활원 씨가 편집장이면 서 그 당시에 청진동에 '주촌'이라는 예술 쪽 사람들이 많이 드나드는 술집을 경영을 같이 했거든요. 그러니까 연극을 하면서 영화할 때와 달 라가지고 영화는 영화배우들하고 영화인들만 이렇게 만나게 되는데 민 족극단을 하면서는 소위 그 문학 쪽 또 타장르 연극 쪽 또 그런 그, 4·19세대들 4·19세대들 중에서 이렇게 사랑방이란 걸 그 사람들이 무교동에다가 만들어서 모이곤 했었는데 우리가 연극공연도 사랑방에 서 많이 했고. 이게 발이 굉장히 넓어졌어요. 그러면서 그, 이 연극 쪽 에 특징이 영화 쪽에선 없었던 소위 그, 같이 어울려 다니면서 밤새고 또 술 마시고 집에 들어가질 못할 정도로 늘 그렇게 어울려 다니고 그 랬죠. 그러다가 지금 그, 제가 저기, 결혼을 두 번했는데 전처를 연극할 때 만났어요. 연극극단에 여동생인데 그래서 그, 아내를 만나고 나서는

---

10) 무세중(巫世衆)은 1937년 서울에서 태어난 전위예술가이이며 공연기획자이다. 본명은 김세중(金世中)이나 스스로 하늘과 땅을 맺는 사람이라는 의미로 무(巫) 를 성으로 삼고, 민중을 의미하는 중(衆)으로 이름을 고쳐 만들었다. 특히 민족 극의 정립과 보급을 위해 다양한 활동을 해왔다.

연극도 손 떼고 그러고 다시 신필름에 들어가서 일하다가 홍콩지사로 나갔죠. 그러니까 그 연극에 잠깐 경험 동안은 발이 굉장히 넓어져가지고 그 영화를 만들 때 그 사람들을 많이 활용하는 그런 계기가 됐죠.

김상민 : 극단이 해체된 특별한 이유 같은 것이 있었나요?

이장호 : 그거는 무슨 그렇게 정치적인 건 없었고 뭐 극단이라는 게 워낙 그, 뭐랄까 영세하니까 제작비를 구하지 못하는, 흐지부지 돼가지고 그리고 무세중 씨가 독일로 가고 그러면서 이렇게 와해가 됐죠.

김상민 : 예. 선생님 말씀 계속 듣고 있는데요, 저희가 시작한지 한 시간 정도가 지나서 후반부에 있는 이야기들은 그야말로 별들의 고향부터 이야기 좀 시작하고자 합니다. 그래서 이 정도에서 잠깐 쉬는 것이 좀 좋을 것 같습니다. 지금 3시가 약간 넘었는데 3시 한 15분 정도부터 계속 말씀 듣도록 하겠습니다.

김상민 : 명지대학교 국제한국학연구소 정기학술포럼, 이장호 감독님 모시고 여러 가지 얘기를 듣고 나누고 있습니다. 쉬는 시간 동안

몇 몇 분들께서 이야기를 다 듣고 나서 혹시라도 질문을 드릴 시간이 있는가 여쭤보셨는데요, 원래 저희 학술포럼이 매번 질문시간이 있지만 많은 경우 시간이 다 돼서 질문을 받지 못하는 경우가 많습니다. 그런데 오늘은 오신 분들의 요청이 많기 때문에 가급적 주어진 질문을 최대한 빨리 좀 정리를 하고 궁금하신 사항들 직접 좀 듣는 시간을 좀 마련해볼까 하는데 선생님 괜찮으신가요?

이장호 : 네. 좋습니다.

김상민 : 계속 진행하도록 하겠습니다. 첫 번 질문은 역시 이제 영화 이야기를 들을 수밖에 없겠습니다. 선생님의 삶에서 뭐니 뭐니 해도 영화 ≪별들의 고향≫을 언급하지 않을 수가 없습니다. 이 영화와 관련된 감독님의 다양한 이야기는 뭐 책을 써도 부족할 만큼 무척이나 많습니다. 특히 원작자이신 최인호 선생님과는 덕수초등학교 때부터 알고지낸 친구분으로 알고 있습니다. 아울러 이 영화와 관련되어서 신상옥 감독님이나 이경태, 이영표, 홍파, 이장우 선생님 등등과 관련된 이야기들이 무척 많이 달려있습니다. 그래서 이런 놀라운 관계들이 이 영화의 이야기와 관련 있는 것으로 알고 있고 또 그렇게 공부를 했습니다. 그래서 선생님 영화와 관련된 말씀을 직접 좀 듣고요 또한 일반적으로 알려져 있는 이야기 이외에도 또 남기고자 싶으신 내용 있으시다면 영화에 대해서 좀 말씀해주시면 감사하겠습니다.

이장호 : 연극을 할 때 이제 조감독, 영화 조감독으로 했을 때는 영화 쪽 인사들만 교우가 있지만 문단 쪽이나 언론 쪽에 사람들을 만나기가 이제 쉽지 않았는데 그때 우리가 아는 김지하 씨라든지 김현, 김승옥 형님 뭐 이렇게 염무웅 씨라든지 이런 분들을 산문시대 때 그 산문시대 그 사람들을 연극하면서 만났어요. 사랑방이라는 그 뭐라 그럴까 멤버십 같은 것이지요. 멤버십이라면 좀 고상한데 그런데서 교제를 굉장히 넓혔지요. 활동정지 당하는 동안에는 친구들 동료들이 만든 영화

를 보면서 새삼스럽게 제가 깨달은 게 아, 한국영화가 현실을 그리지 못하고 있구나. 이게 거짓말이구나. 뭐 대학강사도 자가용 타고 다니지 않으면 호화주택에서 살고 그 당시에 영화들이 다 그랬어요. 그러니까 리얼리즘이 완전히 사라졌어요. 근데 그걸 우리는 몰랐어요. 영화 만들 땐 모르다가 영화를 안 만들게 되면서 동료들 만든 영화를 보니까 이게 현실을 그리지 못하고 있다는 게 객관적으로 느낌이 온 거예요. 그래서 이렇게 저렇게 그거를 의아하게 생각하다보니까 박정희 대통령 집권한 지 그때가 15년째 16년쨴데 그동안에 모든 정책이라든지 통제가 한국영화에서 아주 저절로 길들여져 현실을 못 그리는 거예요. 그럴수도 없지 뭐 공무원, 군인비리 그릴 수 없지 부정부패 그리지 못하지요. 가난 묘사 못하지 할 수 있는 건 새마을 영화나 새마을 정책이나 또 이 저, 역사극이나 아니면 문예영화라 그래서 한국문학을 토대로 한 영화 근데 그런 문예영화도 초가집을 그리면 검열에 걸려요. 아니 지금 새마을 운동하고 있는데 초가집이 웬 말이냐고 말이야. 그래 그런 시절이었어요. 그러니깐 영화가 현실을 그릴수가 없죠. 그걸 몰라요.

청중 : 이 감독님 죄송하지만 연도수를 좀 정확히….

이장호 : 이게 1975년 말에 걸렸으니까 1976년과 77년 사이입니다. 그래가지고 아 이게 한국에서 리얼리즘 이거 회복해야 된다. 그 생각을 하면서 저는 이제 4년을 그런 생각으로 키워지면서 저절로 의식화될 수밖에 없는 게 밀려났으니까. 제도권에서 밀려나니까 마침 그 여동생은 또 이게 데모꾼이고 그리고 그때 알았던 사람들이 뭐 황석영 씨, 김지하 씨 뭐 이런 사람들하고 어울릴 수밖에 없잖습니까. 또 염무웅 씨의 민족문학이라는 거를 제가 제일 그 당시에 저한테 영향력을 준 그런 그, 책인데 그러면서 의식화 이렇게 된 거예요. 제가 나중에 생각해보니까 이런 정리를 하게 되더라고요. 아, 이 별들의 고향이 나한테 웃는 얼굴로 온 제1의 럭키찬스였으면은 제2의 럭키찬스는 아주 불행한 얼

굴로 온 그 대마초 활동정지사건 이것이 나한테 두 번째 럭키찬스인데 첫 번째 럭키찬스보다 더 빅 찬스죠. 더 큰 럭키찬스를 맞았구나. 그렇게 해서 4년 후에 ≪바람 불어 좋은날≫ 하면서 소위 한국영화 리얼리즘회복이라고 하는 들고 나왔고 그걸로 해서 또 그 후에 영화판에 새로운 엘리트들이 대거 들어오게 됐죠.

김상민 : 감독님께서 이제 제가 드리고자하는 몇 가지 질문들에 다 관계가 있는 말씀들을 정리해주시어 세부적인 질문이 감독님 말씀 속에 포함되어있는 관계로 몇 가지는 좀 빼고 궁금한 사항은 다시 말씀드리겠습니다. 그 ≪별들의 고향≫ 연출하시고 나서 흥행에 크게 성공하시고 난 다음에 그다음에 이제 그야말로 유명감독으로서 이름을 알리시게 된 것으로 알고 있는데요. 방금 말씀하신 그 사항이 제가 알기론 '76년도에 감독의 자격이 정지된 사건으로 알고 있습니다. 당시에 박정희 정부의 대중문화나 제도, 검열이나 인기 연예인의 대마초파동 또는 강요된 유신문제나 정부의 청년문화제재 등에 대한 지금 말씀을 선생님 잠깐 해주신 거 같은데요. 사실 이 부분이 이번 포럼 기록에 핵심적인 문제일 수도 있겠습니다. 그래서 이러한 일로 인해서 몇 년간 활동 못하신 것으로도 말씀하셨는데 이 관계에서 좀 기억나시는 것들이 있으면 말씀 좀 해주시지요.

이장호 : 그 박정희 대통령 때에 박정희 대통령 그, 어떤 일이 있었냐면 나중에 가수들하고 이 얘기 저 얘기하다가 알게 됐는데 김세환이라든지 뭐 송창식이라든지 이장희라든지 윤형주 이런 그 당시에 톱가수들이었는데 이 친구들이, 박지만 씨가 그렇게 그, 가수들 좋아해가지고 이 친구들이 청와대를 드나든 거예요. 청와대 드나들면서 지만 씨가 아직 고등학교 땐데 청와대 안에서 대마초피운 게 들켰대요. 저, 보좌관들한테. 그래가지고 아마 대통령한테 보고가 됐는데 이게 무슨 망국 풍조냐. 그게 일이 발단이 커져가지고 검찰, 경찰, 중앙정보부, 보사부

이 합동 수사반이 구성돼가지고 이 서울역, 저, 남대문 옆에 여성회관이 있었거든요. 거기가 본부예요. 합동수사본부. 거기에 뭐 한 백여 명이 잡혀들어 갔어요. 잡혀들어가서 정말 너무 심할 정도로, 너무 심할 정도로 수사를 벌려서 전부 한꺼번에 활동정지명령이 떨어진 거죠. 재밌는 건 내가 막 로비를 많이 해가지고 1979년에 초에 김성진 장관님이 이제 시간도 많이 됐고 그러니까 이장호 감독 활동하게 하라 이렇게 얘기가 돼가지고 영화 준비를 했어요. ≪갑자기 불꽃처럼≫이라는 제목으로 오태석 씨의 「환절기」를 시나리오로 만들어서 영화를 만드는데 크랭크인하고, 크랭크인 찍었는데 중앙정보부에서 불러가지고 갔더니 너 누가 활동하라 그랬냐 그러더라고요. 그래서 김성진 장관님이 허락을 했다 그러니까 가수들이 지금 하나도 안 풀렸는데 무슨 소리냐 그래가지고 다시 손 놨어요. 다시 손 놓고 그걸 홍파 감독이 결국은 마무리 했는데. 결국은 박정희 대통령 시해사건이 나고 나서야 그제야 다시 활동하게 됐는데 재밌는 거는 뭐 야사에나 남겠지만 박정희 대통령이 대마초 풀릴 때도 꿈에 나타났어. 걸릴 때 나타나더니 풀릴 때 나타났는데 이번 꿈은 박정희 대통령이 술이 많이 취하셔서가지고 지방순시를 하던 중이었는지 내가 또 모시고 있었다고. 그래 대통령이 너무 취해가지고 막 이 뭐랄까 주정, 술주정을 막 하는데 동네사람들이 자꾸 몰려드는 거야. 동네사람이 아니고 그 뭐라 그러죠. 하여간 추종자들이 자꾸만 몰려드는데 나는 이게 큰 걱정이야 대통령이 너무 취해가지고. 근데 대통령이 드디어 뭐냐 권총을 뽑아가지고 공포를 빵 쏘는데 총구에서 말이야 풍선이 쫙 올라가더니 엄청나게 큰 정말 빌딩 몇 층만 한 풍선이 올라가는데 그게 모습이 뭐냐면 로마, 로마 그 병정있죠 투구에 깃털 단. 그 커다란 그 고무인형이 쫙 서있더니 너무 커지니까 이렇게 빵 터지더라고. 내 그래서 두 꿈을 잊질 않아요. 나 여태까지 대통령 꿈을 꾼 거는 처음이네 그게, 두 번에. 그래서 이 사람이 나한테 서로 얼굴을 본적은 없지만 나한테 이상한 상당한 암시적인 인물이다. 꿈으로 변형된 그런 의식을 남겨줬던 게 생각납니다.

김상민 : 당시에 선생님 영화계에서 주로 검열이 되는 대상의 것들이 있다면 어떤 것들이 있을까요?

이장호 : 그때 검열은 굉장히 유치했던 게 영화전체가 저항성이 전혀 없었기 때문에, 저항하지 않았기 때문에 잘 길들여져 있어서 겨우 걸린다는 게 노출 또 뭐 과다애정표현 뭐 이런 것들이에요. 하길종[11] 감독이 유난스럽게 미국 유학파니까 와가지고 정부에 대해서 굉장히 말하자면 저항적 시선 그걸로 하다 결국 중앙정보부에 가서 매도 맞고 그 당시에 그 중앙정보부에 들어가서 얘기를 이렇게 들어보면 '야 기가 막히다. 야 사생활도 다 알아.' 그러더라고요. 그래가지고 아주 매장시키는 방법 중에 하나가 그런 추문 이런 공갈을 놓고, 우린 뭐, 그다음에 재밌는 게 하나가 또 그 하길종 감독 일화인데 우리가 그때는 이제 영화 흥행하면은 영상시대 감독들이라 그래가지고 파티를 해요. 큰 중국집이나 빌려서 하는데 하길종 감독이 술이 많이 취했는데 한진영화사 한갑진 씨 사위가 그 당시에 공화당 뭐, 였는데. 이 파티에 자기가 술 사는 것도 아닌데 어, 청와대지. 청와대 경호원 누구를 하나 데리고 나와가지고 VIP 테이블에 앉아서 '어이 이장호 감독 이리 와봐. 하하하'. 가면 소개해가지고 술을 마시고 그러고 또 '어이 하길종 감독 이리와.' 하길종 감독이 안간 거예요. 그러니까 '아 하 감독 이리 오라니까.' 그러니까 '야 내가 기생이냐.' 하하하. 하 감독이 버럭 소릴 지르니까 갑

---

[11] 하길종(河吉鐘) 감독은 서울대 불문과를 졸업하고 잠시 신필름에 입사했으나 1965년 미국으로 떠나 샌프란시스코 아카데미 오브 아트에서 사진예술과 미술을 공부한 뒤 UCLA 대학원에서 학위를 취득하고 아서 펜 감독의 연출부에서 활동했다. 1970년 귀국 후 ≪화분≫(1972)과 ≪수절≫(1974)을 거쳐 1975년 ≪바보들의 행진≫을 연출했다.

자기 그 파티가 '야 뭐 이 새끼' 하고 주먹이 왔다갔다하고 그런 적이 있었어요. 근데 하길종 감독은 그렇게 혼났어도 죽이질 않았다고 죽이진 않고. 그래서 하 감독 특징이 늘 사람들 만나면 '피고~' 하고 이렇게, 이 대명사가 전부 피고야. '피고는~' 뭐 이러면서 하하하. 그런 기억이 나네요.

김상민 : 《별들의 고향》 성공하시고 나서 이렇게 말씀하신 것, 잠깐 생각이 난 건데 선생님 이런저런 자리에 많이 불려가지 않으셨나요? 뭐, 그, 유명한 영화감독으로 성공하셨으니까.

이장호 : 아이 뭐 불려간 데가 참 많죠. 뭐 재벌 노는 데도 가보고. 그때 참 유치하게도 노는구나 생각했는데 모 재벌인데 이름은 얘기 안 하겠어요. 모 재벌인데 그, 자기 사옥에 꼭대기에 큰 홀이 있는데 거기서 뭐 이렇게 주방시설도 다 돼있고 거기서 요리를 만들어가지고 이렇게 내놔요. 자기 중역들하고 쭉 앉았는데 그, 뭘 하고 노냐면 [네 박자 맞춰서 무릎과 손뼉 치며 '뭐 몇' 부르며 노는 아이들 게임을 흉내내며] 뭐 이거 있잖아 이거 이거. 하하하. 근데 하하하. 뭐 하고 이름을 부르는 거야 반말로. 그 우리는 뭐 상관없잖아 아무개 아무개 그러는데 중역들은 다 걸려. 하하하. 그, 그러면은 자기 회장을 이름을 못 불러 걸리면 또 노래하고. 어떻게나 유치한지. 그거 끝나니까 그때 TBC 《쇼쇼쇼》가 있었잖아. 그 《쇼쇼쇼》들이 녹화 끝나고 그 팀들이 그대로 와요. 그래가지고 우리들 앞에서 그 쇼를 진행하는 거야. 야 정말. 그 재벌들 노는 거 보니까 별로 그렇게 고상하지 않는 그, 그리고 정치인들이 또 거기에 안 끼었겠어요? 거기 끼면 똑같이 유치해지고. 그런 생각이 나네요. 인생 무상함을 많이 봤습니다. 하하하.

김상민 : 선생님의 감독 자격이 정지된 몇 년간 주로 어떻게 지내셨어요?

이장호 : 그러니까 처음엔 무지하게 괴로웠어요. 괴로워가지고 뭐 나

는 그 집을 팔고 자동차팔고 하더니 명일동 시민아파트에 들어갔죠. 시민아파트가 벽에는 술 취하고 와서 적어놓은 것들이 그땐 그렇게 '절에 가겠다'는 낙서가 많았어. 머리 깎고 절에 들어간다고. 그러다가 내 결정적으로 정말 내가 활동하고 활동 못하는데 한이 맺힌 거는 무슨 텔레비전 프로그램에 모차르트 멜로디를 아주 경쾌하게 해가지고 무희들이 댄스를 하는 장면이 나오는데 [모차르트 피아노 소나타 제16번 C장조 K.545 1악장 Allegro의 리듬을 흥얼거리며] 그걸 가운데 무희들 막 춤추는데 갑자기 막 미치겠어. 그래가지고 마누라 옆에 있는데 '야 나 진짜 영화 만들고 싶다.' 그랬더니 그 얘기를 하는데 눈물이 착 흐르는 거라. 그러니까 마누라가 말을 못하더라고. 그거는 기억이 있어가지고 조선일보에서 무슨 글을 써 달라 그래서 그때 내가 쓴 글이 그런 거에요. 우린 자라면서 어렸을 때 자라면서 금지당한 것들이 참 많다 뭐하지 말라 뭐하지 말라 뭐 뭐 물 조심해라 뭐 이런 너무 그런데 익숙해서 사실 사회질서라든지 사회 나와서 모든 그, 규제 당한다든지 이런데 대해서 우린 좀 무감각해져있다 하도 많이 듣고 자랐기 때문에. 그래서 대마초 피운다라는 것도 대마초피우면 환상 환각이 생긴다니까 환각에 대한 호기심이 있었다. 정말 환각이 어떤 걸까. 우리가 귀신을 무서워하면서도 귀신을 보고 싶어 하는 것처럼. 그런 글을 쓰면서 '그래서 대마초 한 대 피웠는데 이젠 용시해주라' 그런 글을 쓴 적이 있어요. 그렇게 대마초 때는 쌓이고 쌓이고 그러다 하여간 너무 고마운 게 한국영화의 리얼리즘이 사라졌다라는 거 그래서 회복해야겠다는 것 그 힘으로 일종의 철없었던 별들의 고향시절이 사라지고 이제 소위 사회적 리얼리즘으로 시작을 합니다. 물론 이게 오래가지 못했지만.

김상민 : 대마초사건 그것이 어떤 선생님 방금 말씀하신 어떤 사회규제에 대한 어떤 저항의식이라든가 이런 것이 반영되어있던 것인지 아니면 당시 예술인들의 어떤 분위기가 그랬던 것이었는지요.

이장호 : 내가 이제 4년 동안 의식화되면서 느낀 게 문학 쪽은 엄청나게 강하게 저항이 있었고 물론 뭐 참여파와 비참여, 순수 이렇게 다 갈라져 있었지만 문학 쪽은 굉장히 저항이 있었고 거기에 영향을 받은 게 미술 쪽. 그 미술 쪽이 그다음 저항이 있었고 거기 또 조금 가서 이제 음악 쪽에 또 이런 게 있었고 영화는 정말 하길종이 빼놓고는 박정희 대통령 때 저항이 전혀 없었어요. 그리고 내가 대마초 걸리기 전에 나는 달래 그렇게 만들려고 한 게 아니라 뮤지컬을 하나 만들고 싶어서 최인호한테 시나리오를 뭘 부탁했냐면 ≪그래 그래 오늘은 안녕≫이라는 걸 뮤지컬로 만들고 싶다했는데 동숭동 그 산위에 시민아파트가 있을 때잖아요. 거기를 로케지로 잡고 가서 하는데 아 이 가난한 사람들의 이야긴데 말하자면 권투선수와 연예계를 꿈꾸는 여자아이가 둘이 연애하면서 그 아파트에서 살면서 '언젠가는 아파트를 떠나야된다', '이 가난한 아파트를 떠나자라'는 그런 이야긴데. 그 아파트에서 사는 모습들을 이렇게 하다가 보니까 나는 뮤지컬에 훈련이 안 돼 있는데다가 그 가난한 사람들 이야기 갖고 아주 경쾌한 이, 이게 안되더라고 그래서 할 수 없이 뮤지컬대본을 포기하고 내가 어렸을 때 보았던 그 이탈리안 네오리얼리즘의 화면들이 눈에 너무 선명하니까 ≪길≫[12]이라든지 무슨 ≪자전거 도적≫[13]이라든지. 그래서 그런 화면을 만들다가 보니까 영화 마지막에 아파트 이 아이가 결국 여자아이가 연예계 꿈꾸던 아이가 비참하게 몰락되고 뭉개져가지고 결국은 죽어서 영구차 타고 이 그, 아파트 길을 이렇게 떠나 내려오고. 삼류 권투선수는 스파링 파트너 뭐 소위 축구선수 돈 받고 하는 것처럼 게임, 그런 게임에 했다가 위반해가지고 얻어맞고. 그래가지고 그 영구차를 뒤를 울면서

---

[12] 페데리코 펠리니(Federico Fellini: 1920~1993)의 1954년작 ≪*La Strada*≫이다.
[13] 비토리오 데 시카(Vittorio De Sica: 1902~1974)의 1948년작 ≪*Ladri di biciclette*≫이다. ≪자전차 도둑≫, ≪자전거 도둑≫ 등의 명칭으로 불렸다.

따라 내려가는 그 라스트장면. 근데 이게 너무 비참했던 거예요. 나는 사실 가난한 동네에서 찍으니까 그것밖에 화면을 만들 수 없는데. 검열을 들어갔는데 그때 이제 대마초도 걸렸을 때에요. 대마초 걸리고 완성은 못하고 그, 검열을 받았는데 최무룡 씨가 그 당시에 검열위원이었어요. 최무룡 씨가 나오더니 '야 이 감독 너 큰일났다. 너 저거 허락을 안 해준데. 검열위원들이. 마, 너 인마 너 저기, 너 빨갱이라 그래 인마.' 이러더라고요. 그러니까 너무 비참한, 가난한 동네 이야기를 너무 비참하게 이제 그린 거죠. 그러더니 결국은 제작자가 들어가서 타협하더니 라스트를 바꿔라 그래가지고 영구차 내려오는 장면을 전체를 들어내는데 그게 한 4, 5분 되거든요. 그걸 다 빼버리고 다른 거로 바꾸라 그러니까 대마초 걸린 상태서 의욕도 없지 그러니까 할 수 없이 그냥 스틸 갖고 내 동생하고 그 여배우 신인배우 썼는데 걔네들 그냥 스틸로 만화처럼 암시적으로 승승장구 성공하는 거. 얘는 톱모델이 되고 얘는 챔피언이 되는 거를 하하하. 그냥 스틸로 찍어가지고 그걸로 그냥 영화로 찍어서 편집을 해버렸어요. 그러니까 마지막에 한 4, 5분이나 5, 6분 됐던 그 전체를 갖다가 2분 안에 끝내버린 거죠. 그게 지금 생각하면 참 원통하고 하는데 왜냐면 그, 그 라스트 그거는 편집실에서 잘려가지고 어쩌다보니 영영 사라져버린 거예요. 뭐 그 당시에는 필름을 거기에 그, 안에 은이 있어서 그거를 전부 사가지고 은을 뽑아 쓰거든요.[14] 그러니까 그 영화는 영영 사라졌죠. 그게 아까워 죽겠어.

김상민 : 우연인지 모르겠습니다만 바로 지난 포럼에 염무웅 선생님을 초빙해서 말씀을 들었습니다. 제가 알기론 선생님께서는 염무웅 선생님의 『민중시대의 문학』이 큰 영향력을 선생님 삶에 끼쳤다라고 자주 말씀하셨던 것으로 제가 들었습니다. 염무웅 선생님의 평론집이 선

---

[14] 당시 상영이 끝난 영화필름들은 잘려 모자를 만드는 소재로 사용되었거나, 감광기재인 은을 추출하기 위해 손상되는 일들이 잦아 영영 소실되는 경우가 많았다.

생님께 끼친 어떤 구체적인 변화나 의식을 전환시키거나 또는 만드는데 영향력이 있었다면 어떤 것인지 또한 개인적인 염 선생님과의 어떤 친분이랄까요 그런 것이 있다면.

이장호 : 저는 고등학교 3학년 대입입시 한참 심할 때 우리 아버지 서가에서 탁 뽑은 게 톨스토이의 『부활』이었습니다. 너무 감동을 받아서 핑계가 생겼어요. 아, 소설을 읽을 핑계가 생겨가지고 대입이 대입 준비가 너무 스트레스 받으니까 책을 많이 읽었는데 이게 그때 말하자면 유럽 쪽 또 러시아 쪽 이쪽 소설들을 많이 읽었잖아요. 그래 그 팬이 돼가지고 한국 사람들 소설은, 내가 도시에서만 자라가지고, 무슨 농촌에 이런 이야기라든지 이런 거는 정말 눈에 안들어와요 짜증나고. 그래서 최인호를 좋아할 수밖에 없고 김승옥 형을 좋아할 수밖에 없고 이랬는데. 염무웅 선생의 『민중시대의 문학』[15])을 보면 내가 몰랐던 것들을 너무 많이 알려주는 거라. 우리 그 해방역사의 변천이라든지 이런 것들에 대해서 그러니까 그거 읽으면서 점점 의식화되니까 내가 배창호한테, 배창호가 조감독이었거든요 그때, '야 너 이 책을 읽어봐라. 이거 진짜 기가 막힌 거다.' 나는 모든 게 경이로운 거예요. 근데 배창호는 내가 의식화되는 거에서 굉장히 못마땅했어요. 좀 자유주의잔데 배창호는. 그래서 두려워하고 그러더라고요. 결국 나 혼자만 의식화됐는데 그 재밌는, 그 후였지만 《바람 불어 좋은날》 이제 캐스팅하기 위해서 그게 최일남 선생님의 『우리들의 넝쿨』인데 거기 보면 주인공이 사팔 눈의 청년, 사시의 청년인데 난 영화배우 중에 사팔뜨기가 없으니까 이탈리안 그 비토리오 데 시카처럼 진짜 사팔뜨기를 찾아서 영화배우로 만들어야겠다 그래가지고 신문에 공고를 했어요. 사시청년을 뽑는다고. 그 전국에 사시들이 막 다 사진 보내고 뭐 응모를 했는데. 그러면

---

15) 염무웅, 『민중시대의 문학』(서울: 창작과비평, 1979)을 의미한다.

서 한편으로는 무작정 상경해서 중국집 배달하고 뭐 이런 일 하는 아이들이 대개 어디에 있는가 하면 남대문 인력시장 시경 앞에 그, 남대문시장인데 거길 이제 배창호랑 갔어요. 가서 보니까 새벽인데 수상한 놈들이 왔다 갔다 하는데 한 놈이 우리가 가니까 쓱 앞으로 지나가면서 '헐뺀써니스' 그러더라구요. 그 무슨 소린지 몰라가지고 또 있다가 또 가만히 들어보니까 '헐뽀이너스써니스' 그래. 그래서 궁금해서 그 뭐냐 그러니까 '홀 보이나 사환 있습니다' 예요. 그 세련되게 완전히 차장 뭐 버스 차장이 어디 뭐 하는 것처럼. 그래서 그 어디 있냐니까 이 골목으로 들어가라 그러더라고요. 그 골목 그, 남대문시장 골목 안으로 들어갔는데 진짜 비참한 게 2층 다방 올라가는 계단 있거든요. 새벽에 계단이 뭐 폭이 [어른 한 사람 편히 설만한 간격을 표현하며] 요만할까 내 아들새끼만한 아이들이 초등학교, 아이. [눈시울을 붉히고 울먹이며] 아! 진짜 비참하게, 이 새끼들 끼어 앉아가지고 계단에 쫙 있는데 와! 무슨 어렸을 때 돌멩이를 이렇게 들추면 벌레들이 우글우글하는 거 있

잖아. 그것처럼 무서워요. 아, 그거보고 충격 받고 더 이상 못보겠더라고. 그래서 나와서 배창호한테 '야 나 미치겠다. 우리 좀 화려한 데 가자.' 그래가지고 시경, 그 앞에 시경이라는데 정말 정말 아! 파렴치하더라고요. 그래가지고 거기서 돌아서서 프라자호텔 와가지고 프라자호텔 커피숍 유리창 밖으로 탁 보니까 시청에 태극기가 팔락팔락 하는데 내가 나도 모르게 그 소릴 했어 배창호한테 '야 나 영화 만들지 말고 정치해야겠다. 진짜 못 참겠다.' 그렇게 울분 터진 때가 없었었어.

김상민 : '79년 10·26으로 선생님에 대한 규제가 풀렸다고 볼 수 있겠습니다. 방금 말씀하신 것처럼 이 기간 동안에 배창호 감독님과의 인연도 있었고 제가 알기론 최인호 선생님과도 약간 어떤 노선이 달라지는 이런 일이 있었다고 알고 있는데요. 이 말씀과 함께 규제를 겪고 있던 시간 동안 혹시 정부에 의해서 유신이나 국정홍보를 위한 영화제작 등의 회유책 등등을 제안 받은 적이 혹시 있으신지 아니면 있었는데 다른 이유 때문에 못하신 건지 아니면 하신 적이 있으신지 이런 것과 함께 또한 10·26을 바라본 당시 영화계 시선이 있다면 말씀을 부탁드리겠습니다.

이장호 : 박정희 대통령 4년 동안에는 전혀 그런 회유책은 없었고 그 후에 전두환 정권 들어서면서는 있었어요. 있었었는데 이때는 없었어요. 이땐 없었고. 지나고 나니까 미움이 사라지고 더군다나 나한테 럭키찬스를 준 대마초 4년이기 때문에 미움이 안 생겼어요. 박정희 대통령 죽던 날 아침에 우리 아버지는 아들이 대마초 걸려서 활동 못하지, 막내딸은 교도소에 있지…. 그래서 아침에 새벽에 그러지 않아도 이 양반은 뭐 새벽에 깨나면 뭐 클래식 틀어놓고 그런 사람인데 우리 하루는 자고 있는데 아버지가 갑자기 '야, 박정희 죽었다. 만세 만세' 막 이러면서 2층에서 내려와요 그래서 내, 갑자기 아 해방됐을 때 이러지 않았나 싶을 정도로 하하하. 그래 보니까 박정희 대통령이 간밤에

그 시해사건이 난 거예요. 그다음에 우리 집은 축제로 변하는 거예요. 축제로 변하는데 나중에 지나니까 뭐라 그러지 못된 그, 나는 군대는 안 갔지만 왜 못된 상사에 대한 추억이 있듯이 점점 박정희 대통령에 대한 애정이 생기는 게 뭐 특히 그 사람이 그, 여자문제 이런 것들이 저 사람하고 나하고 다를 게 없다 정말 사람은 다 여자 좋아하는데 하하하. 그런 걸로 욕해선 안된다 하하하. 이상한 그, 애정이 생기더라고요.

김상민 : 주위에 계신 다른 영화계 분들은 어떤 느낌이셨던가요. 그 시해사건을 보면서.

이장호 : 나는 너무 주관적이어서 그 당시에 그 객관적인 저걸 모르겠는데 우리는 하여간 축제였어요. 하하하.

김상민 : 마지막 질문 드리고 질문 플로어 질문 받는 시간을 좀 갖도록 그렇게 하겠습니다. 선생님 그 어떤 운동권 영화보다도 민중에 가깝게 접근한 복귀작 ≪바람 불어 좋은날≫ '80년 작품인데요. 이 작품이 완성될 무렵 전두환 정권이 들어서게 됩니다. 이 영화는 저뿐만 아니라 후대 수많은 영화인들에게 큰 영감을 주게 된 작품인데요. 이 영화를 시작하는 과정, 즉 박정희시대의 종식과 전두환 정권의 시작 가운데 선 이 영화의 의미나 시선이 있다면 말씀 좀 부탁드리겠습니다.

이장호 : 그때 뭐 우리들 다 알다시피 서울의 봄 언론마다 크게 타이틀 내가지고 DJ가 복권하고 YS 복권하고 JP 복권하고 막 그러면서 막 사람들이 장밋빛 미래를 빨리 이렇게 예견하고 그랬잖습니까. 저는 또 제목도 ≪바람 불어 좋은날≫ 하니까 이게 그때의 그 장밋빛 이게 나타나지 않습니까. 그 촬영을 하는데 5월이죠. 근데 막 신문이 다시 허연 백지가 나오기 시작하고 자막이 빠져서 빈칸이 많이 나오고 그리고 소문이 흉흉한 게 뭐 임신부가 막 군인들이 막 총을 칼로 찢어가지고 뭐 애가 나오고 막 그런 헛소문들 같은 게 막 떠돌고 그러는데 불안하기

시작했어요. 불안하기 시작했는데 오전에 이상한 말들이, 우리는 이렇게 사실 뉴스에 그렇게 민감하지 않거든요. 근데 최규하 대통령이 무슨 최 씬지 아느냐고 그래서 그런, 우리가 뭐 수원 최 씨 이런 식으로 얘기하면 그게 아니다 두환최 씨다 하하하. 뉴스에 어두우니까 그게 얼른 얼른 안 들어 왔어요. 그다음에 점점 보더니 진짜 전두환 씨가 서서히 두각이 나타나기 시작하고 박정희 대통령에 너무 공포, 독재 여기에 익숙해있으니까 새로운 독재라는 거에 대해서 빨리 이게 인식이 안오더라구요. 근데 서서히 서서히 정말 뻔뻔스럽게 이게 나타나는데. 제일 히트는 영화가 완성이 돼가지고 됐을 땐 벌써 전두환 씨가 대통령이 됐을 겁니다 아마 그때. 근데 이제 이것도 검열을 받아야 되잖아요. 근데 그때 검열이 재밌는 게 시해사건 후에 공연윤리위원회에 구성요원이 자유로워졌어요. 그래서 대표적으로 난 누가 있었는지 모르지만 하여간 대표적인 사람 딱 한 사람만 기억나는데 박완서 선생님이 계셨다고. 박완서 선생님이 계시고 다른 얼굴 들어보면 뭐 다시 기무사라 그러나요 옛날에 그, 저 뭐죠 그, 보안사, 보안사 안기부 이름은 바뀌었지만 중정에서 안기부 바뀌고 경찰, 시경, 검열이 굉장히 복잡해졌어요. 거기에 박완서 선생 같은 분이 들어간 거라. 근데 ≪바람 불어 좋은날≫이 그냥 넘어갈 수가 없죠. 이게 마라톤 회의를 계속 한다는 거예요. 그러더니 뭐, 우리는 지금 초조해서 영화제작사에서 기다리고 있는데 뭐 두 시간 지났는데 안 끝났다 그러더니, 뭐 또 얼마 한 두 시간 더 지나가지고 네 시간 지났는데 안했다, 뭐 지금 휴식중이다, 회의가 중단되고 휴식중이다, 하더니 또 하더니 열 시간 됐는데도 결론을 못낸 거예요. 그래가지고 초긴장했어요. 초긴장했는데 결국은 나중에 결정 났는데 하나도 손댈 수 없다. 박완서 씨가 진짜 무슨 그 어떤 사명감 때문인지 박완서 선생님 혼자서 그렇게 싸운 거예요. 그 악당들하고. 그래서 결국은 박완서 씨가 약한 분이지만 엄청나게 강한 분이거든요.

그 결국 두 손 다 들었어요 박완서 씨한테. 그러니까 아마 검열관들이 '에이 멋대로 해라 나중에 문제가 되면 너 탓이다.' 그런 식으로 포기했을 때 박완서 선생이 OK한 모양이라 그래가지고 그 다음 날 감독이 들어오라고 검열에선 안자르는데 감독이 좀 들어 와보라고 그러더라고. 그 갔더니 공연윤리위원회에서 감독이 스스로 이건 좀 잘라 달라. 그 뭐냐 그러니까 정말 엉뚱한, 엉뚱해서 웃음이 나오더라고. 그 영화에 이제 무작정 상경한 세 청년이 하나는 여관의 종업원이고 하나는 이발소 머리 세발해주는 청년이고 하나는 안성기, 중국음식점 배달부인데 거기 이제 여관종업원 놈이 군대를 가게 됐어요. 군대 가니까 군대가기 전에 입영전날 술 먹고 야 우리 오늘 총각딱지 떼러들 가자 그래가지고 가면서 술 처먹고 노래하는 게 뭐냐면 '영자를 부를 거나 순자를 부를 거나, 영자도 좋고 순자도 좋다. 땡까랭 땡, 땡까랭 땡' 그런 노래가 있잖아요 군인들 부르고 해병대. 근데 거기서 '순자'를 잘라달라는 거야. 그 난 뉴스를 잘 안보고 하니까 왜 순자만 자르냐 그걸 몰랐어요. 근데 그러지 말고 제발 잘라달라. 그래서 그, 우리 이 사운드트랙을 보면요 '순' 하려면 ㅅ, ㅜ, ㄴ이 빨리 합쳐져서 순이 되거든요. 스우운이에요 순 이게 되요. 그래서 거기서 ㅅ 만 잘라냈어요. 우린 기계로 하니까. 그러니까 '영자를 부를 거나   ㅜㄴ자를 부를 거나' 하하하. 왜, 그 미련한 놈들이 그걸 받아주네. ㅅ 만 자른 거를. 그래 극장에 가서 붙이는데 다 순자로 듣고 까르르르 웃는 거야. 그런 넌센스가 있었어요.

김상민: 예. 재밌는 말씀 감사합니다. 사실은 저희가 5시까지 원래 이 포럼이 진행돼서 남은 시간이 생기면 선생님의 '80년대 이후의 작품들에 대한 이야기를 좀 나누고자 했던 것이 원래 의도였습니다만은 저희가 기왕에 소중한 자리에 선생님 모셨고 또 흔치않은 기회인데다가 많은 분들께서 질문하시고 싶은 것들이 좀 있으신 거 같아서 남은 시간

동안 선생님들의 질문 몇 개만 조금 듣고 또 선생님 말씀을 다시 들어보는 그런 시간을 갖도록 하겠습니다. 지금 보시는 바와 마찬가지로 현재 저희가 녹취 구술작업 중인 관계로 질문하시는 분이 반드시 자신의 소속과 성함을 좀 말씀해주시면 좋겠고요. 주제에 너무 벗어나지 않는 범위에서 가급적 좀 선생님께 질문을 해주셨으면 하는 바람이 좀 있습니다. 선생님 괜찮으시겠습니까?

이장호 : 그래, 그럼요.

김상민 : 그러면 아까 질문시간이 있냐고 여쭤보신 선생님 있다라고 들었는데 혹시 선생님께 질문하실 내용이 혹시 있으신 분이 있으시다면 말씀을 해주시죠.

청중1 : 제가 뭐 하나 좀 여쭤보겠습니다. 감독님 전화로 몇 번 통화를 했었지만 국제한국학연구소의 김택호입니다. 저는 한국문학을 공부하고 있는데요 그래서 그, 아까 감독님께서 리얼리즘과 관련된 말씀을 하실 때 이게 우리 포럼주제와 조금 동떨어진 얘긴지 모르겠지만 궁금한 부분이 사실 '70년대 후반 한국문학에서는 어떤 논쟁이 아주 짧지만 굵게 있었느냐면 리얼리즘 문제입니다. 그때 당시에 라틴아메리카문학이 상당히 저항적인 문학이고 아시다시피 환상적인 장치들을 많이 깔고 가지 않습니까 친화적인 이미지를 많이 활용하고. 근데 그런 것들이 한국문학에 영향을 미치면서 리얼리즘만이 유일한 그, 진보적인 문학이라든가 예술의 형태라고 하는 거에 대한 저항감이 생겨나서 논쟁이 일어났습니다. 그때 그 환상적인 장치들을 중시했던 그것도 허용해야 된다라고 말하는 사람들은 리얼리즘부분이 가지고 있는 적절한 표현일지 모르겠지만 지나치게 교조적인 것 아니냐 이런 리얼리즘만 강조하는 것이 그런 저항감이 있었는데 그 결론은 역시 리얼리즘만이 유일한 방법이다라고 하는 결론이 나거든요. 그래서 일부 사람들이 상당히 실망하면서 민족문학 진영에서 떨어져나오기도 합니다. 이건 뭐 지나친

건 아니냐. 근데 제가 여쭙고 싶은 건 뭐냐면 감독님은 제가 이렇게 느끼기에는 상당히 자유분방한 성향도 내적으로 가지고 계신데 그럼에도 불구하고 리얼리즘에 대해서 천착하셨던 것이 조금 느낌이 탁 떨어지지 않는 느낌이 들거든요. 그런 성향을 가지고 계셨으면 환상적인 장치에 대한 고민도 많이 있으셨을 텐데 오히려 리얼리즘문제에 깊이 관심가지고 계셨던 것은 무엇 때문인지요?

이장호 : 그러니까 아까 말씀드렸던 것처럼 나는 오히려 최인호의 「모범동화」라든지 「술꾼」이라든지 오히려 그런 그 은유적이고 그런 것들이 더 마음에 와 닿거든요.16) 그런데 영화를 ≪별들의 고향≫, ≪어제 내린 비≫, ≪너 또한 별이 되어≫, ≪그래 그래 그리고 안녕≫ 만드는 동안에 내가 나도 모르게 나도 거짓말 만드는 영화에 전혀 느낌도 없이 동참했었구나라는 것을 대마초 걸리면서 다른 사람들의 영화를 보면서 한국영화가 전부 거짓말이구나 했을 때 아, 현실을 그리지 못한다라는 게 이 큰 문제다. 왜냐면 나는 영화에서 밀려나가지고 생활이 점점 환상이 사라지는 생활로 가면서 밑바닥으로 가는데 이런 것을 당한 것에 대해서 어디다 하소연할 데도 없고 그런데다 의식화가 되서 사회과학서적을 자꾸 보게 되면서 야 우리는 이렇게 거짓된 세상에서 이렇게 살아왔구나. 제일 먼저 급한 게 영화에서 리얼리즘을 회복해야 된다라는 것만 중요했어요. 나머지 그, 말하자면 남미문학이 갖고 있는 그런 것들의 장치라든지 이런 것에 대해서 생각할 겨를이 없었죠. 그래서 우선 우리가 그동안에 영화를 만든 것들이 전부 뭐 이 저, ≪겨울여자≫, ≪별들의 고향≫ 뭐, ≪영자의 전성시대≫는 그래도 조금 나은데 뭐 이런 것들. 영화를 만드는 동안에 소설 쓰는, 당시에 소설 쓰는 사람들도 제 느낌에는 전부 영화화되기 위해서 소설을 썼다라는 인기소

---

16) 「모범동화」는 1970년 『월간문학』에, 「술꾼」은 같은 해 『현대문학』에 실렸던 최인호의 단편소설이다.

설들이 그랬다라는 느낌을 가졌는데 영화 때문에 문학도 망친다라고 생각을 했죠.

청중1 : 감사합니다.

이장호 : 조세희 씨의 『난쟁이가 쏘아올린 작은 공』 같은 것들이 좀 그 좀, 거기에서 좀 더러 다른 거죠.

청중2 : 숙명여대 신안식이라고 합니다. 그 감독님 기억나는 것이 제가 1974년이 제 고등학교 1학년이었고 그때 ≪별들의 고향≫이 상영이 된 걸로 기억합니다. 제가 그때 관람불가였는데 걸려서 아주 엄청나게 얻어맞은 기억이 있습니다. 사실 저도 학교 다닐 때 모범생이었는데 하여튼 그거를 기회로 해서 영화를 많이 본 기억이 납니다. 오늘 감독님 나와서 증언을 하신다기에 뭐 좀 관심 있어서 왔는데 재밌게 들었습니다. 제가 기억나는 것이 그때 사실 ≪별들의 고향≫을 보러갔던 기억이 뭐 그땐 이장호 감독님이라고 하는 생각을 못했어요. 그때 보러간 이유가 그 왜 이장희 그때 음악을 한 걸로 기억을 합니다. 그분이 음악을, 영화음악을 했다 하길래 그것도 들을 겸 몰래 숨어서 봤던 기억이 나는데 고등학교 1학년이 지나고 그 뒤에 대학을 가고 하면서 아까 감독님 말씀하셨듯이 ≪바람 불어 좋은날≫, 사실 제가 ≪바람 불어 좋은날≫을 보고 아! 한국에 이장호라는 감독이 있구나 이런 생각을 했었던 기억이 납니다. 그래서 앞에서 얘기한 한국영화에 있어서의 어떤 현실을 직시하지 못하고 그런 상태가 선생님께서는 이게 현실, 리얼리즘 쪽으로 한번 가보고 싶다. 사실 저희들이 봤을 때는 그 이후에 생각은 뭐냐면 ≪바람 불어 좋은 날≫은 어떤 그 현실적인 면에서 전혀 대중성이 잘 보이지 않았던 영화배우를 캐스팅했는데 제가 봤을 때 '74년에 별들에 고향 속에서는 신성일, 안인숙 씬가요? 상당히 대중화된 영화배우였죠. 근데 그런 대중화된 영화배우하고 어떤 면에서는 ≪바람 불어 좋은 날≫에는 그 당시에는 조금 무명에 가까웠던 그런 분들 통해서 감동을 주기는 어려웠던 것 같습니다. 제 느낌에는요. 혹시 그 '74년에 선생님 그런 첫 히트작을 했을 때 그런 어떤 대중화된 배우들을 통해서 리얼리즘을 그려나갔던 것이 현실하고 잘 매치가 됐는지.

이장호 : 그 느낌이 중요한 게 신성일 씨라든지 안인숙이라든지 이런 사람들이 같이 영화를 하면요 굉장히 불편했어요. 왜냐면 남의 손에 의해서 길들여진 것 때문에 나중에는 걸음걸이도 싫거든요. 고칠 수 없는 것까지 싫어진다고. 근데 특히 신성일 씨 같은 경우는 나보다 굉장히 선배니까 영화에 대해서 말하자면 충고와 간섭이 많았어요. 그래서 내 동생이, 두 번째 작품에서 내 동생을 주연으로 만들면서부터 '아! 신인들을 자꾸 써야겠다'라는 생각을 가졌죠. 완전히 신인으로만 가니까 ≪바람 불어 좋은날≫ 때는 신인을 쓴다는 거에 대해서 전혀 저는 너무 편하고 거부반응, 물론 톱스타들을 쓰긴 썼지만 그쪽에 그렇게 많이 할애한 게 아니고 그 후로는 뭐 철저히 뭐 김명곤 뭐 이보희 뭐 이렇게 전부 내손에 길들여지게 이렇게 한 사람들하고만 일을 했습니다. 근데 그게 아, 지금도 그래요 지금도 이렇게 잘 알려진 배우를 쓰면 이 영화가 그 배우가 자기 이름의 한계 자기 캐릭터의 한계를 벗어나기 힘들거다는 생각을 하거든요. 차라리 신인은 그 배역에 사람들한테 속일수가 있단 말이에요 완벽하게. 그런 것 때문에 신인을 자꾸 선호하는 그런 버릇이 든 거 같습니다.

청중3 : 지금 그 '70년대 ≪별들의 고향≫을 리얼리즘이라고 보시지는 않습니까?

이장호 : ≪별들의 고향≫은 리얼리즘이 아닌 거 같아요. 그건 철저한 멜로드라마 같아요.

청중3 : 제가 보기에는, 저는 '70년대에 별들의 고향을 사실 보통 그, 문학보다는 그 최인호 신문소설로 아주 히트를 친 소설인데 소위 순수문학계에서는 그거를 좀 좋지 않게 봤습니다.

이장호 : 그렇죠. 색안경 끼고 봤죠.

청중3 : 하나의 그, 대중소설로 그래가지고 별로 평가를 못받았어요. 그러나 지금 시대가 흐르고 우리는 전 문학평론하는 입장은 아닌데 시대를 보는 걸로 볼 때는 그거야말로 어떤 그 시대에 가장 그 시대를 설명한 그런 작품이 아닌가. 예를 들면 주인공이 타락한 주인공의 그 타락이 그 시대에 말하자면 저임금노동 내지 그 '70년대라는 게 우리 산업화시대에 여러 가지 어려운 거를 그걸 가장 이것도 뭐 대중, 그때 문학평론가들은 그걸 대중문학이라 그러고 평가를 안했어요 사실. 안했지만 지금 생각해보면 가장 그 시대를 리얼하게 어떻게 보면 좀 고급으로 얘기하면 소설 리얼리즘적인 작품이라고까지도 볼 수 있어요. 근데 특히 이 감독께서 만든 그 영화를 통해서 소설뿐 아니라 그걸 영화로 만들었을 때 그때 영화가 히트하지 않았습니까. 그러니까 히트했다는 얘기는 무슨 얘기냐면 저는 좀 사회학적 입장에서 아무리 대중성이 있더라도, 예술영화는 대개 옛날에 영화평론하는 분들 사이에 뭐 대중을 무시하고 그냥 옛날 유현목17) 감독을 굉장히 영화평론 기사들 사이에…. 그러나 신상옥 감독이나 이런 분들은 상당히 대중성을 많이 따졌는데 결국 많은 사람이 봤다는 거는 그 봤다는 거는 좋아했다는 거는 그 시대를 반영했다고….

이장호 : 아 그렇죠. 그러니까.

청중3 : 그러기 때문에 제가보기에 별들의 고향이야말로 가장 리얼리즘적인 그런 작품이 아니었나 그런 생각을 했는데 그래서 궁금한 질문은 왜 선생님은 이 감독께서 왜 그걸 리얼리즘이라고 보지 않고 또

---

17) 유현목(兪賢穆) 감독은 1925년 황해도 태생으로 1946년 초에 월남해 동국대학교 국문과에 입학했다. 졸업 후 이규환 감독에게서 수학한 뒤 ≪아름다운 여인≫(1958), ≪구름은 흘러도≫(1959), ≪오발탄≫(1961), ≪김약국의 딸들≫(1963), ≪잉여인간≫(1964), ≪카인의 후예≫(1968) 등의 작품을 연출했다.

지금 그걸 회복해야 되겠다 리얼리즘을 회복해야겠다는 생각을 하는지 난 이해가 좀….

이장호 : 그게 최인호랑 저랑 현실에 대해서 좀 그, 날카롭지 못했던 게 최인호가 그때 그, 신촌에 새마을 아파트라 그래가지고 일종의 시민아파트 중에 하나예요. 거기서 아이와 아내와 이렇게 살았거든요. 근데 소설에 나오는 그 신성일이는 직업이 시간강사거든요. 그래 시골에서 보내주는 돈 갖고 사는데 그 집안에 말하자면 아틀리에라든지 이런 게 굉장히 화려하게 느껴지거든요. 근데 저도 영화에서 보면은 하하하 지금 아마 젊은 아이들 미술대학에 시간강사하고 지방에서 돈 보내주는 걸로 산다 그러면은 정말 비참할 거예요. 근데 저도 아주 호화 세트예요 뭐 그건. 아마 그 집 빌린 집이 적어도 그, 반포아파트에 복층이었는데, 하하하 그렇게 어리석었어요 내가. 그런 눈을 갖고 있었으니까 그게 나는 그게 또 하나도 나쁘다라고 생각 안했거든요. 왜냐면 한국영화가 다 그랬으니까. 한국영화에서 한국영화를 배웠으니까 현실에서 텍스트를 안잡고 그랬으니까 그런 우둔한 짓이 생겼다 그런 반성이 있었죠. 도시적인 거는 빨리빨리 캐치하면서 삶에 대한 거는 좀 예리하지 못했는데 아마 많은 대중들이 그 당시에 한국영화에만 익숙하니까 그런 거에 대해서 날카롭지 못했던 거 같애요. 그걸 문제 삼으면 크게 문제가 될 수도.

청중3 : 이탈리안 네오리얼리즘(Italian Neo Realism)같은 그런 게 아니었다는 얘기죠.

이장호 : 그렇죠. 근데 우리는 무지하게 가난했거든요 사실은.

청중3 : 근데 사실상 ≪별들의 고향≫이나 ≪영자의 전성시대≫나 그 당시 이렇게 보면은 그 '70년대에 그 산업화 시대에 우리들이 겪었던 특히 한국 여성을 대표로, 젊은 여성을 상징으로 해가지고 겪었던 여러 가지 그, 사회부조리라든가 이런 거를 상당히 상징적으로 보여주고 사람들이 거기에 환호했던 게 아닌가 그런 생각이 듭니다. 모르겠습니다 그건 그렇게까지 그러니까 영상으로 그 시대의 어떤….

이장호 : 그래서 최인호가 제가 자꾸 대마초 4년 동안에 의식화되면서 최인호가 저를 굉장히 밥맛없게 생각하기 시작했어요. 하하하. 뭐, 뭐라 그러지 그, 철딱서니 없는 그런 저항정신이라고 생각을 했는데 저는 한번 이쪽 세계를 들여다보니까 내가 너무 몰랐고 너무 무시했던 것들이, 너무 귀한 것들이 많다 그런 생각을 가졌고. 그다음 또 ≪바람불어 좋은날≫ 만들고 나서는 이쪽 세계가 열리니까 조우하는 사람들이 전부 그쪽 사람들이니까 점점 더해지더라구요.

청중 4 : 감독님 뵙게 돼서 대단히 영광입니다.

이장호 : 예. 감사합니다.

청중 4 : 저는 저, 인근 대학에 강의를 나가고 있는 그야말로 시간강사입니다. 선생님 뵙게 되면 몇 가지 여쭙고 싶기도 했었고 또 좀 대단히 외람되게 제안드리고 싶은 사항도 있었습니다. 근데 오늘 말씀 중에 정확하게 맞은 부분이 한 가지 있어서 저의 말씀이 명분이 있을 거라 생각하는데요. 첫 번째 제안을 드리고자 하는 것은 선생님께서도 말씀하셨던 것처럼 박정희라고 하는 인물이 가지고 있는 아주 그 독특한 캐릭터라고 생각합니다. 무로부터 문으로 회복한 그러니깐 밀리터리언에서 정치인으로 전환하게 되는데 박정희의 경우는 그 앞에 사범학교를 졸업한….

이장호 : 학교선생이었죠.

청중4 : 예. 문으로부터 무, 문, 무, 정이라고 하는 그 사이클을 돌리는 특유의 케이스였습니다. 그리고 이제 선생님께서 알고계시는 영화적인 각도에 그, 인간의 내면의 심층 그런 것을 잘 대입을 시켜 보시면 박정희에 대한 영화가 나름대로 성립되지 않을까라고 하는 생각이 들어서 혹시 박정희에 대한 영화를 한번 찍어주실 수 없으신지요.

이장호 : 하하. 영화는 모르겠지만 박정희 대통령에 대해서는 제가 상당히 그, 많은 생각을 하는데 난 그 사람의 글씨를 보면요 굉장히 여성적이거든요. 여성적이고 그 사람이 그렇게 오랫동안 독재를 할 수 있었던 것은 그 사람이 갖고 있는 섬세함하고 여성적인 것이 없었으면 그, 길게 저렇게 못간다라는 생각을 갖고 있습니다. 남성적이라는 것은 그 사람이 정말 여자 좋아한다는 것 외에는 남성적인 거는 별로 난 많이 발견 못해요. 그리고 박정희 대통령 그, 이야기 중에 제가, 충청도에 가면 수안보 옆에 중원이라는 데가 있거든요. 중원이라는 데가 있는데 거기 미륵불이 큰 미륵불이 있어요. 아주 숲 사이에 미륵불이 있는데 그 미륵불에서 우리가 무슨 촬영을 하다가 그 옆에 작은 암자에 할머니가 박 대통령 이야기를 해주는데 아! 너무 가슴에 와 닿아요. 그 사범학교 졸업하고 초등학교 선생을 했을 때 어떤 여자하고 사랑을 하고 빨갱이 뭐 이것 때문에 도망치다가 어디로 왔냐면 그, 미륵불 있는 암자에 거기 와서 숨어있었대요 그 여자랑. 근데 이 사람이 대통령된 다음에 어느 날 헬기타고 그 장소를 와본, 찾은 거예요. 옛날에 자기가 사랑 도피행하고 그랬던. 그 와서 그 돌부처가 말하자면 발견할 수 있는 유일한 저거거든요. 그래 거기 보고서 이 사람이 굉장히 감동을 했던 모양이야 그래가지고 수안보가 그래서 발전이 된 거예요. 온천 뭐 하고 길 닦고. 아마 나는 안가가 그 수안보에 있지 않았을까 생각이 들더라고. 숲속에 있었다는 게. 그래서 그, 굉장히 로맨틱한 정서를 갖고 있고 그러니까 로맨틱하다는 게 무슨 어떤 그 예능적 로맨틱이 아니고 초등학교 선생님으로서의 로맨틱한 그런 모습이 박정희 대통령의 독재를 19년 동안 끌고 갈 수 있었던 힘이 아닌가하는 생각이 들어요. 그 박정희 대통령에 대해선 참 굉장히 복잡한 감정을 갖고 있고 복잡한 그 인간분석을 하고 있는데 그 사람에 대해서 영화를 내가 만약 만든다면 굉장히 그 뭐라 그럴까 긍정적으로 나는 그릴 거 같아요. 부정적으

로 그리는 게 아니라. 왜냐면 제가 크리스천이 된 다음에 발견한 게 모든 인간은 악하고 선한 데가 있다 둘 다 있는데 한 가지라도 선한 데가 있으면 그 사람은 열 가지 선한 사람과 다를 게 없다. 또 한 가지 악한 게 있으면 백 가지 악한 사람과 다를 게 없다 뭐 그런 생각을 갖고 있거든요. 그래서 박정희 대통령이 갖고 있는 나쁜 면 이런 거는 우리 모두가 다 갖고 있는 나쁜 면과 공통이다라고 생각을 하고 있죠.

김상민 : 한 분만 더 질문이?

청중4 : 또 한 가지 말씀드리고 싶은 것은 영화라고 하는 것은 당대에 제작된 그것이 그대로 기록으로 남아서 그 시대를 대변하는 역사의 현장을 담아 놓는다라고 하는데 있어서 상당히 의의가 있다고 생각하고 선생님의 작품에는 두 가지의 각도로 평가된다라고 보는데 첫째는 아까 선생님께서 말씀하신 것처럼 리얼리티가 아닌 것처럼 보이지만 관객들의 많은 호응 그 자체가 리얼리티가 아니냐라고 하는 입장에서 선생님은 그런데 조금 더 독특한 더 그쪽으로, 리얼리티로 향하고자하는 그런 내용들이 많이 담겨져 있고 아마 그것이 상당히 시간이 지나면 더욱더 그 강화된 상태로 평가될 거라고 생각됩니다. 또 그런 의미에서 놓고 본다면 1930년대에 촬영된 만주를 배경으로 하는 만주의 영화 속에는 종군위안부에 대한 영화들이 많이 나옵니다. 그것을 지금의 시점에서 한국정부에서도 정부차원에서 한국과 일본이 그 종군위안부에 대한 어떤 합의를 보자라고 얘기하는 건데 일본이라고 하는, 제가 이렇게 찾았습니다. 종군위안부에 대한 영화를 찾았는데….

이장호 : 일본영화에서 그런 그 외국 여성들을 종군위안부로 만든 영화가 있어요?

청중4 : 아, 예. 있습니다.

이장호 : 아 그래요?

청중4 : 예예. 몇 개 찾아놨는데 아까 혹시 선생님께서 아버님께서 그 피난시절에 태우신 영화 속에 혹시 한국영화에서도 그런 그, 종군위안부를….

이장호 : 그 시절에는 없었어요.

청중4 : 아 예.

이장호 : 그 시절에는 영화 역사를 보면 한국영화에서 종군위안부를 다룬 거는 없었어요. 근데 일본에도 외국, 외국 여성을 자기네 전쟁에 종군위안부로 만드는 거는 없었을 거 같은데.

청중4 : 아 근데 조선 옷을 입은 출연자가 있고 일본인 출연자가 있고 얼른 일을 끝내고 긴자(銀座)에 가서 미즈쇼바이(水商賣)를 좀 하자 얼른 일을 끝내고 긴자에 가서 물장사를 했으면 좋겠다 이런 그, 자막이 나오는 것들이 많이 있습니다.

김상민 : 예 또 마지막으로 한 분만 더. 없으신가요.

청중5 : 명지대학교 조영재라고 합니다. 선생님께서 한참 열정적으로 영화작업을 하셨을 때가 한국사회가 정치, 사회, 경제적으로 격변기였었습니다. 특히 뭐 '60년대에서 '70년대 넘어가면서 농경사회에서 산업사회로 바뀌고 정치적으로도 다소 정책자유가 허용됐다가 3선개헌, 유신체제로 넘어가면서 권위주의적 체제로 바뀌게 되고. 일련의 이러한 어떤 사회, 경제, 정치 격변과정에서 충무로로 대변되는 영화계와 영화제작환경들 제작비도 그렇고 제작에 참여하신 분들의 인적 구성들이라든가 관객들의 어떤 변화 이런 것들이 어떤 시대적인 변화들과 같이 좀 호응하거나 조롱하는 측면들이 있었는지 좀 여쭙고 싶구요. 그런 시기를 사회정치적으로는 '60년대, '70년대, '80년대 공교롭게 10년 단위로 어느 정도 단계적으로 변화되는 측면들이 있는데 영화계라든가 제작환경 거기에서도 그런 변화들이 눈에 띄는 게 있었는지요.

이장호 : 며칠 전에 임권택 감독 그, 작품을 회고하는 그런 그, 전시회가 있었어요. 그동안에 그분이 101편의 영화를 만들었더라고요. 근

데 쭉 전시돼있고 그날 중구에서 중구청에서 그걸 만들어가지고 무교동 지나서 거기서 했는데 중구문화원에서. 축사를 해달라고해서 제가 축사를 했을 때 아주 정직하게 제가 얘기를 해가지고 임권택 감독님이 너무 자기에 대해서 참 얘기 잘해줬다라고 그런 얘기를 했는데. 내가 임권택 감독을 이렇게 보면 그 사람이 영화 잘 만든다라는 것보다 그 사람이 갖고 있는 키워드가 두 개다 내가 그랬어요. 하나는 '인격'이고 하나는 '역사'다 그랬어요. 근데 임권택 감독이 여태까지 한국영화감독들 살아온 모습에서 보면 대개 그 선배나, 임권택 감독 선배나 그 후배들이 뭐라 그럴까 정직하지 못한 그런 삶들이었어요. 근데 임권택 감독은 말을 굉장히 눌변이면서도 짧은 말이지만 항상 핵심을 건드리는 말을 하고 여러 가지 일에 참견 안하고 이 영화인들 무슨 뭐 장을 뽑는다든지 할 때 절대로 나서지 않고 간섭도 안하고 참견도 안하는 그 뭐라 그럴까 자기 절제가 굉장히 잘되어있는 사람이에요. 그러니까 이렇게 지나면서 보니까 임권택 감독이 한국영화에서 가장 정직하게 살아온 사람인데 그 정직이 역사에 맞추어서 가난한 시대, 전쟁 때 가난한 때서부터 시작해가지고 경제성장 시작해서 오늘 첨단 경제성장된 후에 첨단 여기까지 오는 동안에 그 사람 영화가 모습이 잘 만든 게 아니고 한국성장하고 똑같이 맞춰나간 거예요. 다른 감독들은 도중에 중도하차해가지고 그 한국 역사를 못 따라가고 또 아니면 후배감독들은 그 가난한 시절을 모르고 갑자기 현대에 와서 엉뚱하게 한국영화를 호화롭게 누리고 이런데 임권택 감독의 영화를 이렇게 보면 영화를 잘 만들었다는 거보다 한국역사 그대로구나 한국영화역사. 그리고 한국의 경제사 한국의 정치사 그대로구나. 새마을 정책이 막 영화를 할 때는 새마을 영화를 만들 수밖에 없었고 전쟁, 반공영화를 할 때는 반공영화를 만들 수밖에 없고 뭐 이 모든 그 사람이 갖고 있는 게 너무 적나라한 거예요. 그래서 내 그 말씀을 드렸더니 임권택 감독님이 나도 정직하지만 너도 참 정직하게 봤다 그러더라고. 하하하. 자기를 여태까지 그렇게 평가한 사람이 없었다라는 거죠. 그 지금 말씀드린 답변을 보면 임 감독, 감독님 영화에 보면 다 나타나있어요. 과거에 우리가 척박했던 거 그래서 문예영화를 만들 수밖에. 임권택 감독님이 딱 안한 거는 이, 베드신을 잘 못해요 그래가지고 하하 그런 에로영화가 없죠. 에로영화가 없고 아주 고지식하게 영화를 만드는데. 지금도 보십쇼. 임권택 감독님 영화 보면 외국 사람들이 봤을 때 참 한국 그대로 나타나있다 그러는 거죠.

김상민 : 예. 포럼 마칠 시간이 되었습니다. 마무리하는 의미에서 감독님께서 하실 말씀이 있으시다면 잠깐 듣도록 하겠습니다.

이장호 : 저는 다시 영화 활동을 하면서 내가 변화된 모습이 대중들한테 크게 흥행은 하기 힘들겠다라는 것을 제가 알고 있습니다. 그래서 앞으로 만드는 영화들은 사실, 실화들을 영화를 만들 생각이고 실화들을 무슨 드라마틱한 실화를 만드는 게 아니고 실제로 내가 생각이 바뀐 것에 합당한 것들인데 예를 들면 요번에 만든 영화는 옴니버스 영화 중에 저는 단편을 25분짜리 단편인데 제 동생이 완전히 실명을 했어요. 얘가 ≪낮은 데로 임하소서≫라는 영화가 이청준 씨가 쓴 그 소설이 사실은 실화를 소설로 했거든요. 안요한 목사라는 중도에 실명을 한 목사의 얘긴데 내 동생이 거기서 안요한 목사의 역할을 맡아가지고 그때는 다 눈이 보였죠. 근데 그 후에 얘가 미국에 가서 영화공부를 하다가 박사 과정을 놓고 완전히 실명을 했어요. 애너하임에서. 그리고 나서 얘가 안정을 못하고 방황하는 상태에서 지금까지 살아왔는데 그 이야기 중에서 얘가 집을 떠났던 자기가 아내한테 얹혀사는 것 같은 기분이 있고 그러니까 집을 떠났을 때 그 얘기를 만들었어요. 자기가 직접 출연하고 아내 역할이야 할 수 없이 내 주변에서 직업적인 배우는 아니고 무용하는 여자를 골라서 썼는데 앞으로도 영화를 만들면 대체로 그런 형태로

사실적인 이야기를 다큐멘터리의 느낌으로 영화를 만들어야겠다 이제 그런 생각을 갖고 있습니다. 그리고 저는 크리스천이 되면서 혼자서 약정한 게 인본주의 시각에서 해방돼야겠다 그래서 나는 신본주의의 회복으로 가야겠다라고 생각을 하고 있습니다. 그래서 내가 만드는 영화의 첫 번 키워드라면 갓즈 아이 뷰(God's eye view)라는 그것을 목표로 하고 있습니다. 그러니까 우리가 이렇게 영화라는 게 보면은 카메라 포지션이라든지 앵글이 거의 다 연출자나 이런 그 인간의 시각이거든요. 아직도 겨우 뭐 붙인다는 게 뭐 버즈 아이 뷰(bird's-eye view) 그래서 부감은 새가 보는 시각 또 앙각은 웜즈 아이 뷰(worm's-eye view) 그러잖아요. 그래서 영화를 가만히 보니까 배우들을 찍을 때 카메라 여기서 이렇게 찍어가지고 저사람 보여주고 이사람 보여주는 게 이게 이 시각이 뭘까. 근데 이게 우리가 영화감독들이 다 그것을 한 번도 생각해보고 놓질 않거든요. 왜냐면 영화는 그렇게 만드는 거야라는 게 먼저 기본이 돼가지고 의미 없이 버텨서 이렇게 하거든요. 근데 나는 영화를 보다 가만 보니까 크리스천으로서 하나님이 어디나 임재한다라는 걸 알고 있거든요. 그러니까 내가 교회에서 하나님 두고 나오는 게 아니라 교회에서 나오면 내 차에 또 하나님이 타고 계시니까 아! 그제서야, 영화라는 거는 가만히 보니까 하나님의 천지창조에 가장 가까운 예술인데 옆에서 이게 보는 게 하나님의 시각이라고 회복해야겠구나 그 생각하니까 영화의 모든 자유로운 그, 이 앵글이 전부 하나님의 시각이에요. 그런데 거기서 인본주의 찾으면 안되겠다 신본주의를 찾아야겠다 이제 그런 생각을 했죠. 그래서 앞으로는 흥행이 안되더라도, 적은 자본으로 만들더라도 난 '신본주의를 회복하는 영화를 만들겠다' 이런 생각을 하고 있습니다.

김상민 : 예. 선생님 오늘 긴 시간 동안 즐겁고 재밌는 말씀 또 중요한 기록을 남기는데 크게 도움을 주신데 대해 대단히 감사의 말씀 드리

구요. '80년대 영화 굉장히 많은데 언급되지 못한 점에 대해서 아쉬운 점이 큽니다. 긴 시간 동안 말씀해주신 이장호 감독님, 교수님 감사드립니다.

이장호 : 고맙습니다.

김상민 : 자리해주셔서 감사합니다.

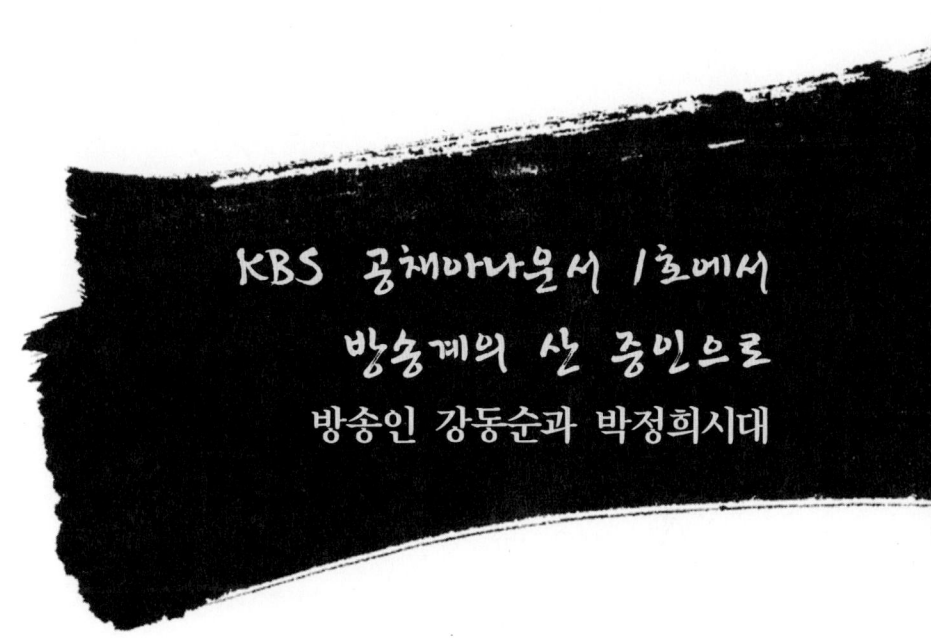

KBS 공채아나운서 1호에서 방송계의 산 증인으로
방송인 강동순과 박정희시대

김상민
명지대학교 국제한국학연구소 연구교수

KBS 공채아나운서 1호에서 방송계의 산 증인으로
방송인 강동순과 박정희시대

김 상 민

　확실히 강동순 선생은 우리 방송계의 산 증인임에 틀림없다. 포럼 내내 청중을 압도했던 굵은 목소리와 또박또박한 발음은 그가 스스로 말했듯이 아나운서가 천직이었던 사람이었다. 사실 강동순을 'KBS 공채아나운서 1기' 정도로 소개하는 것은 어쩌면 방송인으로서 그의 삶을 정확히 표현해내기 어려웠기 때문에 겨우 선택한 수식어일지 모른다. 한국방송공사가 창사되고 첫 번째로 모집한 방송인 공채에 '스스로의 목소리가 방송에 적합할 것 같다'는 이유로 전공인 조소(彫塑)와 직업인 광고인을 접고 아나운서 시험에 응시해 실제로 1973년 공채 아나운서 1기가 되었다. 요즘에는 이러한 경우가 별로 없고, 실제로 가능하지도 않겠지만 강동순은 돌연 프로듀서로 전향해 1976년 아나운서 출신 PD가 되었다. 이어지는 녹취문에서도 쉽게 알 수 있는 바와 마찬가지로 이후 한국방송공사 기획제작실 부주간, 기획제작국 제작2부 부장서리를 거쳐 '96년에는 TV2국 생활정보주간, '98년도에는 한국방송공사 춘천방송총국의 총국장과 한국방송공사에 심의평가실장으로 재직했다. 그의 경력과 저서『KBS와 권력』을 감안할 때 국제한국학연구소 입장에서는 '박정희시대와 한국현대사' 포럼을 진행하면서 방송계와 관련된 증언을 듣기위해 초빙할 수 있는 최선의 인물이었다.

그러나 솔직히 강동순 선생과의 대담 자체는 사실 쉽지 않은 행사가 될 것이라 생각되었다. 강동순 본인이 여러 번 밝혔듯이 그는 그의 저서 『KBS와 권력』으로 인해 몇 개의 송사에 말려있었다. 이 책에 등장하는 사람들 대부분이 강동순 본인을 제외하고는 모두 익명으로 처리되어 있음에도 불구하고 방송계에서는 분명 이 책과 저자에게 여러 가지로 불편한 시선을 보냈을 것임이 분명했다. 더구나 그가 KBS를 떠났다고는 하지만 누구보다 다양한 분야에서 스스로의 목소리를 내며 활발히 활동하고 있던 상황으로 미루어 볼 때,(이 당시 강동순 선생은 이른바 KBS블랙리스트 존재논란과 관련 "KBS는 소를 취하하고 김미화 씨는 중립을 지켜야"라던가, "종합편성채널 4곳 선정은 무책임한 행위" 등의 발언으로 언론에 오르내렸다) 과연 그와의 대담 속에서 과거가 아닌 현재의 방송계에 대한 신랄한 비판이 또 다른 익명의 공격들로 환원될지 모른다는 개인적 부담감도 있었다.

예상했던 바와 마찬가지로 강동순 선생은 포럼이 시작되기 전 대담자와 가졌던 짧은 담소 중 그동안의 여러 송사로 지쳐있던 스스로에게 한탄하며 잠시 후회하는 듯한 언급을 남겼다. 그러나 이내 이 구술의 자리는 분명한 자신의 의무라고 생각했는지, 가감 없이 알고 있는 모든 이야기를 다 꺼내어 놓겠다고 말했다.

녹취록에서도 금세 알 수 있는 사실이지만 그의 이야기를 종합해보면 '비록 유신시대는 언론의 자유가 억압된 경직된 사회가 분명했으나 5공화국의 간섭과 검열이 너무나 지나쳤던 탓에 차라리 박정희시대의 방송 환경이 아이러니컬하게도 방송인 모두에게 자유로웠다'는 기억과 감성이 있다는 것이다. 그에 의하면 정부가 모든 방송활동을 쥐고 있던 상황에서 새마을운동의 성과를 홍보하거나 중앙정보부의 금전적 지원으로 프로그램을 제작했던 것은 지금의 시선으로 볼 때 방송국이 일종의 국정홍보수단으로 여겨질 것이 분명하지만, 당시로서는 나름대로 그것이 공영방송의 소명을 다하는 방법의 일환으로 생각될 수 있었다는 것이다. 오히려 그의 날선 비판은 검열관을 상주시켜 제작되는 프로그램들을 주무르고 고위부터 말단까지 모든 인사에 개입했던 5공화국 시대의 방송간섭이 우리 방송계를 후퇴시킨 원인 중 하나라고 확신했다.

한국방송공사 감사를 지냈고 사장 후보에도 올랐던 강동순의 논지는 언론에 알려진 것들과는 사뭇 달랐다. 그는 스스로를 보수라 규정하지도 않았으며 진보를 비판하지도 않았다. 그가 줄기차게 강조했던 방송과 권력의 분리, KBS 수신료 인상에 엮인 불편함에 대한 언급들, 주위의 시선과 만류에도 불구하고 줄기차게 자신의 소신을 이야기하면서 부딪친 답답함의 토로 속에서 이번 대담은 그가 방송인으로서 진심으로 우리나라 방송계의 미래를 깊이 생각하고 있음을 새삼 느끼게 해준 자리였다.

강동순 (사단법인 한국방송인회 이사)

김상민 : 안녕하십니까. 명지대학교 국제한국학연구소 정기학술포럼 쉰다섯 번째 행사로서 오늘은 방송인 강동순 선생님을 모시고 박정희 시대에 한국 방송계에 대한 말씀을 듣는 시간을 마련했습니다. 특히 강동순 선생님께서는 그 당시에 KBS에 대한 여러 가지 상황들을 가장 잘 알고 계시는 살아있는 한국방송계의 산증인이시며 아울러서 현재까지도 방송과 관련해서 많은 활동을 지속적으로 해오신 선생님으로 널리 알려져 있습니다. 그래서 오늘 이 자리에서는 박정희시대와 한국 방송계에 대한 이야기를 시작으로 강동순 선생님께 당시 방송계에 대한 이야기와 또한 시간이 허락하는 대로 최근의 선생님의 활동과 관련된 여러 가지 방송계의 현황들도 함께 들어보는 그런 소중한 자리가 될 것이

라 기대하면서 이 행사를 준비하고 기획하게 되었습니다. 저희 명지대학교 국제한국학연구소는 2001년에 설립되어서 2004년부터 '박정희시대와 한국현대사'라는 제목으로 각계 여러 중요하신 분들을 초빙해서 육성으로 직접 당시 상황을 듣고 이것을 소중한 기록으로 남기는 작업을 계속해오고 있습니다. 그래서 그동안에는 주로 정치, 경제부분 특히 외교안보부분에 대한 선생님들의 이야기를 많이 들었고요. 올해 2011년도에는 문화계와 문학계 선생님들을 초빙하는 시간을 지속적으로 갖고 있습니다. 그래서 1부에 해당하는 전반기에는 문학인 이호철 선생님, 임헌영 선생님, 이근배 선생님, 염무웅 선생님을 모시고 소중한 문학계의 당시의 시선과 의미들을 함께 들어봤습니다. 후반기에는 방송계, 영화계, 연극계 선생님들을 초빙하기로 예정되어있고 현재 진행 중에 있습니다. 그래서 지난 9월에는 영화감독 이장호 선생님을 모시고 당시 박정희시대와 한국 영화계에 대한 이야기를 들었고, 오늘 이 시간에는 KBS에서 33년간 KBS의 전반적인 상황을 알고계시고 또한 KBS와 함께 삶을 보내신 강동순 선생님을 모시고 당시 방송계에 대한 이야기를 듣는 시간을 마련했습니다. 순서에 따라서 선생님의 연보를 간략하게 읽는 것으로 먼저 선생님에 대해서 소개를 해드리고자 합니다. 선생님께서는 워낙에 다양하고 많은 활동을 하셨기 때문에 생각보다 연보가 조금 길고 다양합니다. 그래서 선생님을 일단 저희가 이해하는 차원에서 먼저 저희가 준비한 선생님에 대한 주요 연보를 말씀을 드리고요 그 다음 질문을 계속 드리는 것으로 그렇게 하겠습니다. 강동순 선생님께서는 1945년 10월 7일에 서울에서 출생하셨습니다. 1966년에 경복고등학교를 졸업하셨고요. 1971년도에 서울대학교 미대에서 조소를 전공하셔서 학사학위를 받으셨습니다. 1973년도에 한국방송공사에 공채1기로 입사하셔서 아나운서 생활을 하신 것으로 알려져 있습니다. 그리고 입사하신 후에 한 3년 정도 지난 1976년도에는 PD로 전직, 한국방송공사에서 편성실 교양제작국을 거쳐서 한국방송공사 기획제작실 부주간 그리고 '90년에는 기획제작국 제작2부 부장서리 '96년에는 TV2국 생활정보주간을 역임하셨습니다. '98년도에는 한국방송공사 춘천방송총국의 총국장을 역임하셨습니다. 아울러서 같은 해 한국방송공사에 심의평가실 실장으로 재직하셨고 또한 2001년도에는 한국방송공사 방송문화연구원 원장을 지내셨습니다. 아울러 같은 해에 한양대학교 언론정보대학원에서 방송학으로 석사학위를 받으셨습니다. 다음해에 방송문화연구소 소장을 지내셨습니다. 그리고 2002년도 같은 해에 방송공사 시청자센터 센터장, 2003년도에 방송공사 심의평가실 심의위원과 한국방송공사 감사를 역임하셨습니다. 그리고 2005년도에는 한국방송협회 감사로 활동하셨습니다. 아울러서 2005년도에 관훈클럽 신영연구기금으로 저술지원금을 받으셔서 2006년도에 잘 알려져 있는 『KBS와 권력』이라는 책을 출간하시게 됩니다. 『KBS와 권력』에 대한 이야기는 잠시 뒤에 하는 것으로 하구요. 그리고 2006년도에 방송위원회 위원이 되셨고요. 2006년도에는 방송위원회 시청자불만처리위원회 위원을 지내셨습니다. 지금 그 연보를 보시는 바와 마찬가지로 방송공사가 처음에 공영방송으로 공사로서 첫발을 내딛은 순간부터 최근까지 KBS에서 몸담으시면서 KBS의 여러 가지 상황들뿐만 아니라 당시 방송을 바라보는 사회적 시선과 감정을 가장 잘 알고계시는 선생님으로 저희가 초빙하게 되었습니다. 그래서 개인적으로는 선생님 모시게 된 것을 큰 영광으로 생각을 합니다. 초대에 응해주셔서 대단히 감사를 드리고요. 선생님의 연보가 워낙 많고 길기 때문에 선생님의 최근 활동을 듣는 것으로서 선생님 소개를 직접 들어보도록 하겠습니다 선생님. 부탁드리겠습니다.

강동순 : 네. 방송인들도 많은데 이렇게 변변치 않은 사람 불러주셔서 영광으로 생각합니다. 최근에는 제가 몇 년 동안 시민운동 비슷하게

방송독립운동 또는 뭐 방송자치제, 하여간 '방송을 좀 정치권으로부터 좀 독립시키는 제도적 보완이 있어야 되겠다' 이런 운동을 하고 있었습니다. 근데 그것도 이제 좀 지지부진하죠. 왜냐하면 이분들이 같이하는 시민단체 분들이나 학자들이 아무래도 이런 걸 하다보면 살아있는 권력을 건드리게 되고 껄끄러운 얘기도 나오니깐 그렇게 적극성을 띠질 않으세요. 그래서 좀 그런 운동도 좀 지지부진하고. 그러나 저는 부단하게 뭐 이런 걸 발표를 하고 다닙니다. 몇 년 전에『월간조선』에서도 제가, 시민단체에서 공발연[1])이라는 데가 있어요. 거기서 발표한 게 2009년 1월호에『월간조선』에 난 것도 있고 그 이후에도 방송인회에서도 몇 번 또 사단법인 방송위원회라고 있습니다. 그런 데에서 발표를 하고 최근에 뭐 지난 8월에는 〈방송통신학회〉에서도 발표를 했습니다. 조금 뭐 제목은 바뀌지만 아까 말씀드린 대로 취지는 '방송이 좀 독립적이고 자율적으로 될 수 있도록 제도를 바꿔야 되겠다. 이것이 우리도 선진국으로 가는 계기다.' 이제 그런 내용의 얘기를 해왔습니다. 그 정도 뭐 제 근황을 말씀드립니다.

김상민 : 선생님 근황과 활동에 대한 이야기 잠시 들었는데요. 저희가 이 행사에 대한 일반적인 이야기가 지난 다음에 질문의 시간이 있는 관계로 선생님이 최근에 관심을 갖고 계시는 분야나 관련된 활동에 대한 이야기 또한 최근 방송계현황에 대한 이야기도 이 행사가 진행되는 과정에서 듣거나 아니면 진행이 된 다음에 들어보는 시간 갖도록 하겠습니다. 기본적인 소개의 말씀을 일단 먼저 드렸고요. 본격적인 질문으로 들어갈 텐데요. 선생님께서는 질문의 어떤 내용이나 순서에 크게 구애받지 않으시고 편안하게 그냥 생각나시는 대로 말씀해주시면 좋겠습니다. 먼저 선생님 연보를 살펴봤는데요. 선생님 연보를 따라서 비교적

---

[1]) 〈공영방송 발전을 위한 시민연대〉.

가벼운 주제로 포럼을 시작하고자 합니다. 이 구술사 수집이라는 저희 행사의 성격상 구술을 하시는 구술대상자 선생님의 어떤 개인적인 가족사 또는 개인적인 이야기들이 필수적으로 들어가는 관계로, 불편하지 않으시면 선생님께서 유년기의 기억이나 아니면 가족사나 아니면 한국전쟁기의 기억 같은 것이 있으시다면 말씀해주시면 감사하겠습니다.

강동순 : 전 뭐 가족사라고 특별하게 내세울 건 없고요. 6·25때는 제가 해방둥이니깐요 '45년생이니까 6·25때는 어려가지고 기억이 많진 않습니다. 전 부산으로 피난 가서 거기서 초등학교 좀 다니다가 9·28 수복해서 서울 올라온 게 그런 거고. 6·25때는 뭐 특별히 많은 기억은 없고요. 뭐 가족사는 그냥 평범하게 특별히, 아직도 뭐 한 부인하고 살고 있고 뭐 아직도 강북에서 살고 있고 그럽니다.

김상민 : 선생님 출생지는 서울이지요, 용강동.

강동순 : 네. 마포구 용강동. 그러니까 서울에 사는 분들이 뭐 천만이 넘어도 모계 부계 3대 이상 서울에 산 사람들이 많지 않아요. 근데 제가 그런 저, 드문 사람 중에 하납니다. 서울에서 태어난 분들은 많은데요, 할아버지 대 그 이전부터 사는 사람들은 드물죠.

김상민 : 어릴 때 선생님 그러면 계속 태어나신 곳에서 살진 않으시고 피난 가셨다가 돌아오신 다음엔 어디서?

강동순 : 네. 저는 지금 광교, 중구 삼각동에서 태어나고 자랐습니다. 지금 조흥은행이었다가 신한은행으로 바뀌었죠. 그 뒤에 청계국민학교라고 있었는데 그 학교도 없어지고 취학아동이 없으니까 맨 상가들만 생기고 그러니까. 거기서 살고 거기서 전차타고 그, 학교도 다니고 그랬습니다. 청계천 복개하기 전에서부터 거기 살았으니까요.

청중 : 그쪽 지역에 거주하셨던 분들이 대체로 서구적인 어떤 직업이라든가 뭐 새로운 문화에 대한 적응력이 굉장히 빠르셨던 것으로 일반적으로 이해를 하고 있는데요.

강동순 : 글쎄요. 뭐. 근데 그, 글쎄 뭐 특별한 건 없고 전 서울사람이기 때문에 서울사람들의 어떤 그 보통 느끼는 게 서울 사람들이 깍쟁이라고 그러잖아요. 근데 그것에 대한 걸 제가 기회 있을 때마다 얘기하는데 이게 모든 게 어느 데고 도시화가 먼저 되면 농촌에서는 네 것 내 것 없이 막 이렇게 지내다가 사람들이 많이 몰려 살고 이렇게 되면 좀 그런 것을 따지게 되고 그러지요. 그리고 이 서울사람들은 그렇게 모질지 못해 남한테 당하는 경우가 많았습니다. 어른들 얘기 들어보고 저도 그런 경우가 많았지만. 그러니깐 외지에서 온 사람들 경계하는 거죠. 뭘 꾸어줬다가 못 받기도 하고 뭐 그런 경우가 많기 때문에 그런데서 깍쟁이란 말이 나온 거지 실제로 뭐 이렇게 남한테 모질게 하는 사람들은 아닌데. 왜냐면 그 옛날에는 지금도 그렇지만 옛날엔 집이 한 채있으면 그냥 먹고 사는 겁니다. 세도 주고. 그러니까 뭐 그 당시에는 서울에 있는 사람들이 뭐 북쪽에서 피난 온 사람이나 남쪽에서 살기 어려워서 올라온 사람 이런 분들이 볼 때는 기득권층이에요 요새말로요. 집이 있기 때문에. 근데 좀 베풀어야 되는데 많이 당하다보니깐 충분히 베풀지를 못하고 그러다보니까 서울깍쟁이라는 말이 나오지 않았나. 그런데 실제는 우리가 서울사람들 많지도 않지만은 이게 다 생활력이 부족해서 변방으로 다 쫓겨나고 그런 경우가 많습니다. 뭐 제가 뭐, 제 그저 두서없이 어렸을 때 기억을 말씀드린 거고 지금 뭐 제가 고향이라는데 그 중구 삼각동 가보면 아는 사람도 한 사람 없고 또 뭐 집도 뭐 다. 그래서 이게 제가 가끔 농담을 합니다. '서울사람은 무향민'이라고. 실향민도 아니고 무향민이라고. 북에 고향을 두고 내려온 분들은 그리워할 향수 같은 게 있어서 그 실향민이라고 그러는데 우린 고향자체가 없어진 거죠. 가봐야 뭐 사람이고 뭐고 찾을 수 없는 무향민인데 그런 것이 우리나라같이 연고주의 사회에서는 참 살다보면 그, 기댈 언덕이 없어가지고 불이익을 당하거나 외로운 경우도 많아요. 이번에 영

화에도 나왔잖아요. 연고주의가 얼마나 우리 사는데 끈끈하게 힘을 발휘하는가. 근데 원래 서울사람들은 그런 혜택을 못 받고 자란 거죠.

김상민 : 일단은 선생님 그 개인적인 것들을 좀 정리하고자 말씀을 들었는데요. 선생님 그러시면 어릴 때부터 어떤 미술이나 이런 것에 관심이 많아서 공부를 하셨나요?

강동순 : 제가 미술을 하게 된 것은요. 사실은 고등학교 때 제가 이제 몸이 아파가지고 2년 휴학합니다. 그래 고등학교를 5년 만에 졸업하고 그 졸업해서도 병원생활을 한 1년여하면서 건강이 안 좋으니깐 그림을 그리고 뭐 의사들 권유도 있고 그래가지고 그때 그 뭐 공부를 별로 준비할 사이도 없고 그래서 그 취미로 그림 그리던 걸 가지고 그냥 대학을 간 거죠. 근데 가서 보니까는 그 왜 그만뒀냐면 가서 이렇게 보니까 이게 예술이라는 것은 자기가 타고난 천재성이 있어야지 그렇지 않으면 이게 평생하기에는 천재성이 없는 사람은 이게 부담이 되더라고요. 그래서 그길로 계속 가지 못한 겁니다.

김상민 : 예. 그 이야기는 조금 더 계속 들도록 하구요. 선생님 저기, 이번 저희 포럼에서 항상 포럼의 주제상 매번 거론되는 주제인데 선생님 학창시절에서 4·19와 관련된 기억들이 혹시 있으신가요.

강동순 : 4·19는 제가 중학교 3학년 때예요. 제가 다니는 학교가 경복중학교에서 이제 고등학교 쪽 다녀서 그게 바로 그 당시에 지금 청와대라 그러지만 그게 경무대 바로 옆에 있었거든요. 근데 중학교인데 오전수업만하고 선생님들이 가라 그래요. 중학교 3학년. 그 가면서 이렇게 내려와서 지금 시의회자리가 국회의사당이었잖아요. 거기 저, 코리아나호텔하고 덕수궁 사이. 거기 이렇게 내려와서 보는데 뭐 그 당시에 박순천 여사하고 김상돈 뭐, 뭐 국회의원들이 나와서 거기서 뭐 시국에 대한 얘기를 하고 그래서 이렇게 듣고 있는데 이 딱총소리 같은 게 딱딱 나는 거예요. 광화문 중앙청 쪽에서. 그땐 중앙청이 있었지요. 헐리기 전에. 그 이렇게 쳐다보니까 막 사람들이 막 달려오다가 쓰러진 사람도 있고 그래요. 그때 그러니깐 경무대 쪽에서 뭐 그땐 국민대학이 거기 있었거든요. 진명여고 밑에. 그 앞에서 시위를 하다가 경찰들하고 충돌해가지고 이 덕수궁 쪽으로 밀려오고 있는 거죠. 그 우리도 도망가가지고 뭐 급하니까는 덕수궁 안으로 들어갔어요. 그래 그때 통행금지가 있으니까 덕수궁 안에 뒤에 여관에서 자고 집엔 못 들어갔는데 그게 4·19고. 그 전날이 4·18이잖아요? 대학생들이 시위할 때. 그때도 그러니까 그때 중학교 3학년 때니까 그 시위대를 쫓아다니다가 동대문 앞까지 이렇게 가다가 밟혀 죽을 뻔했어요. 뭐 아시겠지만 이정재 깡패들이 그걸 막 맞받아쳐가지고 아수라장이 되고 그런데. 저도 그때 밟혀 죽었으면 4·19에 뭐 의거에 참여한 걸로. 사실 구경했지만은. 그렇게 됐을 겁니다. 근데 제가 4·19때 기억은 그게 전부고 하여간 4·19 때는 옆에 막 딱딱 소리 나고 쓰러지고 그런 거 보고 도망가다가 덕수궁 들어가서 뒤에 염천교 뒤에 뭐 여관 아무데서나 자고 집에 못 들어갔

죠. 기억이 이제, 중학교 3학년 때니까 내가 뭐 그땐, 그 기억이 전부입니다.

김상민 : 특별히 그때 상황에 대해서 기억나시는 것 말고 그때 선생님께서 당시 그 정치상황이나 이런 것에 크게 신경이나 관심가진 건 없으셨는지요.

강동순 : 정치상황은 뭐 어렸을 때니까. 그러니까 나중에 이제 이렇게 책을 보고 느낀 거는 뭐 하여간 그 3·15 부정선거 때문에 마산에서 뭐, 이제 먼저 일어났죠. 그 최루탄에 맞아 죽은 그 사람이 물속에서 이렇게 학생이 나오면서 마산에서 뭐 봉기 비슷하게 일어난 거가 시발이 돼가지고 4·19가 일어난 건데 그 이 박사가 그만두고 근데. 근데 이 박사가 그렇게 해서 뭐 동상 끄집어 내리고 뭐 이기붕 집을 불사르고 그리고 물러났는데 이화장으로 갔는데 신문 논조가 하루아침 사이에 달라지고 뭐 사람들이 뭐 이승만 박사에 대해서 울고 물러난, 하야 한 거에 대해서. 그래서 그때 어렸을 적에 보더라도 이게 한국 사람은 참 일관성이 없는 거야. 이렇게 이모셔널(emotional)하다는 거죠. 어렸을 때 보더라도. 뭐 동상 끄집어 내리고 뭐 이기붕 집에 불 지르고 물러나라 그리고 사람도 막 죽고 학생들이. 그게 불과 며칠 전인데 또 이 박사가 물러나서 이화장으로 가니까 눈물을 흘리고 뭐 아~ 이게 독립투사고 뭐 이게 며칠 사이에 감정이 그렇다고요. 그래서 그때 어렸을 때도 한국 사람들이 너무 이렇게 이모셔널하구나 감성적이구나 그런 것이 오늘날에도 나타나고 있다고요. 그래서 제 느끼기에는 그때 중학교 3학년 때인데도 뭐 갑자기 며칠 사이에 신문에 논조도 바뀌고. 뭐 신문에 논조가 바뀐다는 건 신문도 사람들이 그렇게 흐름이 바뀌기 때문에 그런 거지 지들이 신문이 조작한다고 되는 건 아니거든 이게. 한국 사람들의 특성을 제가 어렸을 때도 느꼈어요. 근데 지금도 그거는 나타나고 있는 거죠 뭐. 530만 표로 이겼던 MB 정권이 지금 와서 완전

히 정말 위기에 직면해있는 거 아닙니까. 그러니까 이게 뭐 요즘말로 쓰나미 같이 사람의 감정이라는 게 하루 아침저녁으로 바뀌는. 한국 사람의 특성을 그때도 느꼈어요. 어렸을 때도.

김상민 : 예. 방금 선생님께 이거 말씀듣기 전에 원래 준비한 질문은 특별히 미대 진학하신 동기가 아까도 있는 것인지에 대한 질문을 제가 사실은 준비를 했었는데요.

강동순 : 요즘 병명으로 하면 일종의 우울증입니다. 그러니까 세상은 살고 싶지 않고 그러니까 공부를 많이 하면 안 되고 그래서 뭐 책도 보지 말라 그러고 그래서 저는 고등학교도 졸업을 못하는 줄 알았어요. 근데 어떻게 선생님들도 많이 좋은 선생님들 만나고 그래서 뭐 고등학교를 졸업하고. 그 1년 동안 2년 휴학하고 고등학교 다닌 다음에 1년 반인가 또 병원에도 다니고 그러면서 겨우 학교 들어가고 그러면서 건강이 많이 좋아졌어요. 그래서 뭐 그거는 뭐 미술대학에 들어간 거는 아까도 말씀드렸지만 그런 그 아픈 과정에서 배우게 된 그런 게 돼서 들어갔고 또 건강이 회복돼서 막상 좀 취미를 붙일라 그러니까 내가 어떤 다른 동료들에 비해서 이렇게 천재성이랄까. 예술이라는 건 뭐 제도교육을 받았다고 되는 건 아니거든요. 뭐 옛날 분들 보면 무슨 뭐 학교 안다녀도 다. 그런데 저는 그런 소질이 없다 그래서 그만두게 됐죠.

김상민 : 근데 선생님 그 아까 말씀하셨던 것처럼 취미와 치유를 위해서 조소공부를 하신 것에 비해서 무척 좋은 대학에 들어가셨는데요.

강동순 : 서울대는 서울대인데 당시 그렇게 커트라인이 높지 않았어요. 그래서 제가 그 길로 쭉 갔으면 그런 얘기 안 듣는데요, 제가 이제 다른 전공으로 방송을 택했기 때문에 뭐 방송을 택하게 된 것도 뭐 미리 질문 나오기 전에 말씀드리면 제가 학교를 졸업하고서 광고회사 조그만 걸 하다가 그걸 뭐 한 1년 반인가 2년 하다가 그걸 들어먹었어요.

왜냐면 지금이나 그때나 광고회사는 기업에 이렇게 그 말하자면 매출을 보장받는 거지 단독으로 해서 성공하기 어렵거든요. 근데 그때 그걸 단독으로 하려고 하니까 뭐 잘 안되었던 거죠. 그래서 그걸 실패하고 집에 있는데 뭐 들으시면 아시겠지만 제가 목소리는 뭐 다른 사람이 좋다 그러니까 그러면 뭐 아나운서나 해볼까 그래서 광고가 방송에서 나와서 그냥 방송에 특별한 동기 없이 들어가게 된 겁니다.

김상민 : 예. 제가 사실은 이런 사회를 많이 봐왔는데 이렇게 답변을 하시면 좀 난처한 경우가 없지 않아 있습니다. 진학하신 동기나 원래 방송인에 대한 꿈이 있으셨는지가 궁금했던 것이었는데요.

강동순 : 그런 거는 없었어요.

김상민 : 선생님 그러면은 대학 다니실 때부터 광고나 이런 쪽에 원래부터 관심이 있으셨던 것인가요?

강동순 : 아 그거는 저, 대학 다니면서 이렇게 보니까 그때 뭐 한참. 이 광고라는 것이 자본주의의 꽃이라 그러잖아요. 그런데 이게 어떤 미술과 광고는 또 관련이 있죠. 그리고 그때 뭐 기억나실지 모르지만은 광고회사라는 게 아주 초기단계였어요 그때. 외국 광고회사도 있고 뭐. 그래서 우리도 한번 이걸 해보자 그러고 사무실 얻어서 시작을 한 거죠. 그런데 보니까 그때 대기업의 광고회사들은 친인척들이 다했던 거거든요. 그러니깐 뭐 실력만, 제가 뭐 동료, 친구들하고 같이 있으면 실력만, 실력이 있다는 거보다 실력 갖고 되는 세상이 아니고 그러니까 한 2년 하다가 그것도 명동에서 사무실 얻어서 하니 사무실 비용이 얼마나 비싸요. 그러니깐 조그만 집 한 채 그냥 날려먹었어요. 그래서 뭐 그 가족사가 될지 모르지만 그 당시에 저는 여기 젊은 저, 여성분들도 계시지만 제가 사귀던 여자하고 그냥 결혼식도 안하고 살다가 애도 있고 그런데 이거 뭐 밥벌이는 해야 되겠고 그, 집에서 보니깐 '텔레비전에서 사람 뽑는다' 그래서 그냥 지원한 겁니다. 그 뭐 특별한 방송인이

꼭 돼야 되겠다 그런 동기도 없었고.

김상민 : 그 광고회사를 하시던 그때 유신체제가 생긴 거였죠?

강동순 : 그렇죠. 그때가 그 유신체제죠. 왜냐면 유신이 '72년도인가 그럴 거예요. 제가 KBS 들어간 게 '73년이니까요. 그때는 뭐 유신체제라고 봐야죠. 제가 KBS 들어간 게 '73년 11월인가 그러니까요.

김상민 : 선생님 그러면은 KBS, 마침 선생님께서 입사하신 것이 공채 1기로 이제 입사하신 거잖아요 아나운서로. 목소리가 괜찮은 거 같아서 지원하셨다가 입사하게 되었는데 마침 선생님께서 입사하셨던 이 1973년도가 KBS가 문공부 산하에 있다가 공영방송체제로 시스템이 바뀐 바로 그때였습니다. 그래서 문공부 산하에 있는 서울중앙방송국이 한국방송공사라는 공사의 형태로 처음으로 새 이름을 갖고 체제가 변환됐던 때였습니다. 그래서 선생님께서 그 상황을 가장 잘 알고 계실 거라 생각이 드는데요. 선생님 입사하실 때 뭐 그 방송계 상황이나 아니면 선생님 입사하실 때 KBS의 분위기 뭐 이런 것들 간단하게 좀 말씀해주시지요.

강동순 : 저도 이제 책(『KBS와 권력』)을 내면서 제가 막연히 알고 있던 거를 좀 자료를 보충하느라고 선배들이나 이런 또 여러 가지 자료들 챙겨보고 그랬어요. 그런데 공사가 '73년에 공무원체제에서 공사로 되게 된 것은 그 방송이라는 게 공무원체제 가지곤 운영할 수 없다라는 결론이 난 거죠. 왜냐면 이게 창의성을 요하는 건데 아무리 그 당시는 뭐 정부의 홍보수단이라 하더라도 공무원적인 어떤 급여체계나 인력 이런 거 가지고서는 방송을 끌고 나갈 수 없다 하니까는 유신체제라도 NHK의 그 모델을 조금 벤치마킹해가지고 공영방송 그러니까 그 당시 공영방송이라 그래도 말뿐이 공영방송이지 그렇게 독립적인 건 아니었지요. 그러나 적어도 사람을 뽑을 때 뭐 이렇게 공무원같이 뽑진 않고 독자적인 방법으로 사람을 뽑을 수 있고 급여체계도 맞출 수 있지 않느

냐 그런 취지에서 공영방송이 출범을 한 거 같아요. 그렇게 이해를 하고 있습니다.

김상민: 선생님께서 입사, 공채 1기로 입사하셨을 때 아나운서직 이외에 어떤 직종을 그때 뽑았던가요?

강동순: 아나운서, PD, 기자, 기술, 행정 뭐 이걸 모두 뽑았죠.

김상민: 공채 1기로 들어가실 때 그때 이제 방송공사 개편으로 인해서 그러한 인력들을 공채의 형식으로 뽑을 수밖에 없던 그런 상황이었던 거죠?

강동순: 예.

김상민: 처음에 선생님 들어가셨을 때 대우는 어땠나요?

강동순: 대우는 공무원보다, 이전의 공무원체제보다는 봉급이 나았었죠. 그게, 공무원으로선 뭐 그때 그 뭐 사람을 뽑아봤자 유능한 사람들이 올 수가 없는 거니까 공사가 되면서 처우도 좋아졌지요.

김상민: 그 당시에 그러면 대부분 공무원의 형태로 잔존해계셨던 분들이 대부분 있는 상태에서 공채가 다시 시행이 된 거였던가요?

강동순: 공무원들도 뭐 문공부에 그 당시에는 중앙방송국이었어요. 그래 지금도 보통 얘기할 때 방송국, 방송국, 그러는 게 그때 어떤 행정체계에서 국(局)이라는 데서 유래된 거거든요. 근데 원칙으로 말하면 방송사라고 그래야지요. 근데 왜 방송국 방송국 그러냐면 그때 그 정부의 어떤 국 단위 조직이었다는 거죠. 그러니까 중앙방송국이 공사로 발전하면서 원래 공무원이었던 사람들에다가 이제 새롭게 사람을 뽑아가지고 보수체계도 달라지고 그래서 공사가 된 겁니다.

김상민: 그 얘기를 듣고 싶어서 질문을 드렸습니다. 강동순 선생님께서는 『KBS와 권력』이라는 책을 2006년에 내셨는데요. 이 책이 익명의 많은 선생님들의 도움이 포함되어있는 그런 책이잖습니까. 제가 뭐 뒤에 선생님께서 이니셜로 이렇게 도움을 준 분들을 적어놓으신 것을

봤는데 결국은 선생님만 실명으로 책을 내시고 그, 이러저런 어려움의 총대를 메신 그런 상황이 되신 거 같습니다. 선생님 이 책에 거의 주요하게 등장하는 내용이 제목과 마찬가지로 KBS와 권력과의 관계나 그런 내용을 중심적으로 서술하신 거 같습니다. 그래서 이 책에 의하면 당시 한국방송은 유신체계와 새마을운동의 일종의 홍보도구나 다름 아니었다 뭐 이런 언급을 하셨는데요. 이 포럼이 쉬는 시간을 갖기 전에 먼저 이 질문의 답변을 듣고자 합니다. 핵심적인 내용이 될 수도 있는 거 같은데요. 이 유신체계와 새마을운동의 홍보도구라고 말씀하신 요 내용에 대해서 혹시 뭐 기억나시는 일들이나 뭐 구체적인 사례들이 좀 있으시다면 생각나시는 대로 말씀을 좀 해주시면 좋겠습니다.

강동순 : 뭐 책에도 언급이 됐습니다만 그때는 뭐 KBS뿐만이 아니고 뭐 MBC나 그때 TBC도 마찬가지였죠. 왜냐면 유신체제에서는 그, 정부에서 그 당시에 예를 들자면 8시, 오후 8시부터 8시 20분까지는 정부에서 홍보하는 거로 KBS뿐만 아니라 각 방송사가 다 공히 그렇게 방송을 취급했어요. 그 8시에서 8시 20분 사이에는 뭐 정책당국자가 나오기도 하고 정부홍보, 이제 정부홍보도 하고 뭐 그게 아주 그, 그렇게 정해있었어요. 그게 말이 공사지 실제는 국영방송이었지요. 그때는 정부에서 다 인사에 개입하고 사장이나 뭐 고위간부들 다 그렇고. 저도 이 책을 저술하면서 그 당시에 부사장 했던 최창봉 선생에게 여쭤봤어요. 그랬더니 그 어른이 부사장이었는데 그때 그런 얘기 하더라고. 그 새마을방송본부는 자기가 자발적으로 만들었다 그래요. 새마을운동이라는 거는 정부에서 했지만은 하다보니까는 이게 방송을 좀 총괄하는 기구가 필요하다 그리고 이게 현장에 가보니까 피드백이 좋고. 그래서 이거는 누가 시켜서 한 게, 새마을방송본부라고 만들었는데 그거는 자기가 자발적으로 만든 거다. 그 얘긴 무슨 얘기냐면 지금 새마을운동에서 진보진영에서는 상당히 부정적으로 많이 얘기하고 있지만 새마을운동이 국

가발전에 기여한 거는 있다 하는 거고 지금 뭐 동남아나 뭐 이런 데서 그걸 지금 여기서 연수받고 가고 그러잖아요, 새마을운동이. 그 당시에 부사장으로 있던 이 사람이 최창봉 씨도 그런 증언을 하는 겁니다. 그래서 정부에서 시켜서 시작은 했지만 하다보니까는 뭐 그런, 것이 국가발전에 도움이 되겠다는 생각을 해서 자발적으로 방송본부를 만들었다. 예를 들자면은 뭐 여러분 생각나실지 모르지만 ≪꽃피는 8도강산≫ 뭐 이런 거, 제가 책에도 썼지만 그런 것도 전국 각지를 다니면서 뭐 포항제철이다 뭐다 이렇게 다니면서 발전상을 갖다 얘기를 그냥 홍보하면 재미없으니깐 드라마로 극화해가지고 뭐 딸 사는 집 또 뭐 아들 직장 뭐 이렇게 찾아가는 형식으로 해서 이렇게 극중에서 자연스럽게 정부발전상을 그렇게 홍보를 한 거예요. 그러니깐 그런 것이 상당히 그 또, 홍보효과를 냈고 그래서. 그 유신체제 자체는 뭐 헌정질서를 이제 중단시키고 그런 초법적으로 한 거니까 비판은 하죠. 그러나 새마을운동의 긍정적인 면은 분명히 있었다 그러는 것이, 제가 그 당시에 입사해서도 그런 걸 느꼈고 또 그 당시에 부사장 했던 사람도 그런 얘기를 합니다. 지금도 그래가지고 중국에서도 많이 배워가거든요. 지금 중국에서도 결국 이 새마을운동에 중국 공무원들이 와서 많이 연수를 받고 가는데 현재 그런 통계숫자 같은 걸 비밀로 해달라고 그렇게 얘길 했답니다. 중국도 자존심이 있어서 그런지. 근데 뭐 그때 그, 새마을운동이라는 게 뭔가 아주 그 뭐 좀 나태한 그리고 게으르고 너무 남에게 의존만하는 우리 농촌에 어떤 그런 거를 자발적으로 뭔가 해보겠다는 의지를 일깨우는 그런 점에서는 기여를 하지 않았냐. 그래서 지금 뭐 동남아나 아프리카에서도 그걸 배워가고 그런 긍정적인 측면이 있었다 하는 거. 그건 유신 이전부터 새마을운동은 시작을 한 거예요.

김상민 : 그럼 당시에 방송을 만드셨던 또는 기획하셨던 분들 입장에서 유신체제 홍보한 것과 새마을운동 홍보하는 것에 대한 어떤 느낌이

분명히 달랐을 텐데 그런 것들에 대해서 선생님 어떻게 알고 있으신 것이 있으신가요?

강동순 : 유신체제라는 거는 처음에 이제 '72년도에 박 대통령이 시작했지요. 그랬는데 그거는 긴급조치도 발표하고 맘에 안드는 사람들 막 잡아가고 그랬지요. 그렇지만은 그러면서 방송에 특히 뭐 구체적으로 나타나는 거는 없었다고 기억이 됩니다. 근데 유신체제 그 이전부터 뭐 이제 반공드라마 북의 실정을 이렇게 극화해서 하는 뭐 그 당시에 김일성을 사악한 어떤 집단의 괴수같이 드라마 안에서 그렸지요. 그때는 중앙정보부 그런 곳에서 제작비 같은 것도 대고 극본 같은 것도 거의 그쪽에서 자료를 제공하다시피 하고 그런 거는 있었죠. 근데 특히 뭐 유신을 갖다가 정당화할 그런 내용은 없었어요. 왜냐면 그게 정당화 될 수 없는 내용이니까. 그때 이제 정치적인 하나의 변화로서 그렇게 정치권에서 그런 거고 방송에 그게 나타난 건 없고. 그 이전부터 사실 유신이전부터 어떤 반공드라마라든가 새마을운동에 대한 홍보 이런 거는 그 이전부터 쭉 있었죠.

김상민 : 입사하신 이후에 선생님 그, PD로 전직을 하셨는데 특별히 계기가 있으셨나요?

강동순 : 제가 '73년에 여기 들어와 '76년에 회사에서 시험을 봐가지고 해외연수를 가게 되었어요. 제가 영어시험을 봤는데 성적이 좋다고 가라 그래서 호주에 가서 한 '76년도에 한 6, 7개월 있다가 왔거든요. 오니까 그 당시 편성 쪽에서 와서 좀 일을 하자 그래서 자연스럽게 전직하게 됐죠. 그러니까 아나운서 생활은 한 2년, 한 2년 정도 근무했고 그다음에 호주에 연수를 갔다와가지고 편성 쪽도 PD들이 근무하는 거니까. 그쪽으로 가게 됐습니다.

김상민 : 한 질문만 더 드리고 쉬는 시간 좀 갖도록 하겠습니다. 선생님께서는 뭐 최근에 기사 등등을 다 여러분 검색해보셔서 다 아시는

바와 마찬가지로 항상 소신 있는 방송인으로 살아오셨다는 사실을 제가 잘 알고 있습니다. 선생님께서 그때 당시 겪으셨거나 아니면 보신 사항들이 분명히 있으셨을 텐데요 그때 방금 말씀하신 것과 연계해서 정부시책과 방송의 기획 또는 방송의 어떤 그, 제작 방향이 분명히 갈등을 빚거나 충돌하는 경우가 있을 것이라 생각이 듭니다. 앞서 선생님 말씀하신 것과 연계해서 혹시 그런 것들이 있다면 좀 말씀해주셨으면 좋겠습니다.

강동순: 그때 방송은 정권의 홍보도구였어요. 그게 언제까지 그랬냐면 사실상 노태우 정부가, 노태우 정부 출범하기 전까지는 그랬죠. 그러니까 노태우 정부 출범하기 전 전두환 때까지. 근데 노태우 정부가 '87년에 출범하게 되죠? 그러면서도 노태우 정부가 뭐 '물태우'라는 말도 있듯이 그때 노조들도 생기고 시민사회단체들이 많이 생기고 또 노태우 정부가 뭐 일부러 그랬는지 그럴 수밖에 없었는지 몰라도 상당히 그, 그때까지 있던 권위주의적인 어떤 정책을 포기하고 많이 사회를 이렇게 풀어놓아 준다구요. 그러니까 노동계고 뭐 시민단체고 그때 많이 생겨났기 때문에 그때 방송노조도 '87년에 생겼을 겁니다. 그리고 또 그때 '88년에 올림픽을 하기 때문에 그렇게 강압정치를 할 수 없는 상황이었고 사실상 '87년에 전두환 정권 때까지 박정희뿐만 아니라 정부수립 이후에 내가 [『KBS와 권력』 책을 가리키며] 여기 지적을 했지만 정치의 홍보수단으로 알았던 거죠. 노태우 정부 들어와서도 뭐 사실상 정부에서 사장을 임명하고 그러지만은 그때는 내부에 노조도 생기고 시민단체도 생기고 그래서 사회가 많이 달라지기 시작한 겁니다.

김상민: 선생님께서 PD, 프로듀서로 전직하신 다음에 바로 맡으신 프로그램은 어떤 것이었나요.

강동순: 처음에는 제가 편성업무를 한 2년 정도 하다가 나중에는 주로 교양프로그램 뭐 ≪아침마당≫이다 뭐 이런 걸 하면서도 나중에

시사프로그램 뭐 지금도 있는 그, 뭐 ≪심야토론≫ 뭐 이런 것도 뭐 주로 그런 걸 포함해서 교양프로그램을 주로 했습니다. PD가 뭐 쇼프로 PD도 있고 뭐 드라마 PD도 있고 많잖아요. 저는 텔레비전 교양프로그램을 쭉 했다 이렇게 보시면 됩니다.

김상민 : ≪다큐멘터리 제5공화국≫2)도 선생님 작품이 아니었나요?

강동순 : 그거는 제가 부장으로서 총괄했지 직접 제작한 건 아니었어요. 근데 그 (다큐멘터리) ≪제5공화국≫을 만들 때는 그게, 그 시점이 노태우 정부 때거든요. 그래서 그때 아까 방금 말씀드린 것 같이 KBS 안에 노조가 생기고 뭐 또 사회에도 막 시민단체 뭐 이런 것이 많이 활성화되면서 지나간 5공에 대한 어떤 평가를 하자 이런 분위기가 KBS 내에서도 노조의 요구나 사원들의 요구가 있었어요. 그래서 그거를 제가 부장으로서 그런 요구를 받아들여가지고 세 편을 만들게 되죠. 그래서 제가 책임을 지고 세 편을 만들게 됩니다. 그렇게 된 겁니다. 중간에서 상당히 어려움이 많았죠 그때.

김상민 : 예. 선생님하고 이런저런 얘기를 나누고 있는데요 저희 지금 잠깐 쉬었다가 계속하도록 하겠습니다. 한 10분 정도 쉬면서 질문을 다시 정리하도록 하겠습니다.

---

2) KBS1-TV에서 1989년 3월 7일부터 3월 9일까지 밤 10시에 연속 방영되었던 다큐멘터리 프로그램이다. 「광주는 말한다」, 「인권보고」, 「정경유착」의 전 3부로 구성·방영되었다.

김상민 : 계속 진행하도록 하겠습니다. 지금의 환경과 비교해서 당시 그, 선생님 계셨을 때 초기 박정희 때든 노태우 정부 때든 그때 선생님 방송환경은 어땠나요? 그, 계획한 기획 단계부터 방송이 만들어지고 이렇게 방송이 되는 그런 과정이 지금과는 많이 달랐을 거 같은데.

강동순 : 뭐 그거는 그때보다는 더 정교해지고 제작비도 많이 들고 뭐 완성도라는 면에서는 그때보다 지금 프로그램이 더 정교해졌다 이렇게 볼 수가 있죠.

김상민 : 그때 일반적으로 그, 시청자들의 의견을 소통하는 그런 구조는 주로 뭐 어떤 것들이었나요 선생님. 지금이야 인터넷 같은 게 있습니다만.

강동순 : 그건 뭐 상대적으로 예전에 권위주의시대에 또 방송을 홍보 수단으로 생각했던 그런 시대에는 아무래도 정권에 눈치를 많이 보고 홍보 쪽으로 하니까. 그러나 지금은 이게 하나의 시장원리에 의해서 수용자, 시청자들이 어떻게 느끼는가 이런 쪽으로 더 생각을 하게 되고.

뭐 그렇다고 지금 완전히 정권의 영향력으로부터 자유스럽다 이렇게 말할 순 없지만 상대적으로 옛날에 비하면 이제는 시장원리대로 가는 거지 옛날에 그, 힘 있는 사람의 입맛대로만 가는 그런 방송은 아니다 하는 거죠.

김상민 : 선생님 책에서도 주요한 내용으로 적혀있는 내용인데 정부의 방송 간섭에 대해서 좀 여쭤보고 싶습니다.

강동순 : 알려진 대로 검열을 받던 시대도 있었죠. 검열을 받고 이건 빼라 이건 넣어라 하는 것이 바로 신군부가 들어온 '80년에는, '80년까지 검열관이 방송사에 다 상주를 하면서 넣고 빼고. 또는 상주를 하다가 그 사람들 있는데 가서 미리 검열을 받아놓는 거죠. 그런 시대도 있었어요 신군부 시대에는. 근데 그 이후에는 그런 거는 없어지고. 그런 거는 없어졌지만은 또 스스로 검열을 하는 저쪽에 눈치를 보고 그런 시대도 있었죠. 검열관은 없지만은 이런 거 내보내면은 '정부당국자가 불편해 하겠다', '싫어하겠다' 해서 스스로 빼는 것도 있고. 그런 것이 노조가 생기고 노조의 목소리가 강해지고 그러면서 많이 없어지고 있고 그렇죠.

청중 : 선생님 검열관이란 사람들이 어떤 정부부서에서 나온 사람들인가요?

면담자 : 그러니깐 뭐 신군부가, '80년 신군부가 들어서는 때는 군인들이 직접 그걸 했어요. 군인들이. 그러니까 방송전문가가 아니죠 뭐. 유신시대에는 검열관은 아니지만은 그건 뭐 그때는 완전히 장악하고 있었으니까 그 검열관이 올 필요도 없었지요. 근데 이게 느슨해지면서 조금씩 느슨해지면서 신군부가 들어와서는 검열관이 왔었고 그건 전두환시대고. 노태우시대에 들어서는 검열관이 이제 뭐 철수, 전두환시대 그러고서 철수된 거고. 그 조금씩 언론 상황이 나아진 겁니다.

김상민 : 검열관은 상주하면서 기획 단계부터 간섭을 한 것이었던가

요?

강동순 : 아 그렇죠. 기획 단계부터. 이런 아이템은 뭐 내지마라. 그래서 나온 게 뭐 신군부 들어와서는 그 '뚜뚜전'이라는 말이 있잖아요. 9시뉴스하면은 제일 첫 번째 아이템으로서 '전두환 대통령…'은 이렇게 나가는 거예요. 그러니까, 그러니깐 뭐 비행기가 떨어져서 사람이 많이 죽고 대형사고가 나도 그거는 전두환 대통령이 어디를 방문했다 아주 그 뉴스거리도 안되는 그거가 톱이고, 다른 뉴스들은 그 다음으로 밀리는 거예요. 그러니까 이게 좀 웃음거리죠. '뚜뚜전'이라는 말이 그래서 나온 거예요.

청중 : KBS뿐만 아니라 다른 방송국이라든가 혹은 신문사에서도 마찬가지 상황이었나요?

강동순 : 차이 없죠. KBS가 좀 더했겠지만 뭐 그 뭐, MBC나 뭐 마찬가지였지요.

김상민 : 그 당시에 일반적으로 검열의 대상이 됐던 그런 그 아이템들은 어떤 것들이 있을까요?

강동순 : 뭐 정권안보차원에서 좀 위해하다고 판단되는 뭐 비판적인 내용이나 뭐 이런 거는 다 해당이 되는 거죠.

김상민 : 이를테면 초가집이 나오면 안 된다든가 뭐 영화에서 그런 검열기준이 있었다고 하던데 영화장면에 빈민가가 영화장면에 있으면 안된다라던가.

강동순 : 아, 그렇죠. 못사는 것이, 못사는 것이 많이 빈민들이 나오고 그러면은 이거 뭐 발전되고 있는 거만 긍정적인 거만 보여줘야 되는데 그런 것도, 그런 것도 물론 나오죠. 그러니까 뭐 찬양일변도로 이렇게 나오고.

김상민 : 방송 출연자 선정은 어땠나요?

강동순 : 출연자 선정하는 건 일반 문화 교양 이런 거는 모르지만

일종의 ≪심야토론≫ 이런 거는 생방송이고 ≪심야토론≫은 전두환 때부터 노태우 때 이제, 전두환 말기 때 생기기 시작했어요. 전두환 말기 때 생기기 시작했는데 그런데는 생방송이고 찬성·비판하는 여야 사람들이 같이 나오니깐 이게 저도 그 담당 PD로 있을 때 회사에서 많이 그것 때문에 갈등이 많았어요. 왜냐하면 비판하는 쪽의 사람을 너무 강한 사람을 섭외하면 '이 사람 섭외하지 말라'는 거예요. 그래서 우리가 또 산술적으로 얘기하면 2 대 2, 3 대 3 그래도 숫자는 같지만은 야당이나 어떤 그 반대편 쪽에 어떤 그, 말을 잘하고 강한 사람이 나오면 그 사람은 넣지 마라 이렇게 하는 거예요.

김상민 : 혹시 선생님 기억이 있으시겠지만 저희가 지난번에 이장호 감독을 모셨을 때도 사실 그 부분을 물어봤는데 그 당시 선생님 그 왜 그 대규모의 대마초 사건이 있었잖습니까.

강동순 : 대마초 사건요?

김상민 : 예. 연예인들 대마초 사건으로 인해서 또 뭐 정권 얘기도 관련돼있단 얘기도 있고. 그때 선생님 그러면 그 사건으로 인해서 대규모의 어떤 출연정지도 많았을 텐데 그것에 대해서 기억나시는 거 혹시 있으신가요?

강동순 : 그런 거는 너무 자주 있었기 때문에 뭐 어떤 걸 예를 들지 모르겠지만 대마초 사건 이런 건. 근데 그게 어떤 꼭 정치성을 띠었다고 볼 순 없었어요. 그거는 지금도 단속을 하고 있죠. 대마초는 그거는 기본적으로 그거는 문제가 있는 거고 물론 그, 정치성을 띠었다고까지 볼 순 없는 거고. 그런 사람이 방송에 나오는 거는 좋지 않다는 판단이에요.

김상민 : 선생님 그 방송 간섭 한 가지만 더 여쭤보겠습니다 선생님. 그 당시에 그, 인사문제와 관련돼서 정부의 간섭이 존재했다면 어떤 방식으로 좀 있었을까요.

강동순 : 인사문제는 우선 사장은 뭐 말할 것도 없이 정부에서 내려 보낸 거고 또 그 외에도 뭐 특히 보도 쪽에 많은데 정치권에서 이 사람 진급시켜라 뭐 저 사람 데리고 일해라 뭐 이런 주문이 많은 거죠. 보도 쪽이 특히 그런 게 많고 더더욱 본부장이다 보도국장이다 뭐 정치부장이나 이런 사람들 정치권하고 아주 밀접한 관계가 있으니깐 인사문제는 뭐 지금까지도 정도의 차이는 있지만은 그건 정치권의 어떤 영향력이 많이 미치죠.

청중 : 선생님 말씀 듣다보니까 상대적으로 전두환 5공화국 때보다도 유신 때가 방송환경은 오히려 상대적으로 더 나았던 것처럼 느껴집니다.

강동순 : 그렇게 볼 수 있죠. 왜냐하면 유신은 정치적으론 그랬지만 방송 면에서는 정치적으로 긴급조치, 유신이 생기면서 긴급조치가 있어서 뭐 이상한 반체제분자다 이런 사람들 잡아가고 그랬죠. 근데 방송 면에서는 뭐 그전부터 쭉 내려오던 흐름이지 더 뭐 엄혹해졌다 이렇게 볼 수 없어요. 그런데 전두환이 광주사태하고 12·12를 거쳐서 또 하나의 쿠데타를 일으킨 거 아니에요? 그러면서 언론통폐합을 한다구요. 언론통폐합을 그 뭐 제 책에도 나왔지만 그게, 그러니깐 KBS에다가 뭐 TBC도 합치고 CBS 기독교방송 뭐 동아방송 이걸 다 합치고 KBS에다가. TBC는 없애버리는 거죠. 그리고 MBC도 그 이전에는 민영이었는데 이걸 갖다가 공영방송이다 그래가지고 통제하기 좋게, 통제하기 좋게 KBS가 MBC에 어떤 주주로서 행사하게 만들고. MBC가 민영이었는데 거기 투자하던 기업인들한테 그걸 싸게 사고 헐값으로 사가지고 공영으로 만들어가지고 KBS가 지분을 갖게 만들고 그래가지고 MBC는 '80년 신군부가 들어오면서 공영으로 되는 겁니다. 공영은 듣기에는 그럴듯하지만은 사실은 정부가 언론을 통제하기 좋게 그렇게 만든 거죠.

김상민 : 방송국에서 광고를 받을 때 그 당시 뭐 신군부 이전이든

이후든 간에 정부가 업체에서 광고를 방송국에 보낼 때도 어떤 제한적인 사항들이 존재했나요?

강동순 : 그 후에 신군부가 '80년에 광고공사를 만들어요. 코바코(KOBACO)라고. 그래서 거기서 광고를 이렇게 배분을 해주는 걸로 하죠. 그리고 그 사람들이 거기서 어떤 광고공사가 거기서 또 자기네들의 일종의 커미션이죠, 그거를 떼는데 헌법재판소에서도 판결이 났지만 위헌적인 거라구요. 뭐 잘 아시지만 광고시장에는 세 가지 요소 외에는 필요 없는 거거든요. 미디어가 있고 스폰서가 있고 에이전시가 있고. 그런데 이 에이전시를 또 총괄하는 게 코바코라는 거였어요. 세계 광고시장에는 없는 존재가 나타난 거예요. 나쁘게 표현하면 구두닦이한테 자릿셀 뜯어먹는 거나 마찬가지예요. 그래서 여기서 방송발전기금이라는 식으로 뜯는 거죠. 그래서 기금을 조성하고 그래서 이거는 위헌적인 거라 그래가지고 신군부가 만든 거를 해체하라고 했는데 아직까지도 해결 못하고 있잖아요? 그게 문제죠. 그게 하여간 광고공사를 만들어서 지들이 교통정리를 하고 그런 거예요. 광고를 뭐 나누어 주고.

김상민 : 예. 선생님 약간 편안한 질문을 좀 드리겠습니다. 선생님께서 관여하신 작품들 많이 있을 텐데요. 작품들 중에서 지금 이런저런 논의와 관련되어 있어서 기억나시는 어떤 일화가 있다면 좀 남겨주시면 좋겠습니다.

강동순 : 아까 말씀드렸듯이 교양 PD였거든요. 그래서 제가 제일 기억에 남는 건 ≪심야토론≫하면서 회사나 뭐 위에 선배 상사들하고 많이 충돌했어요. 그러니까 뭐 아까 말씀드린 대로 '이 변호사는 쓰지 마라.' '왜 쓰지 말라고 그럽니까?' 이거죠. 근데 그 이유는 없는 거예요. 왜냐면 너무 말을 잘하고 이게 일당백이니까 숫자는 3 대 3이지만 이 사람이 들어오면 여권을 대변하는 사람들이 밀리니까 '이 사람 쓰지 마라' 그러고. 쓰지 말라고 하는 게 회사 내부보다도 바깥에서 오더가 회

사 내로 들어와가지고 위에 선배가 간부들이 그렇게 또 얘길 하는 거고. 그런 것 때문에 많이 싸웠어요. 그리고 제가 5공 특집을 할 때 그걸 총괄하는 담당부장이었는데 그 왜그렇게 됐냐면은 '87년에 KBS 노조가 처음 생깁니다. 그때 제가 그 노조를, 그 당시에 제가 차장이었는데 노조를 만드는데 어떤, 난 노조에 가입한 일도 없지만은 노조를 만들어 후견인 역할을 해요 제가. 그때 6·29선언 직후인데. 그런데 뭐 요즘에도 그런 일이 비일비재하지만은 내가 거기서 자꾸만 역할을 하니깐 회사에서 나를 부장으로 진급을 시켜가지고 노조 일에 손을 못 대도록. 부장은 노조에 가입할 자격이 없거든요. 차장도 원칙은 하면 안 되지만 하여간 그 당시에는 차장은 노조에 가입하게 돼있고 그러니깐. 그래가지고 내가 부장으로 와있는데 그 당시에 아까 말씀드린 사회분위기가 지나간 잘못된 정권의 행태에 대해서 방송을 통해서 이거를 좀 평가를 해야된다 해가지고 5공 특집이 생긴 거예요. 그래서 뭐 이게 '광주는 말한다.' 또 '정경유착' 뭐 또 '인권보호' 이런 제목으로 세 개가 나간 겁니다. 노측이 나한테 책임을 맡긴 겁니다. 형식논리로 보면 부장은 사측에 있는 사람이지만 그 또 제가 있는 기획제작실이라는 데가 그런 거 시사프로그램하는 덴데 그런 거를 노측이 '강 부장한테 이걸 맡겨야 된다' 그러니까 사측도 이제 그걸 맡겼어요. 근데 이러는 과정에서 뭐 사측으로부터 압력은 뭐 프리뷰를 해보니까는 거기에 뭐 이런 장면을 좀 그림을 빼달라. 사측의 압력에 의해서. 그 나는 그 못빼주겠다. 그럼 빼주는 거는 이제 그 뭐 제작권 침해고 노조하고 분쟁이 생기니깐. 그 나도 압력을 많이 받은 거죠. 그리고 뭐 테이프를 캐비닛에 감춰놓는다던가. 왜냐면 모든 사람이 다 시사했는데 그걸 빼자는 거는 문제가 되는 거고. 그런 일을 겪을 때 이게 뭐 노사를 떠나서 아주 그 정치적인 어떤 갈등이 되기 때문에, 그리고 노조 출범하기 전에 KBS에 특히 그 정치성 특채자가 많았어요. 공채 출신이 아니고 우리는 공채로 들어왔지만은 뭐 청와대다 뭐 당이다 또는 그게 뭐, 뭐 안기부다 뭐 이런 보안사다 이런데서 특채자들이 많은데 그때 6·29선언 직후에 KBS가 이 정치성 특채자들을 내보내자 이런 운동이 있었어요. 이게 나도 노조가 생기기 전에 그런 거를 같이 추진했던 사람으로서 그런 사람들 내보내는 과정이 참 공적인 일이었지만은 인간적으로는 참 고통스러운 일이거든요. 한 사람의 직장을 잃어버리게 한다는 게 얼마나 고통스럽습니까. 그런 것이 하나의 민주화과정이라고 볼 수도 있지만은 개인적으로는 참 힘들었던, 예를 들자면 그 사람이 그렇게 해서 몇 사람이 나갔어요. 근데 뭐 이렇게 나간 다음에 어떤 맥주 집에서 만났는데 나하고 술 먹는 사람이 쫓겨난 사람하고 또 가까운 거예요. 그 옆자리에 있는 쫓겨난 사람하고 이렇게 얘기를 하다가 아 이 사람 강 아무개 모르냐고. 그러니깐 그 사람이 깜짝 놀라 아 이 사람이 강 아무개냐고. 그 자긴 이 강 아무개 때문에 완전히 가정이 파괴됐다. 쫓겨나서 뭐 어머니도 그때 돌아가시고 화병으로 뭐 이런 얘기를 할 때는 그 뭐 자기가 나하고 같이 일해 본 일도 없고 나는 그 당시에 이게 공적으로 필요한 과정이단 생각에서 추진했던 건데 그 사람한텐 그런 타격이 된 거고. 그런 게 참 그 고통스럽더라고. 그래서 뭐 막 그 자리에서 울고 그러더라구요. 직장을 쫓겨났으니까 그 개인적으로 보면 안됐잖아요. 그러나 KBS라는 어떤 이런 중요한 기관에서 정치성 특채자가 그렇게 많이 왔기 때문에 상징적으로라도 몇몇 사람은 내보내야 되겠다 그런 컨센서스가 이루어져가지고 내보냈던 거예요. 세 사람인가 그렇게 내보냈죠. 그런데 그 세 사람 중에 한 사람인데 그것이 그 사람들은 나 때문에 쫓겨났다고 생각하는데 난 같이 일해본 적도 없고 아까 상황을 보시다시피 얼굴도 모르잖아요? 나는 그 사람 아는데 그 사람은 날 모른 다구요. 예를 들자면 그런 일이 참, 그 인간적으로 괴로웠던 일이죠. 그리고 뭐 프로그램하면서 이런 사회갈등, 지금도 그때 나하고 싸웠던 선배를 만나서 뭐 잘 지냅니다. 근데 서로 입장이 다르니까. 난 그때 부장의 입장에서 내 ≪심야토론≫을 끌고 가려면 균형되게 가야되겠다는 거고 또 내 위에 있는 본부장이나 이런 사람은 바깥에서 그 사람 들어가면 안 된다 빼라 하니까는 와서 또 얘길 하는 거고. 그러니까 입장이 달라서 싸우는 경우가 많아요. 그래서 앞으로 또 그런 질문이 나올지 모르는데 저는 노조, KBS노조를 '87년에 6·29선언 만드는데도 일조를 한 사람이지만 제가 이 책을 만들면서 한 거는 노조가 우리사회 일정부분 민주화 발전하는데 필요했고 기여한 것도 분명하지만은 나중에 노조자체가 정치권력화가 되는 겁니다. 그래서 인사에 개입하고 또 외부세력과 연계돼가지고 내부에 하나의 또 하나의 권력으로 등장하는 거예요. 제가 말하려는 거는 우파권력이나 좌파권력이나 방송은 국민의 재산인데 공공재라고요. 근데 이거를 자기네들 유용한 도구로 쓰려고 하는 것은 잘못된 것이다 하는 겁니다. 그러니까 이원홍[3]이 사장하던 시대나 정연주[4]가 사장하던 시대나 국민의 재산인 방송을 가지고 자기네 어떤 이념이나 정권의 도구로 쓰려는 것은 이거는 후진적인 현상이다 그런 거를 사례를 들어서 제가 얘기하려고 하는 거지 나는 어느 한쪽편만 드는 건 아닙니다.

김상민 : 방송법도 몇 차례 개정이 되었을 텐데 방송법 변경으로 인해서 뭐 지침이나 어떤 기획방향이 좀 달라진 것들이 있을까요?

강동순 : 방송법이 그동안 여러 번 변했지만 현행방송법은 DJ 정권 때 '99년 12월에 여당 단독으로 통과된 법입니다. 근데 이게 참 좋지 않은 법이예요. 왜냐하면 이사회의 지배구조가 여당에 유리하게 돼있

---

[3] 이원홍(李元洪: 1929년 4월 3일~)은 한국방송공사 4대 및 5대 사장을 역임(1980년 7월~1985년 2월)했다.
[4] 정연주(鄭淵珠: 1946년 11월 22일~)는 한국방송공사 15대, 16대, 17대 사장을 역임(2003년 4월~2008년 8월)했다.

다는 거죠. 그러니깐 정당 추천에 의한 이사회 구성 이것도 세계 유래가 없는 거고 정당 추천에 의한 이사회 구성이라는 것은 정치권의 연장선상에서 또 이사들이 싸운다는 얘기예요. 우리나라 정치문화가 어떤지 다 아시잖아요. 아주 저급하기 이를 데 없는데 공영방송이 이렇게 정치권의 추천을 받아가지고 들어오는 거는 제가 알기론 OECD 국가에는 없어요. 이렇게 들어오는데도 그 비율은 KBS는 7 대 4, MBC 6 대 3으로 정부여당이 압도적으로 유리하게 돼있는 겁니다. 그러니까 야당 된 입장에서는 국민의 방송이라고 인정하기가 어렵죠. 그 구조에서 사실상 집권당의 대통령이 임명을 하니까 사장을. 그러면 그런 임명을 받고 온 사람이 청와대 눈치를 볼 거 아니에요? 그러면 그런 사람들한테 또 직원들이 다 줄을 서는 거고. 방송이 제대로 국민의 입장에서 방송할 수 있겠습니까? 그러니까 KBS 수신료 못 올리는 이유가 거기에 있는 겁니다. 지난 정권에서는 열린우리당이 여당일 때는 올리자 그랬어요. 근데 한나라당이 야당일 때 반대했지. 지금 한나라당이 여당이 돼서 올리자 그러니깐 열린우리당으로 간 민주당으로 이름을 바꿨는데 이 사람들 또 반대하는 거야. 왜. 그 구조, 지배구조 자체가 그건 정권의 방송이지 국민의 방송이 아니다 이렇게 돼있는 거죠. 근데 이 제도를 바꾸자는 것이 제가 요즘 뭐하느냐 그럴 때 그런 거를 제도 개선해야 된다고 방송독립운동 방송자치제 이런 거를 주장하고 다니는 겁니다.

김상민 : 사실은 그 수신료문제에는 제가 이 내용 다음에 여쭤보고 싶었던 내용 중에 하나였는데요 선생님. 제가 알기로는 방송법에 의해서 수신료가 전기요금에 편입된 게 1997년도로 알고 있습니다.

강동순 : 그렇죠. 홍두표 사장.

김상민 : 예예. 선생님 개인적인 의견은 수신료에 관해서 어떻게 생각하시는지 궁금합니다. 수신료 반대하는 경우도 많고….

강동순 : 기본적으론 올려야죠. 근데 국민들의 신뢰를 못 받고 있기

때문에 못 올리는 겁니다. 그리고 전기요금에 합산된 게 좋으냐 나쁘냐는 뭐 KBS 입장에 대해서는 그 사람들은 좋게 생각하는 거고 국민이 볼 때는 그렇게 자동적으로 돈을 걷는 거로 하면은 국민이 불만족스러운 상태에서는 국민이, 시청자가 공영방송 KBS를 압박할 수 있는 수단이 없어지는 거니깐 바람직스럽지 않다고 보는 거죠. 그러니까 KBS 수신료문제는 뭐 요즘에 뭐 광고는 그냥 놔두고 1,000원 올리자 그래라 그것도 아무것도 안되고 도청 건 때문에 아무것도 안되고 그랬지만은 기본적인 구조자체가 국민의 방송답게 지배구조를 바꾸지 않으면 안되는 거지 1,000원 올린다 이런 문제가 아니에요. 그리고 공영방송다운, 공영방송은 광고를 해서는 안 되는 겁니다. 광고를 다 내놔야 되고 한꺼번에 안 되면 단계적으로 내놔야지. 광고를 하게 되면 공영방송이래는 게 권력과 어떤 자본으로부터 독립을 하고 국민만 쳐다보고 해야 되는데 스폰서가 있는 방송이라는 것이 눈치를 보게 되는 거죠. 그러니깐 시청률경쟁을 하게 되고 그러면은 그만큼 방송이 저질화되는 거고. 그러니깐 기본적으로 BBC나 NHK 같은 데는 그거는 광고방송을 하지 않는 겁니다. 그런 방향으로 가야죠. 누가 야당이 되건 야당입장에서는 그러면 지배구조를 바꿔야 된다 이렇게 되는 거죠. 그러니까 여야합의로 이런 정치권에 추천을 받아서 들어가는 그런 이사회 구성이라는 제도를 바꿔야 돼요. 그래야지 국민의 방송을 하게 되는 겁니다.

김상민 : 선생님 지금 뭐 방송계에 관련된 다양한 이야기들을 듣고 있습니다. 선생님 그, 조금 더 옛날이야기를 조금 더 하나 여쭤보고 싶은데요. 선생님께서 10·26 당시 방송계 전반에 대한 목소리나 시선을 다 알고 계실거란 생각이 듭니다. 선생님 반복적으로 신군부 전두환 정권 당시 말씀을 선생님 그러면 몇 번 하신 것을 보아 선생님 그쪽에 대한 말씀하실 부분이 좀 많이 있지 않을까라는 생각이 드는데요. 10·26으로 인해서 방송계에 변화가 있다면, 그리고 또 이어 등장한 전두환

정권까지의 방송계의 분위기나 상황을 기억하시는 것이 있다면 아까 짤막하게 말씀하셨지만 좀 정리해서 생각나시는 대로 말씀해주시면 좋겠습니다.

강동순 : 전두환 정권 신군부가 들어서면서 지역의 신문들도 다 통폐합, 많은 거 다 없애버리고 몇 개로 줄이고 방송도 말씀드린 대로 이게 뭐 여러 개 동아방송, 기독교방송 뭐 이런 조그만 또 그 저, TBC 이런 것 없애가지고 KBS에다가 통폐합을 한 거예요. 그리고 MBC는 민영에서 공영으로 바꾸고 MBC에다가 KBS의 지분을 해서 KBS가 행사, 그걸 주주행사로 지분의 권리행사를 하도록 하고 그러면서 궁극적으로 광고공사도 만들고. 그러면서 KBS, 그러니까 정부가 방송을 통치하기 좋게 만든 겁니다. 언론이 뭐 아까 말씀대로 언론이 검열도 받고 그런 시대가 된 거죠. 그런데 노태우 정권이 들어서면서 달라져요. MBC도 KBS 지분을 불편하다 그래서 노태우 정권이 들어서면서 KBS 지분은 없애고 대신에 방송문화진흥법에 의해서 KBS 지분 대신에 그 법에 의해서 새로운 공영방송체제로 가는 거고. 그래서 지금까지 그때 '80년 신군부가 잘못해놓은 것이 아직도 원점으로 정상화되지가 않고 있다는 거예요. 광고공사도 그건 지금까지 해괴한 거거든요. 그 없애버려야지, 세계에 없는 거니까. 그것도 뭐 WTO나 이런 데서 지적을 했다고요. 이거는 없는 거니깐. 우리나라 헌법재판소에서도 위헌적인 거라고 얘길 했고 근데 아직도 시정이 안되고 있고. 또 MBC를 민영이냐 공영이냐 하는 것도 그때 문제가 되는 것이 아직도 지금 그 정체성문제가 명쾌하게 해결이 안되고 있는 거고. KBS도 그때 TBC를 먹어가지고 광고방송을 그때부터 하기 시작한 거예요. 근데 KBS도 광고하는 공영방송 때문에 정체성문제가 생긴 거고 또 EBS 교육방송도 원래 KBS에 같이 있던 건데 떨어져나가면서 그것도 공사화되고 그러면서 거기도 지금 협찬이라는 이름으로 광고를 하고 있잖아요. 그것도 교육방송답지 않은 거죠.

그리고 편성내용도 자꾸만 일반방송화되고 있는 거예요. 그러니까 그런 것도 잘못된 거고. 지금 방송이 일종의 난개발상태예요. '80년대 망가뜨린 거를 새로운 정권이 그동안 많이 바뀌면서 정상화하질 않고 광고공사에서 이게 뭐 방송발전기금을 하니까는 나누어 주고 그러니깐 일종의 그게 정권이 말이죠, 통치자금 같이 이렇게 쓴 거죠. 돈이 있으니까. 그 새로 오는 정권마다 없앤다 그러고 YS고 DJ 정권이 없애지 못하고 지금까지 내려오는 겁니다. 노무현 정권도 그렇고. 그래 그런 것이, 그런 것이 쌓이다 보니까는 국민의 불만들이 폭발하는 거예요. 방송이 우리나라 그, 지금 소득수준에 맞게 우리가 뭐 GDP는 뭐 세계 13원가 뭐 14원가 그렇대요. 그 수준에 맡겨야 되는데 아직도 이것이 정권에서 놓질 않고 있는 거예요. 그 뭐 이 정권이나 먼저 정권이나 똑같은 거예요. 이걸 좀 방송학자들이나 뭐 시민운동에서 이거는 어느 쪽 편드는 게 아니고 이거는 선진국답게 '방송을 공공재로서 공론의 장으로서 가운데 갖다놓을 수 있는 법적 제도적 개선을 해야 된다' 이런 운동을 벌여야 되는데. 아까 말씀대로 학자들이 말이죠, 기능공같이 돼가지고 뭐 프로젝트나 하나 따먹고 말이야 자기 먹고 사는 문제만 편해지면 조용히 있는 거고. 지식인으로서 의당 해야 될 얘기들을 안 하고 있는 거예요. 그 나는 뭐 학자도 아니지만 방송현장에서 있던 사람으로서 이래선 안 되겠다 해가지고 얘길한 거고. 뭐 방송학자들한테 같이하자 그러면 그 뭐 내가 어디 교환교수를 가야되고 뭐 이러면서 이리 빼고 저리 빼고 다 도망가요. 뭐 밉보였다가는 일감이 떨어질 거 같고.

김상민 : 예전에 선생님 KBS에 제1TV도 광고가 있었잖습니까.

강동순 : 아, 1텔레비전은 했었죠. 그게 언제 없어졌냐면 이제 한전한테 징수를 맡기면서 징수비용이 뭐 아주 대폭적으로 삭감되고 자동적으로 걷히게 되었으니까. 그래서 그때부터 1TV 광고는 안하는 걸로 그렇게 했죠.

김상민 : 그때부터 내부적인 논의나 반발의 상황들이 있었나요?

강동순 : 그런 건 없었어요. 왜냐하면 수신료가 많이 들어오기 때문에….

김상민 : 그 이전에는 수신료징수율이 어떻게.

강동순 : 심하게 얘기하면은 어떤 지역이라고 말할 수 없지만 KBS에 대해 부정적인 지역에서는 과거에 KBS 뭐 중계차 불도 지르고 그랬으니까. 그 지역에선 징수비용이 수신료 그 당시에는 시청료라 그랬는데 (지금 이름이 바뀌어서 수신료라고 그러는데) 그 수신료보다도 징수비용이 더 들었어요. 그건 아주 극단적인 얘기지만. 그러고 뭐 하여간에 이 징수비용이 많이 드는 거는 중간에서 그 요즘에 말하면 배달사고라고 그러나요, 징수원들이 떼먹는 것도 있고. 그러니까 아주 병이 많이 들은 거예요. 근데 그거를 전기요금하고 연계해서 징수하니깐 자동적으로 들어오니까는 징수원들은 그렇게 많이 필요 없고. 많이 걷혔죠. 물론 뭐 면제해주는, 소득이 낮은 사람은 면제도 해주고 그렇지만 그러다보니까는 그냥 그걸 다 KBS가 쓸 수 없는 거니까 1TV는 광고 안낸다 이렇게 됐죠.

김상민 : 선생님 방송계 쭉 계시는 동안 이전 유신 때든 전두환 정권 때든 노태우 정권 때든 생겼던 문제나 잘못된 점이 현방송계까지 영향을 계속 끼치고 있는 것들이 많이 있지 않겠습니까. 그런 것들 중에서 특별히 뭐 하시고 싶은 말씀이 있으시다면 부탁드립니다.

강동순 : 우리는 개개인이라는 건 힘이 없습니다. 그러니까 그 우리, 그 요즘에 영화 한 편이 그냥 세상 뒤집어놓고 있잖아요. 개개인이래는 건 다 자기가 이해관계에 치우치기 쉽고 편히 살고자 그러는 겁니다. 어느 자연인 한 사람이 그 악과 싸우려고 마음먹는 거는 결코 쉬운 일이 아니에요. 그러니까 법과 제도를 바꿔줘야지 아 이게 온당하다 그러면 그 길로 사람들이 같이 동참하는 겁니다. 그러니깐 제가 이 방송법

이 잘못돼가지고 방송이 제구실을 못하고 있다는 거는 '99년 DJ 정권 때에 12월에 만든 이 제도가 잘못 돼있다 하는 거죠. BBC나 NHK는 열두 명으로 이사회를 구성하는데 이 사람들은 사실상 지역 대표도 있고 뭐 직능 대표도 있고 그렇지만 정부가 다 뽑는 겁니다, 사실상. 근데 우리는 우리 정치문화에서는 정부가 다 뽑는다 그러면 야당이 그 수용하겠어요? 근데 지금 제도는 정부가 다 우리나라 정치문화 속에서 정부가 다 뽑는 거보다도 더 나쁜 거예요. 정부가 다 지역 대표고 직능 대표고 뽑아놓으면 이 사람들이 나름대로 사명감을 갖는데 정당에서 추천해서 들어간 건 정당에서 단추 누르는 대로 같이 싸우는 거예요. 심지어는 KBS 이사들은 서로 야당추천이사 여당추천이사가 간사들을 정해놓고 의제도 사전협의하고 그래요. 이거 참 얼굴 뜨거운 일 아닙니까. 이거 뭐 국회도 아닌데. 그러니까 이 법과 제도를 지금 여야합의로 바꾸지 않으면 국민들이 방송을 공영방송이라 그러지도 않고 더불어서 수신료 문제도 해결 방안이 없는 거죠. 그리고 피해는 국민들만 보는 거예요. 더구나 종합편성채널이 생겨가지고 앞으로는 시장이 더 혼탁하고 끝없는 과당경쟁에 빠질 텐데 이런 때일수록 공영방송의 역할이 매우 중요한 겁니다. 청정지역으로서. 우리가 이번에 2008년 금융위기라는 걸 미국으로부터 시작된 이걸 봤지만은 이제는 모든 걸 보이지 않는 손이라는 시장원리에 맡겨가지고 되는 건 아니라는 게 우리가 금융위기를 통해서 배운 거 아닙니까. 그렇다고 옛날 케인즈 시대로 돌아가서 시장은 다 규제하자는 게 아니라 시장한테 맡겨서는 국가자체도 뿌리째 흔들어놓을 수 있다는 것이 우리가 2008년 금융위기가 우리에게 준 교훈입니다. 그러면 방송도 마찬가지다라는 것이지요. 방송도 시장원리로 가면 어떻게 되겠어요. 시청률 경쟁하고 저질프로그램하고 국민한테 유익한 게 아니라 광고를 빼내느라고 기업비밀을 많이 아는 방송사들이 가서 공갈협박하면 광고 많이 넘어가게 돼있는 겁니다. 그러면 이게 어떤 시장의 순기능이라는 건 기대하기가 어렵죠. 그러면 그런 때일수록 공영방송은 초연하게 청정지역으로서 광고방송, 스폰서가 하는 광고방송 하지 말고 중도를 걸어야지. 이쪽도 저쪽도 아닌 중도를 걷고 진실만을 얘기하고 한다면 시장의 어떤 그 역기능 이런 것도 바로 잡을 수가 있지 않냐 그리고 방송의 질도 높일 수가 있지 않느냐는 거죠. 근데 그런 거를 정치인들도 목소릴 내는 사람이 없고 뭐 공부한 학자들도 다 알아요. 다 아는데 살아 있는 권력 눈치를 보느라고 얘기를 안하는 겁니다. 그러니깐 이게 지식인이라는 게 뭘 많이 아는 게 지식인이 아니라 말과 행동이 일치해야 되는데 우리나라 지식인들은 그게 아니에요. 그냥 책을 본 사람들이 지식인이고 이렇게. 그건 지식인이 아니죠. 세상에 뭔가 기여를 해야 될 거 아니에요. 그러지 못한다는 것이 참 안타까운 거죠.

김상민 : 플로어에서 이런저런 질문 받기 전에 저희 박정희시대와 한국현대사라는 테마 안에서 드릴 마지막 질문으로, 당시 방송계를 정리하신다면 어땠으며 또 그 유신이 종식되고 나서 방송계가 맞은 변화가 있다면 어떤 것이었는지 기억나시는 대로 좀 말씀을 좀 부탁드리겠습니다.

강동순 : 그 박정희시대는 방송에서 부정적인 게 많았죠. 아까 얘기한대로 뭐 새마을운동 같은 거는 긍정적인 면도 있지만 크게 볼 때는 박정희시대가 어떤 공과 과가 있는 거 아닙니까. 뭐 인권이 제한도 받고 자유도 제한을 받고 또 그러니까 문화적인 면에서도 자유스럽지가 못했죠. 방송도 거기 포함이 되었고. 그렇지만은 어떤 경제적으로는 절대빈곤으로부터 이렇게 해방을 시키고 다른 해방, 그러니까 2차 대전 이후에 해방된 다른 나라보다도 경제발전을 많이 할 수 있는 기틀을 마련했다는 것이 되는데, 방송 면에서는 뭐 그렇게 긍정적으로 얘기할 수 있는 시기라고 볼 순 없죠. 그게 뭐. 방송은 국민을 위해서 하는 거지

정권을 위해서 하면 안되거든요. 근데 그 당시에는 방송이 다 정권의 홍보수단이었고 박정희시대 이후에도 뭐 전두환 때 또 노태우시대도 뭐 어떤 영향이 많았죠. 그러니까 그거를 박정희시대와 방송을 얘기할 때는 긍정적으로 얘기할 순 없는 거고. 뭐 어떻게 보면 권위주의시대 방송이라는 거는 홍보수단 이상도 이하도 아니었다 이렇게 봐요.

김상민 : 예. 선생님 우리가 두 시간 정도 진행을 했는데요. 선생님께 사전적으로 제가 보내드렸던 질문은 여기까지입니다. 제가 사전질문지에도 말씀드렸다시피 한국방송사 산증인으로서 주고 싶은 말씀과 듣고 싶은 이야기들이 굉장히 많습니다. 그래서 미리 준비한 박정희시대와 한국현대사와 강동순 선생님의 기억은 일단 여기까지 정리하는 것으로 하고 남은 시간 동안은 선생님께 저희가 듣고 싶은 방송계 현황이라든가 이런 질문들과 또 선생님의 어떤 활동과 관련된 계획들을 들어보는 그런 시간으로 정리할까 합니다.

청중 : 선생님 제가 그, 이게 선생님께 여쭙는 것이 적절한 것인지 잘 모르겠습니다만은 그 시대 방송 관련해서 제가 좀 궁금한 부분이 몇 가지 있어서 여쭙겠습니다. 하나는 JP 인터뷰에서 제가 봤던 내용인데요. KBS 개국과 관련해서 이분 이야기가 뭐라 그랬냐면 황태성 그때 당시 아마 북한의 무역성 부부장인가 아마 그랬었던 거 같은데 이분의 공작금이 10만 불인가 20만 불 있었는데 이것이 '이걸 가지고 방송국을 개국했지.' 이런 식의 이야기를 JP가 하더라고요. 근데 그 뒤에 제가 그분 성함은 정확히 기억이 나지 않지만 또 다른 분도 '아 이거 확실한 거 같다'라고 하는 그리고 그것은 이분의 의견은 뭐냐면 '황태성이 가지고온 공작금을 바탕으로 방송국이 만들어진 것이 아니라 이건 아예 북에서 내려 보낸 돈이다'라고 하는….

강동순 : 네?

청중 : 북에서 내려 보낸 돈이다. 그러니까 어떤 남북관계를 좋은 쪽

으로 개선하기 위해서 일종의 선물 같은 것을 황태성을 통해서 보낸 것이다라고 하는 저로서는 크게 신뢰하기 힘든 주장인 거 같은데 이런 주장 등등을 봤을 때 어떤 방식으로든 황태성의 공작금이 추산하기로는 10만 불이면은 그, 상당히 큰 액수다 천 억 가까운 돈 아니겠느냐 뭐 이런 주장도 있고 한데 실제로 그런 것인지, 그런 것이 하나가 좀 궁금하고요. 이거와 연계되어서 제가 드는 생각은 아니 그렇다면은 황태성이 가져온 돈이 실제로 KBS 개국에 그렇게 크게 이바지되었다고 한다면 KBS 개국이 상당히 그, 졸속적으로 그러니까 좀 어떤 면에선 우발적으로 방송국이 개국이 된 것인지 아니면 이전부터 방송국 개국과 관련된 여러 가지 계획이 진행되었었는데 돈이 없었다가 때마침 그 돈이 들어왔기 때문에 방송국이 개국이 되었다고 우리가 이해하는 것이 맞는지 아니면 애초에 황태성 공작금하고 KBS 개국과는 전혀 관계가 없는 것인지 이런 것들이 참 혼란스럽습니다.

강동순 : 네. 글쎄요. 저도 어, 여러 가지 들은 얘기를 전달해야 되는 거지 어떤 확실한 물증이 있는 건 아니죠. 근데 제가 여러분들한테 듣기에는 아까도 얘기하다가 내가 뭐 이게 물증이 있는 얘기가 아니어서 말았는데. 제가 알기에는 황태성의 자금으로 알고 있습니다. 그리고 좋은 관계로 해서 가지고 내려온 게 아니라 이거 어디까지나 '설'입니다. 황태성이가 박정희하고 무슨 관계가 있대요. 그 박정희라는 사람도 그, 여순사건 14연대 그때는 그, 14연대가 4·3 제주도 그걸 진압하러 갈라 그러다가 군인들이 일어난 거 아닙니까? 그때는 박정희가 좌익으로 분류가 돼가지고 사형선고까지 받는다고. 그런데 북에서 황태성이가 박정희하고, 박정희란 사람의 형도 대구반란, 대구 폭동에 관계했던 좌익이었고.

청중 : 박상희.

강동순 : 어. 그래서 '소문'에는 황태성이가 박정희하고 빅딜을 하였

고 돈을 가지고 내려와서 박정희를 만나자 그러는데 박정희가 안만나 주고 그놈을 잡고 그 돈을 뺏어가지고 방송국을 만들었다 그러니까 뭐 졸속이겠죠. 미리 준비된 돈이 아니고 생긴 돈이니깐. 그런 거지 저도 얘기 많이 듣고 있어요. 근데 이게 뭐 확인된 건 아니고, 나중에 역사가가 증명하겠죠. 근데 황태성이가 박정희와 잘 아는 사람이고 형도 알고 그런 설이, 저도 많이 들었습니다. 그 돈은 뭐 그 당시에 그때는 돈이 없었거든요. 그 나라라는 게 뭐 그게 뭐 그게 '60년대거든요. '70년 초만해도 남쪽이 북쪽보다도 못살았어요. 그 돈을 가져와서 뭔가 박정희를 만나가지고 무슨 빅딜을 할라고 그랬는데 박정희가 안만나주고 그놈을 잡아넣은 거죠. 그런 설입니다. 저도 뭐 물증이 있는 건 아니고.

청중 : 그 또, 그거하고 관계있는 건 아닌데 아무래도 뭔가 없었던 모델이 만들어지다 보면, 어떤 모델 같은 게 참조가 되고 그럴 텐데 혹시 KBS 개국하는 과정에서 NHK가 아무래도 많이 이렇게 모델이 되거나….

강동순 : 네네. 실제 모델로 한 겁니다. 그거는 아까 말씀드린 당시 최창봉 씨가 그런 얘길 하셨고 최창봉 씨가 중앙방송국장이었어요. 그래서 그 양반이 그걸 준비를 다해놓고 사장이 되는 줄 알았는데 문공부 차관이었던 홍경모 씨가 사장으로 온 거죠. 두 사람 간에 갈등도 좀 있었고 그런데. 그거는 최창봉 씨 얘기도 그건 NHK를 모델로 해서 한 건데, 예.

청중 : 선생님 호주로 연수를 다녀오셨잖아요. 그러면 뭐 이게 크게 뭐 대단한 정책적인 기획에 의해서 이루어졌는지 모르겠지만 뭐 다른 외국에 연수를 보낸다든가 이렇게 회사에서 그런 정책을 가지고 있었다는 것은 (어떻게 보면 다양한 이런 루트에서) 호주도 그렇겠고 '외국의 모델들을 이렇게 받아들여야 되겠다' 이런 어떤 기획이 있던 것?

강동순 : 아 뭐 그런 것도 있었겠죠. 근데 그게 지금은 없어졌지만 콜롬보플랜이라고 있었어요. 콜롬보플랜. 지금 그, 뭐 인도 밑에 있는 조그만 섬 있잖아요.

청중 : 스리랑카.

강동순 : 스리랑카가 그전엔 이름이 콜롬보(Colombo)라구요.[5] 근데 거기가 아마 UN에 UNESCO인지 뭔지 거기서 개발도상국, 그때 우리도 개발도상이었으니까, 을 지원하는 아마 프로젝트로서 콜롬보플랜(Colombo Plan)[6]이라는 게 있었나 봐요. 그래서 그때는 우리가 달러를 뭐 못쓰고 외국에 나가기도 어려운거니까 외국에 그런 그 혜택에 의해서 시험을 봐가지고 가고 그랬던 거죠. 그래서 그 당시에는 뭐 방송계뿐만 아니라 우리가 자발적으로 보낼 돈은 없으니깐 그 뭐 UN이나 선진국의 그런 그 기회가 있으면 시험 봐서 가서 갔다 오고 그랬던 거죠.

청중 : 한 가지만 마지막으로 더 여쭙겠습니다. 제가 지금 잘 모르는 상황에서 여쭤봐서 누가 되는 게 아닌가 모르겠습니다. 보통 어떻게 얘길 많이 하냐면 박정희 정부, 유신체제 이후가 특히 더 그럴 텐데 늘 박정희 정부를 이야기할 때 독일 모델을 많이 얘기합니다. 예를 들면 국민교육헌장같은 것도 뭐 박종홍 선생님 뭐 했던 그런 것도 독일로부터 많이 영향을 받았다라든가 뭐 그런 이야기들도 많이 하고 또 뭐 새마을운동도 뭐 아주 직접적인지 아닌지 몰라도 당시에 독일에 있었던 개발모델들이 많이 벤치마킹되지 않았겠나 물론 내적 전통도 당연히 있겠지만. 방송도 그렇다면 대체로 국가주의적인 경향이 강했던 독일

---

[5] 콜롬보는 스리랑카의 수도로, 스리랑카의 이전 이름은 실론이었다.

[6] 보통 콜롬보계획이라 불린다. 정식 이름은 Colombo Plan for Co-operative Economic and Social Development in Asia and The Pacific. 이전 명칭은 Colombo Plan for Cooperative Economic Development in South and South-east Asia였다. 동남아시아 국가들의 경제발전계획을 논의하고 개발에 대한 지원을 제공하는 계획이다.

이라든가 이런 쪽에 과거 모델들이라든가 이런 것들하고 많이 그쪽이 왔다 한국에 왔다 이런 의견들이 얘기를 합니다. 근데 대개 그런 의견이 대개 심증이지 물증을 가지고 얘기하는 건 아닌데 결과로 드러난 모습이 유사하니까 이제 그렇다라고 하고 그런 것일 텐데.

강동순 : 제가 볼 때는 그건 뭐 잘 모르겠습니다만 박정희가 일본 만주군관학교를 나왔고 또 교편생활도 했고 사범대학, 사범학교 나왔잖아요? 근데 독일에서 공부하거나 뭐 그런 경험은 없었다고요. 그러니까 뭐 그걸 배웠다면 일본 사람들 교육을, 대구사범 나왔다 그러죠 그런 또 만주사관학교 나오면서 영향을 받지 않았겠는가. 근데 독일은 뭐 그 사람이 공부, 가서 뭐 수업 받을 기회는 없었죠. 그 뭐 제 짐작으론 그렇습니다. 자세한 건 저도 몰라요.

청중 : 선생님 방송 독립에 대해서 상당히 애를 많이 쓰시고 노력을 하고 계신데 또 민언련이라고 하는 조직이 또 있지 않습니까. 그 민언련의 활동하고 선생님의 활동을 이렇게 쭉 구분 짓고 또 뭐 그런다면 어떤 점이 있을까요?

강동순 : 민언련은 진보쪽이구요. 저는 구태여 저 자신은 그렇게 생각하지 않는데 진보쪽에서 분류할 때 저는 보수쪽으로 분류합니다. 그러니까는 민언련은 민주화언론 뭐 협의횐가 뭐 그럴 겁니다. 거기는 진보적인 언론인들이 들어가 있는 거고 저는 뭐 그런데 가입한 적 없고 아까 얘기한 그 공발연이라는 데는 구태여 분류를 하자면은 보수 우파 언론단체예요. 근데 민언련은 진보단체예요.

청중 : 목표지점에서도 차이가 많이 있을까요?

강동순 : 아, 차이가 많죠. 많죠. 민언련은 뭐 진보적이니까는 노조, 노조하고 같은 그룹이죠. 언론노조나 뭐 민언련 이게 같이 가는 거고. 어떻게 보면 우파나 보수나 이런 쪽은 시민단체들 변변한 게 없어요. 우파 시민단체라는 게 명맥을 유지하는 게 별로 없습니다. 저는 방송을

좀 합리적으로 제도 개선을 하자는 거는 이건 우파도 아니고 좌파도 아닌 운동인데 그 우리 사회가 어떻게 된 거냐. 메시지(message)보다도 메신저(messenger)를 더 중요하게 생각합니다. 제가 얘기하는 것이 온당한 주장을 해도 제가 뭐 정연주 사장하고 많이 충돌을 했다 정 사장은 진보고 강 아무개는 보수다 그럼 강 아무개가 얘기하는 건 보수 쪽의 얘기다 이런 식으로 분류를 하지. 근데 저는 뭐 제 주장은 보수 진보를 떠나서 방송은 국민의 방송답게 법과 제도를 바꾸지 않으면 이런 정치권의 예속에서 벗어날 수 없다 그런 거고. 또 공교롭게 이제 전북대학교 강준만 교수가 저하고 비슷한 주장을 한 것을 자료에서 찾았어요. 2006년에. 『한국일보』에 몇 번 칼럼을 내고 그랬는데. 그러니까 그 강준만 교수하고 나하고 똑같은 주장을 해도 그쪽은 진보고 저는 보수로 분류를 하는 거죠. 주장은 똑같아요. 방송은 이런 모양으로 나오면 이게 결국은 시청자인 국민들이 피해를 본다 하는 거죠.

청중 : 민언련 쪽 분들은 강준만 선생님도 보수적이라고 생각을 하시더라구요.

강동순 : 강준만 씨도요? 제가 볼 때 그 사람은 좀 특이한 진보죠. DJ 정권이나 노무현 정권 출범하는데 어쨌헌 여러 가지로 기여를 했지만은 직접 과실을 따먹은 게 없는 아주 특이한 사람인데 지금도 책을 강남좌파라고 쓰는 것이 어느 쪽이 도움이 되는지 모르지만은 아주 독자적인 목소리를 내는 사람이에요. 그런데 우리가 볼 때는 그 사람은 보수는 아니죠. 뭐 구태여 얘기하면 중도, 중도에서 조금 진보성향이라고 봐요. 하여간 뭐 안티조선운동도 하고 또 뭐 DJ 때나 노무현 때나. 근데 재밌는 거는 그 교수는 출범하기 전엔 지원, 도움이 되는 얘기나 글을 많이 하면서도 자기가 지지했던 정권이 출범하면은 그 정권을 비판했어요. 그게 특이한 거라고. 근데 다른 이제 한겨레나 다른 학자들은 자기가 좋아하는 정권이 출범하면은 침묵을 지키는 거죠. 할 말도

안하고. 그걸 자기가 지지했던 정권이 들어서도 그리고 언론의 기능이 권력에 대한 비판 특히 국가권력에 대한 비판을 게을리하면 안되는데 그런 점에서 한겨레가 좀 자기역할을 제대로 못했기 때문에 오늘날 이렇게 핸들링을 당하고 있는 게 아닌가 그런 거죠.

청중 : 유신정부시대에 KBS 이사회가 구성이 되고 했는데, 이사회 구성이 당연히 그 방송국에 상당히 영향이 강했을 거 같은데요. 그때 이사회 구성이 제 느낌에도 당시에 뭐 박정희 대통령이 직접 '이 사람 이 사람 이사시켜' 이렇게까지 이야기하지는 않았을 거고 대략 어떤 가이드라인을 정하고 그런 거에 어느 정도 개입을 하셨을지 모르겠지만 당시 KBS 이사회 구성하는데 가장 큰 영향력을 미쳤던 인물이라든가 그런 게 있었다면….

강동순 : 지금의 현재제도는 DJ 정권 때에 '99년 12월에 됐다 그러는데 정당 추천에 의한 이사회 구성이 현행까지 내려오는 거고 그 이전에는 정당추천제가 아니었어요. 그래서 사실 뭐 청와대하고 여당이 다 결정했던 거죠. 그리고 그거 실무 작업을 하는 거는 그다음에 문공부. 문공부의 방송기능이 그전 방송위원회 지금의 방통위원회로 그 기능이 넘어왔죠. 그전에는 방송국가행정을 정부에서, 문공부에서 했단 말이죠. 그전에는 정당추천제가 아니고 정부가 다 추천해서 했어요. 근데 거기에 뭐 대통령이 한 사람 정도는 누구 이사장 시켜라 이 정도는 하겠지만 밑에야 뭐 실무 작업하는 문공부나 뭐 당시 여당에서 뭐 했겠죠. 근데, 그때 보면은 이사회는 힘을 못써요. 지금도 마찬가지고. 이사회가 힘을 못쓰게 돼있어요. 사장이 다 힘을 쓰는 거야. 그것도 잘못된 거 아니에요? 최고의결기구가 의결기구답게 뭐 의사결정을 해야 되는데 사장한테 끌려다니는 거예요. 지금 그렇게 돼있어요. 과거에도.

청중 : 뭐 예를 들면 전두환 정부 때하면 허문도 이런 사람 떠오르는데 박정희 정부 때는 그런 분이 또 없으세요.

강동순 : 아니 박정희 정권 때는 껍데기라도 공영방송이라는 게 없었어요. 박정희 때는 그냥 정부의 한 조직으로서 문공부에서 방송관리과 이런 데서 다 주물렀기 때문에 더더구나 그랬죠. 근데 '73년에 유신되고 한 1년 후에 사실상 국영이지만 NHK를 본따서 공사체제로 출범을 했지만 이사가 유명무실하고. 지금은 방송이 여론형성에 매우 중요한 역할을 하는데 우리 소득수준도 높아지고 우리가 국민의식도 많이…. 노태우 때부터 이게 뭐 생각하면 20여 년이 흘렀습니다, 민주화과정이. 그러면 거기 수준에 맞게 방송의 제도도 바뀌어야 되는데 아직도 이게 지금 뭐 정당에 대리점하는 거 같이 정당 추천에 의해서 이사회가 구성이 되고 이렇게 돼 있다 하는 거는 후진적인 거다, 그걸 바꾸지 않으면은 선진국으로 가기가 어렵다는 거죠.

김상민 : 네. 남은 시간 동안 플로어 질문을 받고 있는 중인데요. 저도 좀 몇 가지 질문을 드리도록 하겠습니다. 선생님 입사하시고 나서 박정희 대통령 서거 때까지 홍경모 사장님 체제로 운영이 되었지요?

강동순 : 그 전 홍경모 사장 다음에 최세경 사장이라고 1년 정도 하셨죠, 최세경 사장님.

김상민 : 그때 그 KBS 방송공사에 재직하고 있던 사람들과 그다음에 관주도의 사장님과의 어떤 갈등이나 대립관계 같은 것들 혹시 선생님 혹시 있었나요? 그 이후에도 좋습니다만.

강동순 : 갈등 있었죠. 그런데 노조라는 게 없었기 때문에 개인적인 차원이지 집단적으로 불만을 표출하고 그 사회는 그때만 하더라도 아주 뭐 권위주의 시대고 그러니까 그걸 겉으로 표현을 못했죠. 그런데 노조가 '87년에 생기면서 그해 노조자체가 또 권력화 돼가지고 부정적인 측면도 있지만은 그런 것이 어떤 정부 맘대로 방송을 주무르는데 견제역할을 했다고 봐야죠. 근데 그게 박정희시대는 그 공무원이었기 때문에 공무원이 뭐…. 그런 노조 같은 것도 없었고 또 공사가 됐다 하

더라도 KBS 노조가 생긴 게 내 말씀드린 대로 6·29선언 직후에 '87년 이었기 때문에 그 이전에는 뭐 통폐합을 하고 뭐 TBC 없애고 그냥 KBS에 다 동아도 다 넣고 그래도 개인적인 차원에서 뭐 술 먹고 불만을 토로하는 거지 집단적으로 반발할 수 있는 그런 실체가 없었다는 거죠.

김상민 : 최근에 선생님 기사를 제가 몇 건 봤는데 그, 감사 활동하시면서 또 위원회 활동하시면서 선생님 기사 중에 KBS 블랙리스트(blacklist)와 관련해서….

강동순 : 아 방송에서?

김상민 : 예. 그 말씀하신 기사 기억이 납니다. 김미화 씨 이야기도 하고. 선생님 그것과 관련해서 혹시 저희가 들을 수 있는 이야기가 있다면 조금 말씀 부탁드리겠습니다.

강동순 : 아니 그게 뭐 블랙리스트가 있냐 없냐 하는 건 제가 그때 그런 얘길 했어요. 아 그 뭐 '바람을 보여 달라 그러면은 바람에 실체가 있냐. 나뭇잎이 흔들리는 거 보고 바람이라 그러는데. 그럼 나뭇잎이 바람이냐.' 그런 얘기도 했지만은 그게 뭐 누가 뭐 윗사람이 정권차원에서 누구 내려라 한다면 증거를 남기고 얘길 하겠습니까? 그 안에서 다 알아서들 하는 거고 그러나 과거에도 그랬고 뭐 지금도 그렇고 당 껄끄럽게 생각하는 사람은 과거정권에도 다 내리고 그랬어요. 지금도 그런 것이 진행되고 있는 거고. 그 보면 알죠. 근데 그거는 참 제가 볼 때는 어리석은 일이라고. 지금도 뭐 김제동이나 김미화 같은 사람도 그런 심증이 많죠. 그럼 물증을 대라 그러면 바람을 보여 달라 그러는 게 맞죠. 근데 그런 것이 정권이 잘못하고 있는 거다. 먼저 정권이나 지금 정권이나. 왜냐면 김제동이 같은 사람을 한 사람을 내려가지고 이 MB 정부는 굉장한 피해를 봤어요. 그 김제동이 내린 다음에, 다음에 며칠 후에 재보궐 선거가 있을 때 젊은 사람들이 국회의원 재보궐 선거

에 새벽같이 나가서 찍었다구요. 그러니깐 무슨 뭐 이게 권력이라는 게 어느 정도의 관용정신이 필요하거든요. 맘에 안 들어도 권투할 때 잽 같은 걸 맞주고 그런 거지 그런 사람을 힘으로 이렇게 하는 경우에는 역풍이 더 강하다는 거죠. 지금은 문화코드시대입니다. 지금 문화, 영화 하나가 세상을 뒤집는데 김제동이란 사람도 노무현 대통령 노제에 사회를 봐서 그 MB 정권에서 뭐 껄끄럽게 생각해도 그 사람이 뭘 종북세력도 아니고 그런 사람을 맘에 안든다고 내리면 어떻게 되냐 그 사람을 좋아하던 사람이 다 돌아서는 거예요. 그러니까 정치라는 건 가운데 있는 사람을 내편으로 만드는 게 정치인데 가운데 있는 사람을 저쪽으로 다 쫓아버리니깐 530만 표가 다, 다 까먹었지 않느냐 하는 거죠. 다음 정부에 누가와도 그렇게 정치를 하면 안되죠. 좀 포용력을 가지고. 있다고 그런 식으로 하면 지혜로운 정치가 아니지 않느냐. 누가 맡아도 마찬가지예요. 그리고 그 뭐 누구죠 지난 정권에 뭐 문광부 장관했던 영화감독 있잖요. 이창동 씨 시나리오를 갖다가 빵점을 줬단 말이에요. 근데 국제대회 가서 상 받은 걸. 그런 식으로 하면 안되지. 맘에 안드는 사람이라도 작품이 좋으면 편견 없이 평가를 해주고 그래야지. 지금은 세상이 힘 가지고 바꾸는 게 아니라 문화코드가 중요합니다. K-POP이래는 것도 정부가 도와준 거 하나도 없어요. 그렇지 않아요? 그 뭐 그리고 지상파 방송이 뭐 K-POP을 좀 한지 몰라도 K-POP이라는 건 보면 그 인터넷을 가지고 이수만이라는 사람이 혼자서 해가지고 세계적으로 그렇게 만든 거예요. 그리고 안철수라는 사람을 지상파방송에서 얼굴 비쳐준 적 있어요? 그런데 왜 그 사람이 인기인가 이제 방송의 시대는 가고 있다는 거예요. 인터넷이 세상을 지배하지. 그 또 영화가 지금 ≪도가니≫라는 영화가 기득권층에 대해서 어떤 경각심을 줘가고 있고. 그러니까 그걸 모르고 내가 권력을 쥐었다고 '야 누구누구 내려.' 이런 식으로 하면 스스로 묘혈을 파는 겁니다. 그런 정치는 아주 지혜롭지 못한 거죠. 아 세상에 보면 내 마음에 딱 드는 사람만 있습니까? 그러니까 그런 거는 다음에 누가 권력을 잡아도 그런 거는 좀 바람직스럽지 않은 것이다.

김상민 : 박정희시대와 관련해서 꼭 남기고 싶거나 이 말은 꼭 하고 싶다라는 것이 있으시다면?

강동순 : 박정희시대는 방송하고 아까도 말씀드렸지만 방송과 관련해서 권위주의 시대니까 홍보수단에 불과했죠. 그게 어떻게 보면 뭐 나쁘게 말하면 암흑기고 좋게 말하면 평가할 가치도 없는 거죠. 근데 지금 그 박정희시대는 뭐 그게 홍보수단으로서 방송을 생각을 했고 그 당시에 이걸 끌고 갈래면 방송이 제일 영향력이 있으니깐. 그래도 뭐 아까 말씀드렸습니다만 뭐 그때는 모든 방송이 저녁 8시에서 20분 8시 20분까지는 정책띠 그래가지고 정부홍보를 하는 그런 시간을 정해놓고 뭐 또 당시에 중앙정보부에서 또 돈을 대가지고 반공드라마도 하고 또 새마을 홍보위해서 드라마도 하고 새마을 지도자도 또 그다음에 많이 소개해서 뭐 하고 그런 철저히 홍보적인 도구로 썼습니다. 근데 이제는 벌써 그 몇십 년이 지났기 때문에 방송은 이제 우리 의식과 소득수준에 맞는 선진적인 거로 법과 제도를 바꿔야 되지 않냐 그런 얘기를 드리고 싶습니다.

김상민 : 마지막으로 선생님께서 방송계에 지금의 말씀이 또 남아서 기록으로 존재하는 관계로 선생님 지금 마무리하는 견지에서 지금 방송계가 가지고 있는 어떤 구조적인 문제점과 그것에 대한 선생님의 의견 또는 개선방안을 가지고 계신 게 있으시다면 좀 제언을 부탁드립니다.

강동순 : 언론이라는 게 보통 얘기하지 않습니까. 사회의 거울이다 이런 얘기를 하죠. 신문이고 방송이고. 거울이다 하는 거울의 역할도 있지만 사회를 끌고나갈 어떤 사회적 책임도 있는 겁니다. 근데 지금

이제 신문의 시대는 활자매체는 이제 간 거고 방송도 조금 남았지 지금 인터넷 세상이에요. 그런데 그래도 아직도 영향력이 남아있는 것이 방송, 특히 그 지상파방송, 그중에서도 공영방송인데 이거를 좀 중립지대에다 갖다놓고 국민의 방송답게 하는 그런 그 제도를 만들지 않으면은 이 저급한 정치문화도 개선할 수가 없다는 거죠. 정치문화의 영향을 받아서 방송이 지금 예속돼있는데 여야합의로 이제 이거를 정치적도구로 쓰지 말고 '누가 정권을 잡던지 이거는 손대지 말고 가운데로 가도록 보장을 해주자' 이렇게 한다면 정치문화도 달라질 겁니다. 국민들의 의식도 달라지고. 그런 운동을 국민운동으로 벌인다면 이건 뭐 어디 당파성을 띠고 하는 얘기가 아니거든요. 장기적으로 볼 때 국가발전에 방송이 기여를 해야 되는데 오히려 이게 역기능을 하고 있으니깐. 이게 뭐 서로 정권을 잡을 때마다 전리품으로 생각하고 그러고 있는 겁니다 정권이. 그러니깐 이제는 이거를 끝내고, 중립적인 제도를 만드는데 좀. 그게 정치권이 그걸 못하면은 국민운동으로 국민들이나 학계나 시민단체들이 좀 하면은 좋지 않겠는가. 더군다나 제가 그 글에도 썼지만 내년에 대통령 선거는 누가 정권 잡을지 아직 불확실합니다. 이런 때일수록 아주 좋은 기회가 되지 않느냐는 거죠. 어떤 세력이 우리가 잡는 게 거의 확실시 된다 그러면 이 칼을 놓을라 하겠습니까? 방송을 칼로 생각하고 전리품으로 생각하는 거거든요. 그러니까 누가 잡을지 모르니까는 아예 이 기회에 중립지대로 딱 갖다놓는 거면 정치권의 업적이 되지 않겠냐 하는 거죠. 근데 그런 얘기를 하는데 뭐 저도 힘이 없고 그러니깐 그냥 공허하게 들리는 거죠. 학계에서도 좀 뭐 해야 될 텐데 학계에서도 적극 나서는 분들이 많지 않고 그런 게 좀 답답합니다.

김상민 : 2시부터 시작된 55회 정기학술포럼에 대한 기본적인 이야기들과 청중의 질문을 다 받았습니다. 오늘 와주셔서 감사드리고 좋은 자리에 많은 관심 가져주신 청중여러분 감사합니다.

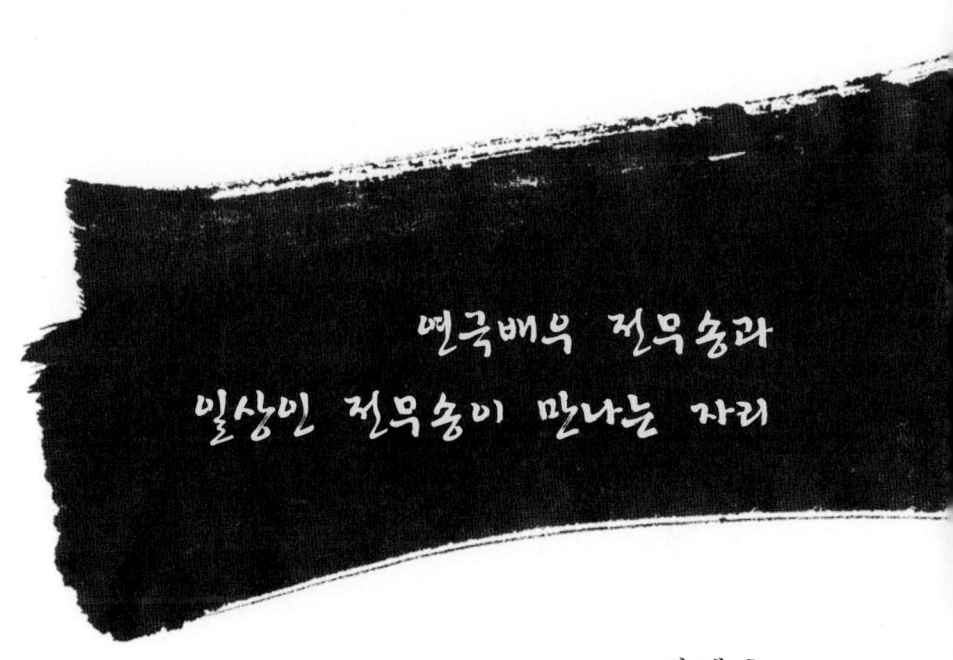

연극배우 전무송과 일상인 전무송이 만나는 자리

김 택 호
명지대학교 국제한국학연구소 연구교수

연극배우 전무송과 일상인 전무송이 만나는 자리

김 택 호

　모든 문제를 자기 안에서 해결하려는 듯한 태도는 연민을 부르는 모습인 동시에 신뢰할 만한 모습이기도 하다. 유치진 선생이 전무송 선생에게 건넸다는 "너는 내가 보기에 어떤 연민의 모습을 무대에 서면 보여주는 놈인데"라는 말은 아마도 당시 애송이였던 배우 전무송에 대한 신뢰감의 표현이었을 것이다. 그런 점에서 연극배우 전무송 선생을 통해서 박정희시대 한국 연극계를 들여다보려는 시도는 애초부터 풍성한 시대 정보와 그 시대를 평가하는 과감한 관점보다는 당대를 살았던 한 예술인의 내면을 들여다보겠다는 기대 아래 진행되었다.

전무송 선생은 출생으로부터 드라마센터와 국립극단을 중심으로 박정희시대 연극계의 풍경을 담담하게 말씀해 주셨다. 그 이야기에는 당시 시대가 들어 있었고, 원로 연극인들의 태도, 그리고 무엇보다도 자신의 심경이 들어 있었다.

"우리나라가 잘살려면 산업이 발달해야 한다. 농업과 공업이 발달해야 우리가 잘살 수 있다"는 교육자 길영희 선생의 훈화에 마음이 움직여 엔지니어가 되겠다는 마음을 먹었던 어린 학생이 공장 바닥에 굴러다니는 쇳조각에 자신의 삶을 이입시키고, 겉멋에 명동 다방 한쪽에 앉아 무작정 누군가에게 캐스팅되기를 기다리는 상황에 이르는 이야기는 산업화가 시동되던 시대와 젊은 예비 예술인이 조응하는 장면이었다는 점에서 필자에게 특히 인상 깊었다.

박정희시대는 당시를 살아갔던 사람들에게 무엇이었을까? 물론 한 시대는 그 시대를 살았던 사람들마다 저마다의 의미가 있었겠지만, 연극인 전무송 선생의 박정희시대 이야기는 〈세일즈맨의 죽음〉의 윌리 로만, 〈고도를 기다리며〉의 블라디미르에 관한 이야기가 아니라, 어느 생활인의 이야기였다.

그러니까 '76년도에, 아 '75년도에 10,000원이 지금 얼마 정도가 될까. 그때 그러니까, '70년대 초에 드라마센터에서 내가 조교하면서 20,000원을 주시더라고 조교 한 달 봉급이라고. 우리 마누라하고 나하고 딸하고 빠듯하게 입에 풀칠하는 거야. 버스비하고. 그러니까 경조사도 못 가고 20,000원을 받으니까. 그다음에 방학 때는 그것도 안 나오니까 입 닫고. 그 당시에 50,000원이면 어느 정도 될까. 사실 너무 쌌어요. 너무 쌌어. 그런데 그때 당시 이런 다른 단체에서 그게 안 되는 거야. 단돈 20,000원도 안 나오는 거야. 그러니까 극장 측에서는 그거라도 주니 열심히들 해 이럴 수 있는 거고. 우리는 더 달라고 하는 거고. 그래서 어른들이 저 인제 그 위에 올라가서 얘기도 하고 그래서 그 후에는 인제 조금 더 많이 나오고, 퇴직금까지도 생기고. 우리 땐 퇴직금도 없었어.

만면에 웃음을 띤 채 밝은 표정으로 국립극단 시절을 회상하는 장면이다. 여기에서 연극배우 전무송은 30대의 소시민 전무송으로 대체된다. 그리고 소시민 전무송은 자신만의 방식으로 시대를 살았던 이야기를 들려주었다. 그 이야기는 박정희시대가 그 시대를 주도했던 인물들, 그리고 시대에 맞섰던 인물들에게만 의미 있는 것이 아니었음을 보여주었다. 가볍게 소개해주었던 선생의 에피소드 하나는 이러한 사실을 아주 상징적으로 보여준다.

 그런데 그거(〈고도를 기다리며〉) 어느 날 공연하는데 연대생들이 뛰어들어왔어요. 데모하느라고. 그러더니 우리보고 "당신들 우리 이, 이런 상황인데 무엇들하고 있느냐?"고 이러는 거야. 뭐하고 있냐(시대가 이런데 연극공연이나 하고 있느냐) 이거야. 그래 "우린 지금 고도 기다려." 무슨 말인지 모르고 그냥 나가는 거라. "뭐하고 있냐?" 뭐 대답할 게 있어야지 그래서 "우리, 고도 기다려."

일반적으로 박정희시대 연극계는 '민족 연극 확립'과 '연극 대중화'라는 두 가지 목표가 화두였다고 알려져 있다. 대체로 '60년대 민족 연극 확립이 5·16 이후 국가의 문화정책에 호응하고 한국적인 연극을 확립한다는 입장에서 기성세대 연극인들이 주축이 되어 추진한 것이라면, 연극대중화는 당시 신세대 연극인들이 대중과의 거리를 좁히기 위해서 다양한 방식의 연극을 추구했던 것으로 알려져 있다는 것이다. 그렇다면 당시 기성세대 연극인들의 활동은 매우 정치적인 활동으로 해석될

가능성이 있다. 이에 대한 전무송 선생의 해석은 이렇다.

> 그러니까 그때 당시에 (생각나는 것은) 유치진 선생님이 그 고통스러워 하시는 것이 돈이 없으니까 극장에서 공연을 못 하는 거예요. 우리한테 처음에 말씀하실 때는 연중무휴로 공연을 하려고 배우를 양성한다. 이런 얘기를 하신 거거든.

유신철폐를 주장하는 대학생들이 몰려들어와 난장판이 된 공연장, 시대가 어떤 시대인데, 팔자 좋게 뭐하고 있느냐는 뜻으로 묻는 "뭐하고 있냐?"는 질문에 "우리, 고도 기다려"라고 답했다는 이야기는 팔자 좋은 연극배우의 '재치'로 받아들일 얘기가 아니다. 그것은 어두운 극장에서 진지하게 자신의 삶을 살고 있었던 연극인들의 일상이었다. 뜻밖에도 그들은 그들 나름대로 뭔가를 기다리고 있었던 것이다. 기다리는 것이 무엇이었을까? '연중무휴로 공연하는 것'이었을까? 그것이 가능한 '극장'이었을까? 체제와 제도를 생산하는 사람들이 아니라, 제도를 수용하는 사람의 관점에서 박정희시대를 바라보려는 명지대 국제한국학연구소 포럼의 한 방향이 가닿은 지점에서 필자는 흥미로운 질문 하나를 얻었다.

전무송 (연극인)

김택호 : 제56회 국제한국학연구소 정기학술포럼을 시작하도록 하겠습니다. 오늘은 전무송 선생님 모셨는데요. 특별한 소개가 필요 없을 정도로 한국 연극계, 영화계를 대표하시는 어르신이시라 모시게 된 것을 영광스럽게 생각합니다. 우선 선생님 개인사에 대해서 좀 여쭙는 것으로부터 시작하도록 하겠습니다. 제가 선생님 연보를 보니까 1941년에 태어나셨는데, 출생지가 연보마다 다릅니다. 어디에는 인천 태생으로 되어있으시고 또 어디에선 황해도 태생으로 되어있으세요. 그래서 아마 월남하신 집안에서 태어나신 것 같다는 생각을 하고 있습니다. 그리고 또 특이했던 것은 선생님께서 초등학교 때 야구선수 생활을 하셨다는 것입니다. 인천하면 광복 이후에 야구 구도(球都)로 유명한 곳이

기도 합니다. 그런 이야기를 포함해서 선생님 출생과 어린 시절 이야기를 좀 들려주셨으면 좋겠습니다.

전무송 : 예. 아버님은 황해도 해주가 고향이시고요. 어머니는 충청도 서산 분이세요. 그런데 이제 일제강점 이후에 아버님 쪽에서 인천으로 내려오셨다가 충청도 분이신 지인을 만나서 어머니를 소개 받고 결혼을 하셨어요. 그래서 저를 낳은 곳이 인천이에요. 그래서 내가 늘 그러죠. "어머니는 충청도, 아버지는 황해도, 나는 그 중간 인천에서 태어났다." 그렇게 결혼하시고 나서 저도 아버지의 친척들, 형제분들이 황해도에 계시니까 거기도 어렸을 때 왔다 갔다 했대요. 그런데 저한테는 그때에 대한 기억이 없습니다. 그래서 인천에서 자라기 시작했어요. 유치원부터 인천에서 다녔으니까. 유치원은 영화유치원이라고 있어요. 창영동에 영화유치원. 그런데 그 당시에 유치원을 다니면 조금 괜찮은, 뭐 잘사는 집이라고 그랬는데 아마 (가정경제가) 좀 괜찮으셨던 거 같아요. 그러면서 유치원 마치고 축현초등학교에 들어갔죠. 축현초등학교에 들어가서 야구, 3학년까지, 2학년 다니다가 6·25가 났고. 그래서 피난을 충청도로 갔다가 충청도 서산에서 그 동네 초등학교에 다니다가 다시 올라와서 축현초등학교에 들어갔는데, 당시 축현초등학교 야구가 셌어요. 그때 당시 축현, 창영, 송림, 서림 이런 학교들이 야구가 셌는데, 저도 야구부에 들어가서 세컨드베이스맨(Second Baseman)을 했죠. 항상 그 배팅순서는 1번 타자였어요. 조금 빠르다고 해서. 6학년 때는 전국을 한번 제패한 적도 있어요. 그런데 정확하게는 기억이 안 나는데 굉장히 좋은, 좋은 성적으로 졸업을 하면서, 인천에서는 당시에 동인천중학교가 또 (야구부가) 셌거든요. 그래서 중학교를 동인천 갔다가 동인천에서 인고(인천고)를 간다든가 동산고에 간다든가 이렇게 갈리는데, 그 팀이 그때 6학년 팀들이 거의 대부분이었어요. 그래서 (팀원들 모두) 동인천중학교로 가기로 했는데, 우리 담임선생이 내가 공부

를 좀 잘 하니까, 반에서 다섯째 안에 드니까, 인중(인천중학교)에 원서를 냈어요. 그 바람에 저 혼자 떨어져서 인천중학교에 갔죠. 사실 나는 떨어지길 바라고 갔어요. 떨어지면 동인천중학교에 가서 이제 합류하려고. 그런데 합격이 됐어요. 그래서 친구들한테 배신자라는 얘기를 들었죠(웃음). (인천중학교에 입학한 후에) 나도 화가 나서 1학년 놈이 인천중학교 선배들 캐치볼하고 있는데 찾아가서 야구부 만들자고 설득을 하고 체육선생님을 모셔서 야구부를 만들었어요. 그런데 그때 우리 교장선생님이 길영희[1]라는 분이었는데, 그분은 그때 당시에 공부를 열심히 안 하면 학생들을 심하게 꾸중도 하시고 그러신 분이에요. 그래서 (학교에) 운동선수가 별로 없었어요. 그런데 야구부 창설한다고 그러니까 허락은 하셨는데 지원이 거의 없었어요. 지금도 지원이 없지만. 그래서 결국은 1년 뒤에 야구부가 없어졌죠. 그런데 야구선수가 되려고 했던 건 그 당시 거기서 무산이 됐지만, 그 바람에 학교성적이 떨어지기 시작을 하는 거야. 영어, 수학 성적이 자꾸 떨어지기 시작했어요. 그런데 그때 교장선생님께서 늘 조회 훈시에서 하시는 말씀이, '우리나라가 잘살려면 산업이 발달해야 한다. 농업과 공업이 발달해야 우리가 잘살 수 있다'라는 취지였어요. 변영태[2] 선생님을 모셔다가 특강도 하고 그

---

[1] 교육자. 평안북도 희천군 출생. 평양고보와 경성의전을 졸업하고, 1938년 인천 만수동에 '후생농장' 건설에 착수해 이듬해부터 본격적으로 운영하면서 농촌계몽운동에 기여했다. 인천중학교 졸업생과 재학생 대표, 학부형 대표들은 해방 직후 회의를 갖고 길 선생을 인천중학교 교장으로 추대하기로 결의, 승낙을 얻어낸다. 1961년 정년퇴임 후에는 자택에서 학원(대성학원)을 열어 돈이 없어 학교에 가지 못하는 청년들을 가르쳤다. 1967년 68세의 나이엔 충남 예산군 덕산면 수덕사 근처에 '가루실 농민학교'를 설립했다. 여기선 금연과 도박 폐지운동도 펼친다. 평생을 교육에 정진한 인물이다.
[2] 외교관·정치가·학자로 호는 일석(逸石)이다. 1912년 만주의 신흥학교를 졸업한 뒤 1917~45년 중앙고등보통학교에서 영어교사로 재직했다. 1945년 고려대학교 교수로 재직하면서 후진 양성에 힘썼다. 1951년 외무부장관이 되어 파키스탄의 라호르에서 개최된 에카페 회의에 참석했다. 이 회의에서 6·25전쟁으로 인한 국

랬는데, 그분은 오시면 아령을 가지고 [아령을 가지고 팔운동하는 흉내를 내며] 이걸 해주세요. 그러면서 '체력이 튼튼해야한다.' 그분을 한 달에 한 번씩 모셔다가 특강을 듣고, 아령도 하고, 곤봉도 하고, 이렇게 하면서 그 교장선생님이 늘 하시는 말씀이 산업이 발달해야 우리나라가 잘살 수 있다, 농업과 공업이 발달해야 하고 모든 생산품이 나와야 되고 그러니까 그런 생각들을 해라. 열심히 공부해서 공업학교, 농업학교(에 가서 공부해라) 이렇게 말씀을 하셨어요. 그런데 가만히 생각하니까 그때 당시 암만 생각해도 저는 대학을 갈 수가 없어요. 당시 집안 형편에 등록금이 어려우니까. 그래서 생각 끝에 인천기계공고를 선택한 거예요. 인천기계공고를 택해서 기계과를 들어갔는데, 아버님이 원하시는 건 화이트칼라, (이를테면) 판검사가 되길 원하시는 거야. 그래 인천공고 입학한 것을 어른은 몰랐다가 '인천공고 붙었다' 그러니까 집에도 못 들어오게 하셨어요. 그래서 문밖에서 3일 동안 못 들어갔어요 집에. 3일 후에 어머니가 들어오게 하고, 그래서 공업학교에서 공부를 하게 됐는데. 아니 또 학교에서 그냥 놔두질 않고 밴드부에서 뽑아가는 거야(웃음). 그래서 밴드부에 들어갔죠. 그래서 클라리넷, 사실은 음악을 잘 모르는데 그때 당시는 선수들을 만드는데 어떻게 만드느냐 하면 [겉모습만 본다는 의미의 손짓을 하며] 그냥 이렇게 틀만 보고 데려다가 [때리는 흉내를 내며] 두드려 맞추는 거야. 그렇게 해서 행진곡도 배우고 했는데, 그러다 보니까 공부가 완전히 뭐 잘 안된 거지. 그래도 하여튼 기계과에서 어느 정도 좀 (성적이) 괜찮아서 그 우리 담임선생

내 사정의 어려움을 세계 여러 나라에 알리는 데 큰 기여를 했다. 그는 이 회의에 참석할 때 가지고 간 여행경비를 남겨서 돌아올 정도로 청렴하고 곧은 성격을 지녔던 것으로 알려져 있다. 제7~9차 국제연합(UN) 총회에서 한국대표로 활동했으며, 1954년 국무총리를 역임했다. 1962년 고려대학교에서 명예문학박사학위를 받았다. 저서에 『외교록』, 번역서로는 『논어』(영역)가 있다.

님이 인천기계공작창이라고, 철도청에 전차, 기차 바퀴 깎고 이러는 곳인데, 거기에 취직을 시켰어요. 인턴사원으로. 거기서 인정을 받으면 직업을 갖게 되는 건데. 한 1주일 동안 일을 하는데, 3교대를 하는데 내가 밤교대에 걸려있어요. 그런데 그때 기계 깎는 선반 있잖아요. 그땐 '센반'3)이라고 그랬어요. 선반을 자동으로 해놓고 바이스를 딱 물려놓고 쇠를 깎는데, 그때 볼트, 너트 이런 걸 깎는데 그 깎인 쇠가 떨어져 있는 것을 이렇게 보니까 녹이 슬고 있는 거야. 그걸 보니까 내가 지금 현재 여기서 녹슬고 있는 거 같은 느낌이 오는 거예요. 잘 깎아서 제품이 멋있게 나오는 걸 그걸 봤어야 되는데, 그걸 봤으면 아마 기술자가 됐을 거 같아. 그런데 그걸 안보고 밑에 떨어져있는 그 쇳조각들이 썩는 거 같고 막 내 몸이 깎여서 떨어지는 거 같고 그래. 1주일 만에 뛰어나왔어요. 뛰어나오고 나니까 학교에서 선생님도 꾸중을 하시고. 그때는 산업체 들어가기가 힘이 들었거든요. 그런데 기계과에서 저는 거기 들어가고, 또 어떤 친구는 방산산업체가 그때 막 생겨날 때야. 거기 몇 친구 가고 그랬는데. 너 아니면 딴 애 들어갔을 텐데 너 때문에 이렇게 됐다 이래서 꾸중도 많이 들었죠. 그러면서 방황하기 시작한 거죠.

김택호 : 선생님 지금까지 말씀해주신 것이 연극계에 입문하시기 거의 직전 상황까지인데요. 선생님께서 연극계에 드디어 발을 들여놓으시게 된 것이 〈햄릿〉 공연을 본 후라고 알려져 있습니다. 그 〈햄릿〉 공연의 주인공이 한국 연극계의 개척자라고 평가되시는 분이고 가수 김세환 씨 부친이시기도한 김동원4) 선생님이셨습니다. '영원한 햄릿이

---

3) 선반(旋盤)의 일본어 발음이다.
4) 1916. 11. 14 개성에서 출생한 연극배우. 이해랑(李海浪)과 함께 한국 연극계를 개척했으며, 햄릿 역으로 유명하여 '한국의 로렌스 올리비에'라는 별명을 얻었다. 배재고등보통학교에 재학 중이던 1932년 유치진(柳致眞)의 지도 아래 유진 오닐의 〈고래〉로 처음 무대에 올랐다. 졸업 후 일본대학 예술과에 입학, 조선유학생들끼리 '동경학생예술좌'라는 연극 서클을 조직하여 본격적인 연극 활동을 시작했

다.' 이렇게 많이 알려져 계신 분이시구요. 그런데 선생님께서도 뒤에 '햄릿' 역을 하셨죠? 평을 보니까 김동원 선생님보다 전무송 선생님이 '훨씬 더 반항적인 햄릿'이었다는 내용이 있습니다. 아무튼 선생님께서는 김동원 선생님이 햄릿 역을 하셨던 〈햄릿〉 공연을 보면서 거기에 영감을 얻어 연기자의 길로 들어서셨다고 알려져 있습니다. 그게 명동시대죠 선생님?

전무송 : 김동원 선생님은 그 당시에는 그러니까, 장충단으로 올라가기 전 명동국립극장 시절이고. 저는 드라마센터가 만들어지면서거든요. 그러니까 개관 프로인 〈햄릿〉을 공연하면서 제가 그 공연 구경을 갔다가, 거기에 학교가 있으니까 들어간 건데. 사실 그동안에는 제가 김동원 선생을 아마 먼발치지만 뵈었을 거예요. 인천에도 신협5)배우들

으며, 이때 오랜 연기생활의 반려자였던 이해랑을 만났다. 1939년 5월 귀국하여 극단 '극연좌(劇演座)'에 입단했고, 1947년 5월 극예술협회를 창립했으며, 1950년대부터 극단 신협과 국립극단 소속으로 수많은 작품에 출연했다. 외모 덕분에 악역보다는 주로 미남 주인공 역을 많이 맡았으며, 1951년 국내 처음으로 공연된 〈햄릿, Hamlet〉에서 햄릿 역을 맡아 두고두고 최상의 연기라는 찬사를 받았다. 한국 영화의 전성기였던 약 15년간에 걸쳐 300여 편의 영화에 출연한 경력도 있으나 영화를 통해서는 연기자로서 만족을 얻지 못했다. 극단 신협 운영위원(1950)과 대표(1968), 예술원 회원(1957), 국립극단장(1975~79), 연극협회 고문(1980), 국립극단 지도위원(1985~93) 등을 역임했다.

5) 1950년 국립극장의 전속극단으로 창립된 신극단체. 신극협의회(新劇協議會)의 약칭이며, 한국의 현존하는 극단 중에서 가장 긴 연륜을 지닌 단체이다. 1947년 초에 창립된 극예술협의회(劇藝術協議會)가 3·1절 기념으로 유치진(柳致眞) 작·연출의 〈조국〉을 상연하여 창립공연을 마친 다음 1950년 앤더슨의 〈높은 암산〉을 마지막으로 해체되면서 국립극장 전속단체로 되었고 이름도 신협으로 바뀌었다. 신협은 국립극장의 연극공연 임무를 극단적 성격으로 대행하는 기구로 출발하였다. 한국전쟁 중에 국립극장의 기능이 정지 상태에 있었기 때문에 신협은 국립극장과는 관계없이 활동하였고, 1953년 대구에서 국립극장이 재발족 되었을 때에도 유치진을 중심으로 독자적인 활동을 하였다. 1950년대 신협 공연의 특징으로는 W. 셰익스피어의 작품을 많이 공연한 것과 미국 브로드웨이류 현대극을 공연한 것을 들 수 있다. 신협은 전쟁 직후의 어려운 현실 속에서 1957년 5월 M. 라

이 연극을 가지고 인천에도 오고 그랬으니까요. 그러니까 어렸을 때 뵙긴 했지만 그분이 김동원 선생인지도 모르고, 그리고 또 영화에도 가끔 출연하신 것을 나도 봤을 텐데 (정확하게는) 몰랐죠. 그 아까 (말한 것처럼) 그렇게 헤매고 다니는데 지금은 돌아가셨습니다마는 인천에 그 서울신문 인천지사가 불이 났었잖아요. 그러고 난 다음에 다시 재건할 때 인천지사장님 되시는 분을 만났어요. 술집에서 만났는데 그분이 "자네 좀 보세." 그래서 만나 이런 얘기 저런 얘기를 하더니 내일 신문사로 좀 나오라고 그래요. 그래서 하여튼 다음날 갔죠. 갔더니 말하자면 총무역할이에요. 아침에 동인천역에 나가서 신문을 받아가지고 배달하는 애 나눠주고 낮에는 가서 신문요금을 받아오는 역할을, 그걸 하라고 그러시더라고. 그래서 할 일도 없고 그러니까 "좋습니다"하고 (그 일을) 했어요. 새벽에 나가서 (신문을) 다 나눠주고 (배달하는) 학생들 따라다니면서 체크하고 낮에 다 보낸 다음에 아침식사를 하고 돌아다니면서 일을 했는데 가는 데마다 [대문에 안내문이 붙은 상황을 표현하며] '서울신문 사절' '서울신문 사절' 하는 거야. 그게 왜 그러냐면 그때 『서울신문』이 기관지였잖아요. 그러니까 기관지에 대한 일반인들의 호응이 없는 거야. 거의가 『동아일보』나 『조선일보』 그런 신문들이죠. 그리

인하르트와 홉우드 합작의 〈박쥐〉를 가지고 50회 공연으로 막을 내렸다. 1957년 국립극장이 해체된 신협단원들을 모아 전속극단으로 만들었으나 명칭을 국립극단으로 지정하여 신협과는 무관한 것이 되었다. 1958년 유치진이 옛 단원들과 함께 신협을 재건하여, 같은 해 9월 유치진의 신작 〈한강은 흐른다〉로 재기공연을 가졌으나, 단원들의 생활난과 국립극장의 요청으로 다시 국립극장의 전속극단이 되어 T. 윌리엄스 작품인 〈뜨거운 양철지붕 위의 고양이〉 등을 공연하였다. 5·16 이후 국립극장이 국립극단을 탄생시키자 국립극장과는 관계가 완전히 끊어졌고, 1962년 드라마센터가 건립되자 유치진·이해랑(李海浪) 등이 옮겨가 신협은 붕괴되었다. 드라마센터가 재정난으로 문을 닫자 1963년 이해랑·김승호(金勝鎬)·김동원(金東園)·장민호(張民虎)·황정순(黃貞順)·최은희(崔銀姬) 등이 재건하였으나 활력을 찾지 못하였다. 1974년 이후로는 젊은 연극인을 대거 기용하고 소극장 연극 활동도 펴고 있다.

고 『서울신문』 같은 경우에는 기관에서들 다 본단 말이야. 참 어려울 땐데. 그분이 굉장히 어렵게 그 신문사를 해나가시는데, 그분이 시조시인이에요. 그리고 인천시 역사에 대한 일도 하시고 그러는 분인데. 어느 날 제가 밖에 나갔다가 그렇잖아도 당시에 연극은 생각도 안 했고 영화에 대한 동경이 있었어요. 그러면서 방황할 때 사실은 그전에도 그렇지만은 영화관을 많이 찾았거든요. 그래 내가 이렇게 기억 속에 남는 외국영화 중에 첫 번째 영화가 존 웨인6)의 ≪역마차≫. 존 웨인이 주연했던 ≪역마차≫. 존 웨인은 그때 이름을 알았지만 감독이 윌리엄 와일러라는 거는 나중에 알게 된 거죠. 그런데 그 영화를 보면서 '아 나도 저래봤으면.' 이게 싹트기 시작하는 거예요. 그러니까 그 방황하고 다닐 땐 만날 영화관 가고 그래서 그때 많은 영화를 봤죠. 그리고 이제 또 한국영화도 많이 보고 그러면서 보니까. 그때 뭐 신성일 씨나 뭐 이런 분들 등장하기 시작하면서 젊은 우상이 되고 그랬는데 마음속으로 '아 나도 저렇게 되어봤으면.' 그리고 또 주변에서는 뭐 어떻다, 어떻다 이제 뭐 돈도 번다 그러고 나보고 조금 잘생긴 거 같다고 그러더라고요. 그러면서 야 너도 한번 해봐 뭐 이러면서. 그러니까 괜히 [가슴을 만지며] 여기서 뭔가 싹트기 시작한 거예요. 그런데 뭘 알아야지 어디 갈 데도 없고. 그러니까 그냥 그런가보다 했는데 어느 날 그, 신문지사 일을 하다가 고등학교 동창들을 만났어요. 그런데 그 동창들이 서라벌에 대 다니더라고요. 그때는 이제 중앙대하고 합치기 전이죠. 그런데 그 친구들이 만났는데 "야 너 뭐 하냐." 그러면서 나보고 "연극 한 번 하지 않을래?" 그래서 "웬일이야." 그랬더니 자기들 그, 몇 몇 친구들이 인천

---

6) 존 웨인(John Wayne: 1907.5.25~1979.6.11)은 강한 미국을 대표하는 서부의 '사나이'이자 미국인의 힘을 대표하는 상징적인 인물이다. B급 서부극에 출연하다 ≪역마차≫의 주인공 링고 키드로 발탁되어 일약 미국식 프런티어 정신의 구현자가 되었다. 본명은 매리언 모리슨(Marion Robert, Michael Morrison).

에 모여서 연극을 하나 하려고 한다. 그러니깐 "너도 참가하고 싶으면 해." 내가 그 친구, 아주 친한 친구가 내가 그런 거 좋아하는 것을 아니까. 그렇게 하자 그래서 "아 그래. 해." (그랬죠) 그런데 그걸 어디서 했냐면 빵집에서 약속들을 하고 앉아서 빵을 먹고 그러고 나가는데 이놈들이 돈을 하나도 안 내고 그냥들 나가는 거야. 그러니까 나 혼자 뒤따라 나가다가 시계 풀어주고 할 수 없이 그러고 왔어요. 그래서 지사장님한테 그런 얘기를 했죠. 사실 이러고 이러고 해서 시계를 풀어줬는데 그거 찾게 돈 좀 조금만 주세요. 그랬더니 이분이 이렇게 보더니 "너 그런 마음이 있냐?" 그러시더라고. 그래서 그렇다고 그랬더니 그래 그럼. 그러면서 주신 게 〈햄릿〉 티켓이에요.

김택호 : 김동원 선생님 나오시는 그….

전무송 : 그렇죠. 드라마센터에서 이걸 하니 가서 한 번 보고 이렇게 해봐라 그래. 한 번 보고와라 그래요. 그래서 그 드라마센터에 찾아가서 그 〈햄릿〉을 보면서 그때 김동원 선생님, 백성희 선생님, 장민호 선생님 이런 분들이 그때 〈햄릿〉을 개관 프로로 하셨거든요. 그걸 보면서 아하, 이거, 이건데 이걸 해봤으면 좋겠는데 할 길이 없잖아요. 그런데 그 프로그램 뒤에 보니까 학생모집이 있어요. 그래서 드라마센터에 들어가게 된 거죠. 그런데 그 전에 그 방황하고 다닐 때 충무로에 나가서 괜히 앉아가지고 어느 감독이 지나가다가 좀 나 픽업했으면 (웃음) 그 앉아서 폼 쓰고 앉아갖고 다방에 앉아가지고 괜히, 그때 태양다방이라고 있었는데 거기에 앉아가지고 [폼 잡고 앉아있다는 표현을 하며] 이렇게. 왜냐면 그때 그 『아리랑』이니 무슨 잡지에 지나가다가 픽업돼서 일약 스타 됐다 이런, 그런 걸 보기 시작한 거예요. 그러니까 얼마나 허영에서 시작을 하냐고. 그러고 탁 앉아가지고 돈도 없는데, 커피 하나 시켜놓고 하루 종일 앉아있는데 하루 종일 있어도 누구하나 보자는 사람도 없고 그런 상황, 그런 상태 속에 있다가 그걸(프로그램 뒤의

학생모집) 보면서 '아! 이, 이 공부를 해야 하는구나.' 그리고 마침 오디션을 했는데, 통과가 됐어요. 그래서 드라마센터에 들어가게 된 거죠.

김택호: 뭐 신구 선생님이라든가 이런 분들이 다 동기이신 거죠 그때 당시에.

전무송: [고개를 끄덕임]

김택호: 드라마센터하면 지금 서울예대….

전무송: 예. 서울예술대학의 전신이죠.

김택호: 그 무렵하고도 비슷한 시기인데 저희도 모시는 선생님들마다 여쭙는 게 4·19하고 5·16 당시에 뭐하고 계셨는지 그때 그 사건은 어디서 경험하셨는지 여쭙는 게 있습니다. 선생님 그때….

전무송: 그때 제가 그, 4·19는 드라마센터 들어가기 전인 거 같아요. 내가 1962년도에 드라마센터 들어갔으니까 그 전인데 고등학교 졸업하고 아마 그 이듬해가 그래요. 그게 그때 인천에서 방황할 땐데 그때가 바로 그 이제 4·19 이후에 서울신문이 불났잖아요? 태웠잖아요?

그러니까 그때 한참 그 방황할 때죠. 그래서 인천에 답동이라는 데가 있는데, 그 광장에 가서 서있기도 해보고 또 도망도 가보기도 하고. 그러고 5·16은 그 이후고. 그리고 5·16도 그러니까 드라마센터 들어가기 전이에요. 왜냐면 드라마센터(에 대해서) 나중에 얘기를 들어보니까 개관할 때, 5·16 이후에 박정희 대통령께서 그 왜 의자 같은 거 기증하고 축사하고 했다니까. 그러니깐 그 당시 저는 방황하고 있을 때죠.

김택호 : 선생님 개인적인 문제를 또 하나 좀 여쭙겠습니다. 많은 분들이 그렇지만 영화 ≪만다라≫에 출연하셨을 때가 가장 강하게 대중들한테 인상을 주셨던 그런 것 같아요. 그래서 그때 지산이라고 하는 그, 술에 절어있는 스님의 역할을 선생님이 하셨습니다. 아주 독특한 방식으로 구도하는 구도자, 허무주의적인 경향을 가진 분이었는데. 선생님께서는 지금 불교신자이십니다. 그 ≪만다라≫라는 작품이 계기가 됐던 건가요 아니면 그 이전에 어떤 불자로서의….

전무송 : 그 신앙이라는 게 내가 어떤 그, 진짜 그 불교 교리, 법을 공부하려고 시작한 것이 아니라, 대대로 어머니 아버지가 "우리 아들 잘되게 해주시오" 하는 그런 신앙을 가지고 계셨는데. 그러면서 절에도 가시고. 그러면 가끔 따라가고 뭐 이렇게 해서 아 나도 불자구나라는 생각을 하고 그냥 있었는데. 사실은 그, ≪만다라≫ 그다음에 또 한 것이 ≪원효대사≫, ≪아제아제 바라아제≫, ≪산산이 부서진 이름이여≫ 이런 어떤 일련의 불교영화를 하면서 스님들을 뵙게 되고 법문을 듣게 되고, 또 이런 작품 분석을 하다보니까 내가 가지고 있는 신앙에 '아, 이런 점들이 참 훌륭한 거로구나.' 해가면서 불자가, 마음속으로 불자가 된 거지.

김택호 : 임권택 감독 작품이잖아요 그 ≪만다라≫가. 임권택 감독님이 직접 선생님께 이 역할을….

전무송 : 글쎄 하여튼 제가 그러는 사이에 드라마센터에 들어가서 훈

련을 하고 유치진7) 선생님으로부터 사사를 받아가면서 굉장히 사랑을 해주셨던 거 같아요. 딴 데를 못 가게 하셨으니까. 그래서 내가 어느 날 술 먹고 난장판을 좀 피고 그랬는데 저를 불러다가 훌륭한 배우가 되려면 먼저 인간이 돼야 되니까. 거기서부터 쭉 말씀을 하시면서 "무대에서 바르게 서려면 10년이 가고, 무대에서 바르게 말을 하려면 10년이 가는데, 너 이제 겨우 나와 가지고 뭐 이렇게 어딜 갈 생각이나 하고 딴 데 가서 할 생각이나 하고 술 먹고 연극 안 시켜준다고 땡깡이나 놓고 그러면 되겠는가." 이러면서 한참 꾸지람 겸 훈시를 (하셨어요. 그 이야기를) 들으면서 개과천선을 해야 한다는 그런 마음을 먹게 되더라구요. 그렇게 해서 드라마센터에서 15년이란 세월이 지나가요. 그러면서 국립극단에 이제 픽업이 돼서 이호재 씨하고 나하고 국립에서 한 5년을 근무하는데 사실 그 사이에 군대를 가요. 졸업하고 바로 군대를 갔어요. 드라마센터에서 졸업하고 2년인가 훈련을 하다가 군대

---

7) 1905. 11. 19~1974. 2. 10. 극작가·연출가. 한국 연극계의 대표적인 인물이며 사실주의극을 여러 편 썼다. 호는 동랑(東朗). 아버지 준수(焌秀)의 8남매 가운데 큰아들로 태어났다. 동생 치환(致環)은 시인이고, 아들 덕형(德馨)은 연출가이다. 1918년 통영보통학교를 마치고 부산 체신기술양성소에서 6개월 동안 교육을 받은 뒤 통영우체국 사무원으로 근무했다. 1920년 일본으로 건너가 도요야마중학 (豊山中學)을 거쳐 1931년 릿쿄대학(立敎大學) 영문과를 졸업했다. 1931년 김진섭·서항석 등의 해외문학파 동인들과 극예술연구회를 창립하고 이 단체에서 주관하는 연극에 단역으로 출연하거나 연출을 맡기도 했다. 1938년 3월 일제의 탄압에 의해 극예술연구회가 해체되자 서항석과 함께 '극연좌'를 조직했으나 일제의 압박과 재정적 어려움으로 1년 만에 해체되었다. 1940년 조선연극협회와 조선연극문화협회 결성에 참여했으며, 1941년 극단 현대극장을 조직해서 조선총독부의 지시를 받아 친일극을 공연했다. 8·15해방 이후 잠시 침묵했다가 1947년부터 좌익 연극을 반대하는 우익 민족극을 주도했으며, 그해 이해랑과 함께 극단 극예술협회를 조직했다. 1947년 한국무대예술원을 창설하여 초대 원장에 취임했고, 6·25전쟁 때는 은거하며 희곡 창작에 전념했다. 1950~52년 국립극장장, 1958년 국제연극협회 한국본부 위원장, 1959~69년 동국대학교 교수, 1962~65년 한국예술문화단체총연합회 이사장 등을 지냈다. 1962년부터 죽을 때까지 드라마센터 소장으로 있으면서 배우·연출가·극작가 등을 배출하는 데 힘썼다.

에 가요. 그러는 사이에 제가 늦게 갔어요. 그래서 1969년도 12월 달에 서른한 살인가 됐을 때 나온 거죠. 서른 살인가 돼서 나온 거예요. 그러는 사이에 세월은 많이 지나갔지. 그래서 그 〈하멸태자〉, 〈초분〉 이런 걸 해가지고 뉴욕도 갔다 오고 파리도 다 돌면서 수업을 해서 배우가 돼가는 사이에 국립에서 불러서 간 거지요. 그러고 나서 국립에서 5년 있다가 그만두고 나왔는데 누군가가 전화를 하신 거예요. 영화하고 싶은 생각 없냐고. 그러니까 내가 "아 사실은 옛날에 그거(영화)하고 싶어서 (연기를) 시작한 건데 아이 뭐 작품 좋으면 하죠." 그랬더니 "알았다"라고 그러는데 그때 이제 〈뜨거운 양철지붕위에 고양이〉라는 작품을 그 저 세종로의 서울시의회 자리 거기서 공연을 하는데 웬 작업복 입은 좀, 좀 험하게 생긴 사람들이 세 명이 오셨더라구요. 그리고 구경 잘했다고 분장실로 왔어요. 구경 잘했다고 하면서 "아 나 임권택이요." 나 누구요 그러면서 인사를 하시더라고요 그때만 해도 임권택이 누군지, 저는 몰랐을 때거든요. "아 그러시냐." 그러고 인사하고 난 다음에 누가 그래 "감독이야." 그러시더라고. "아 그러냐고." 그래서 '아 그분들이 왔다갔구나.' 그랬는데 가서가지고 '영화합시다.' 해서 연락이 온 거예요. 그래서 그 ≪만다라≫를 하게 된 거죠.

김택호 : 그러니까 지산의 이미지하고 선생님하고 겹친다고 생각을 하고 임권택 감독님이 직접 찾아보신 거군요.

전무송 : 글쎄 그건 모르겠어요. 하여튼 보시면서 어떻게 생각을 했는지 잘 모르겠어요.

김택호 : 그때 그 상대역이었던 법운 역할을 안성기 씨가 하셨던 거죠. 그때 지산이 했던 대사들 중에서 뭐, 굉장히 훌륭한 대사들이 많습니다.

전무송 : 지금 다 기억이 안 나고 그, 법운 옆을 지나가다가 '백척간두에 서 봐. 그래서 한 발을 내디더 견성하거든 나도 좀 제도해 줘.'

이말 한마디하고 이제 점안식을 하고 나오다가 허공을 보면서 '내 눈에 점안은 누가 해주나.' 이런 이제 그 두 대사는 영 잊어버려지질 않아요.

김택호 : 이 저녁에 나타난 부처는 술 마시게 하는구나.(웃음)

전무송 : 아, 제가 그 어느 여인을 찾아서 하는 얘기가 있죠.

김택호 : 선생님 조금 무거운 이야기로 들어가 보겠습니다. 얼마 전까지 경기도립극단을 맡으셨잖아요? 그리고 예술 감독도 직접 하시고. 연기만 하시다 극단을 맡아서 운영하시고, 예술 감독을 하셨습니다. 같은 연극이긴 하지만 다른 차원의 일이신데 그거하시면서 연기하시는 것과 다른 느낌 받으신 게 조금 있으셨겠죠. 행정적인 부분도 관여를 하실 수밖에 없었을 테고 그런 걸 보시면서 좀 다른 느낌 받으신 거 뭐 있으신가요?

전무송 : 글쎄 뭐 하여튼 나는 그때 도립극단의 청으로 가서 예술 감독을 하면서 4년 동안 끌고 이제 어떤 내 생각에 '이렇게 했으면 좋겠다'라는 것을 펼쳐보다가 왔는데 제일 중요한 거는 제가 그 아까 잠깐 얘기했죠. 그 왜 유치진 선생님으로부터 '먼저 인간이 돼라' 하는 말씀을 들을 때 그분이 이런 말씀을 하셨어요. "너를 내가 왜 붙들어놨는지 아느냐? 너는 무대에 서면 관객에게 연민을 느끼게 해주는 뭐가 있다. 그것이 너의 굉장히 큰 무긴데 그런 것을 공부를 통해서 제대로 보여줘야 된다. 어디 딴 데 갈 생각 하지 말고 공부하라. 그리고 그렇게 해서 열심히 공부해서 지금 우리나라가 연극이 황폐해 있지 않냐. 그러니까 민들레 씨앗처럼 돼가지고 어디 가서든 떨어지면…" 그 민들레 씨앗이 그런다고 그래요. 아무 데나 떨어져도 또 민들레가 핀다고 그래. 그래서 아 그러시구나. 그러니까 그런 어떤 암시를 주시면서 공부 열심히 해라 그런 게 늘 떠나지 않는 거야. 지금도 늘 생각하는 게 뭐냐면 내가 아직 훌륭한 배우가 되지 못한 것은 인간이 아직 덜됐구나. 이것이 제 숙제예요 지금도. 그런 생각을 하면서 그때 거기 갈 때

도 '아, 이게 민들레 씨앗처럼, 아, 민들레를 뿌리자.' 그런 마음으로 갔거든요. 그러니까 그런 마음 때문에 무슨 다른 어떤 사회의 어떤 그건 나하고 상관이 없죠. 극단에 "대사 잘해 좀. 그리고 좀 제대로 봐. 제대로 보고 제대로 듣고 제대로 느끼고 제대로 생각해. 그리고 제대로 표현해. 그게 연기 아니냐." 이러면서 이제 그런 얘기를 하게 되더라구요. 그런데 제일 중요한 건 제대로 봐, 어떻게, 뭐가 제대로냐고. 공부하는 거지. 그걸 공부해야 되는데 딴 생각들을 한다고. 누가 CF했는데 얼마 받았다 뭐 강남에 아파트가 뭐 얼마다 그거 사려면 어떻게 한다 그따위 소리들하고 앉아있다고. 그런 것들은 나는 싫단 말이야. 하여튼 그런 생각, 정신이에요. 그러니까 이 사회의 어떤 이런 것들은 다 나하고 상관이 없다고. 물론 상관이 없이 사는 건 아니지. 화날 땐 화나는 거지 뭐. 그럼 그거에 대한 나의 생각대로 하는 거지. 그런데 그게 싫다 그러면 나 관두는 거고. 국립에서 나올 때도 그래서 나간 거거든요.

김택호 : 선생님 방금 국립극단 말씀을 해주셨는데요. 좀 먼 기억을 여쭤봐야 될 것 같습니다. 5·16 이후에 박정희 새 정부가 들어서고 그렇게 되면서 〈한국예술문화단체총연합회〉라고 하는 걸 만들었습니다.

전무송 : 그 저, 그게 임화수라는 분이었는데 영화 쪽에….

김택호 : 임화수 씨는 영화 쪽이구요. 이게 '62년도 이 무렵인데 그때 이제 그 산하에 한국연극협회가 만들어지죠. 그런데 이 단체는 이사장이 유치진 선생님이셨구요. 그다음에 선생님 또 이해랑[8] 선생님, 서항

---

[8] 1916. 7. 22 서울~1989. 4. 8 서울. 연극배우·연출가. 본명은 해량(海良). 1938년 일본대학 예술과를 졸업하고, 김동원·주영섭 등과 '동경학생예술좌'에서 활동했으며 귀국 후 극단 '극연좌(劇演座)'에 가입하여 신인 연기자로 연극무대에 공식 진출했다. 이어 대표적 친일 연극단체인 현대극장(대표 유치진)의 창립동인으로 활동했고, 8·15해방 직후에는 김동원 등과 함께 극단 전선(全線) 및 극예술원을 창립하여 본격적인 활동을 전개하다가 국립극장이 개관되자 전속 극단 신협의 대표를 맡았다. 예술원 회원(1954~87), 중앙국립극장장(1959), 드라마센터 극장장(1962),

석,9) 차범석,10) 김동원 선생님도 들어가셨고 선생님의 은사들이시라고

한국연극협회 부이사장(1963~67), 한국예술단체총연합회장(1967~73), 제8・9대 국회의원(공화당 전국구), 5・16민족상 이사(1971), 예술원 부회장(1981), 예술원 회장(1984~87) 등을 역임했다. 그는 1989년 4월 8일 〈햄릿〉 공연 연습도중 갑자기 쓰러져 죽을 때까지 한국 현대연극에서 주역으로서의 자리를 차지했다.

9) 1900. 3. 18 함남 홍원~1985. 독문학자・극작가・연출가. 1931년 극예술연구회를 조직하는 데 주도적 역할을 했고 한국 근대극의 소개와 정착에 이바지했다. 호는 경안(耿岸)・당재(灘齋). 1929년 도쿄제국대학(東京帝國大學) 독문과를 졸업하고 동아일보사 학예부장을 지냈다. 1931년 해외문학파 회원으로 가담했고, 홍해성・윤백남・유치진 등과 극영동호회를 조직했는데, 이 단체는 극예술연구회의 전신이다. 이어 극예술연구회 창립 동인으로 참여했으며, 1938년 4월 유치진과 함께 극예술연구회를 '극연좌'로 개칭하여 1939년 해산되기까지 이끌었다. 1941년 현대극장 결성에 참여했고 1948년 민주일보사 편집국장을 거쳐 1952~61년 중앙국립극장장을 지냈다. 1963년 서라벌예술대학 교수를 거쳐 한국연극협회 이사장을 지냈고 1965년 서울특별시 문화위원회 부위원장을 지냈다. 1971년 한국연극협회 고문을 거쳐 1978년 대한민국 예술원 부회장을 지냈다. 대학시절 독일 희곡에 깊이 빠져 점차 연극운동에 뜻을 두게 되었다. 1932년 5월 극예술연구회 산하에 있는 극단 실험무대에서 공연한 고골리의 〈검찰관〉에 출연했고, 카이젤의 〈우정〉, 클리포드오데츠의 〈깨어서 노래부르자〉 등을 번역했다. 〈부활〉・〈콩쥐팥쥐〉・〈파우스트〉 등을 연출했으며, 연기・번역보다 비평・강연을 통한 연극계몽운동에 앞장섰다. 〈괴테의 시〉(문예월간, 1932.1)・〈독일문학의 특질〉(삼천리, 1936. 6)・〈하우프트만의 예술〉(신문학, 1946. 8) 등은 대표적인 평론이다. 또 시에도 관심을 갖고 〈산 넘어 또 산 넘어〉(신생, 1931. 2) 등을 발표했고 희곡 〈여당원(女黨員)〉(1926)・〈마을의 비가(悲歌)〉(1962) 등을 발표했다. 해방 후 괴테의 〈파우스트〉를 번역하여 1960년대 중반 국립극장 무대에 올림으로써 한국인으로는 처음으로 독일의 괴테 훈장을 받았다.

10) 1924. 11. 15 전남 목포~2006. 6. 6. 극작가. 전통적 개성이 뚜렷한 사실주의극을 썼으며 이데올로기의 갈등과 민족분단을 객관적으로 그려냈다. 1966년 연세대학교 영문학과를 졸업했다. 1961년 문화방송(MBC) 연예과장을 거쳐 1963~83년 극단 산하 대표로 있었다. 1973~77년 한국예술문화단체총연합회(예총) 부회장, 1974년 국제 펜클럽 한국본부 이사, 1975년 극작가협회 회장, 1982~86년 방송광고심의회 회장, 1989년 중앙국립극장 운영위원회 회장 등을 역임했으며, 1993년 서울예술전문대학 교수, 1999년 경희대학교 정보문화원 객원교수, 2002년 대한민국예술원 회장, 2004년 광화문 문화포럼 회장 등을 지냈다. 1951년 〈목포문화협회〉에 희곡 〈별이 밤마다〉를 발표한 뒤로 1955년 〈조선일보〉 신춘문예에 희곡 〈밀주(密酒)〉가 당선되어 정식으로 등단했다. 이어 발표한 〈껍질이 깨지는 아

볼 수 있는 분들이 거의 대부분 들어가 계셨습니다. 이분들이 사실 한국 연극계를 거의 대표하시는 분들이었는데, 이 단체가 어떤 일을 했는지. 우리가 일반적으로 보기에는 이게 새 정부가 들어서면서 예술인들을 일종의 관리한다고 할까 이런 식으로 만든 것이다. 이렇게 보는 시각도 있고. 또 그걸 기회로 또 이분들이 모여서 연극인들의 저변이라든가 이런 것들을 좋게 만들기 위한 단체였다라고 보는 두 개의 시각이 공존하거든요. 선생님 기억나시는 걸 기반으로 이게 어떤 단체였고 주로 어떤 활동을 했고, 연극인들한테 어떤 영향을 미쳤는지 기억나시는 거 있으면 말씀해 주시지요.

전무송 : 그거는 그때 막 내가 시작할 때가 돼놔서 그리고 내가 시작할 때 연극예술을 하기위해서 시작한 게 아니라 저, 누구처럼 돼서 돈이나 벌고 스카프 여기다 노란 거 하고 오픈카 타고 운전이나 하고 그런 생각으로 시작을 한 거가 돼놔서 그런 그 학문적이고 예술적인 건 정말 몰랐어요. 그리고 드라마센터에 들어가서 어, 이게 아닌데 내가 '이게 아니네' 하면서 이제 막 뒤통수가 막 아프면서 생각을 하기 시작

품이 없이는〉(1960)에서는 자유당 때의 부정부패를 자세히 파헤쳤으며, 사실주의 희곡의 최고봉이자 희곡 작법의 교과서로 꼽히는 그의 대표작 〈산불〉(1962)에서는 6·25전쟁으로 꿈이 깨져버린 젊은이와 그를 둘러싼 애증을 그려냈다. 이외에 희곡으로 〈윤씨 일가〉(1953)·〈불모지〉(1958)·〈공상도시〉(1982)·〈대지의 딸〉(1987) 등을 발표했다. 희곡집으로 〈껍질이 깨지는 아픔이 없이는〉(1960)·〈환상여행〉(1982)·〈식민지의 아침〉(1991)·〈통곡의 땅〉(2000) 등과 평론집으로 『동시대의 연희인식』(1988)·『한국희곡론』(1988) 등을 펴냈다. 또한 국내 소극장 연극사를 정리한 『한국 소극장 연극사』(2004)를 펴냈으며, 수필집으로 『거부하는 몸짓으로 사랑했노라』(1984)·『목포행 완행열차의 추억』(1994), 자서전으로 『떠도는 산하』(1998) 등을 펴냈다. 남에게 신세지는 것을 싫어했으며 신용카드, 휴대전화, 자가용이 없는 '3무(無) 원칙'으로도 유명했다. 1981년 대한민국 연극제 희곡상, 1982년 대한민국 예술원상, 1984년 동랑연극상, 1991년 대한민국 문학상, 1993년 이해랑연극상, 1997년 서울시문화상, 2000년 삼성문학상 등을 수상했다.

한 것은 그 이후예요. 연극협회가 어떻고 이런 건 그때 당시에는 난 조직도 모르고. 그런데 이제 유치진 선생님이 거기의 수장이다 이런 거나 알고 있었죠. 그런데 유치진 선생님은 우리들한테 그런 얘긴 일절 없거든. 가르치시는 입장에서 뭐 연기를 어떻게 해야 한다 어떻게 인생을 어떻게 살아야 한다. 이런 말씀을 하시면서 오로지 그런 가르침만 주시고 그러니까. 그리고 또 내가 그런 걸 알고 싶지도 않고. 왜냐면 내가 아직 배우도 안 됐는데. 내가 지금 배우가 될까 말까하는 미래의 불확실성에 시달리고 있는데, 그걸 미처 생각도 못 할 때죠, 그때는. 그러나 먼 후일에, 먼 후일에 드라마센터가 록펠러 재단의 후원을 받아서 이렇게 됐고(하는 사실을 알게 되었죠.) 그러니까 그때 당시에 (생각나는 것은) 유치진 선생님이 그 고통스러워하시는 것이 돈이 없으니까 극장에서 공연을 못 하는 거예요. 우리한테 처음에 말씀하실 때는 연중무휴로 공연을 하려고 배우를 양성한다. 이런 얘기를 하신 거거든. 그래 우리 가니까 그때 왜 저, 〈햄릿〉했잖아요. 그게 신협배우들이라고. 그 신협배우들이 바로 또 국립극단 배우였다고. 그런데 나중에 들은 얘기로는 뭐냐 하면 민극이라는 집단이 또 있었다고. 그러니까 말하자면 그 왜 신파극하는 분들을. 그쪽에는 그 영화 쪽에 많이들 나와서 하시고 박암 선생이나 뭐 저 저 저 박노식 선생 뭐 이런 분들이 많이 있고 이쪽은 장민호 선생 무슨 이해랑 선생 이런 분들은 연극에 전념하시는 분들이고 그러니까. 대개 그분들이 신협 출신들이고 신협은 다시 말해서 유치진 선생님의 극단이거든. 그래서 그게 합쳐져서 국립극단이 됐던 거예요. 국립극단을 만들 때 그걸 합쳤던 거 같아요. 그러니까 그 후에 수장들이, 말하자면 서항석 선생이나 이런 분들 또 계시니까. 그런데 서항석 선생은 유치진 선생보다 조금 위신가 그런데, 그렇게 해서 국립극단 초대극장장을 유치진 선생이 했다가 6·25 때 피난가고, 다시 올라와서 또 이러고 (국립극단을 만들고) 그걸 먼 후일에 들은 거지. 그랬는데 이분들이 올라오셔서 〈햄릿〉을 하면서 연중무휴로 해나가더라고. 그러면서 그때 그 공연이 끝나면서 젊은 팀들, 실험극장이라든가 김동훈, 이순철, 이낙훈 뭐 이런 분들 있잖아요? 우리 바로 직계 선배들이지. 그분들이 와서 공연할 때 우린 학생들이었다고. 학생들이니까 가서 '형' 하고 턱밑에 가서 심부름시켜주기 바라고 이럴 때거든. 그러니까 어떤, 그때 당시에 물정이라든가 협회가 어떻게 돌아간다든가, 그런 순간들은 내가 모르죠. 그런데 먼 후일에 들은 걸로는 그렇게, 그렇게 했고 그래서 이제(이런 저런 일들이 있었구나 하는 걸 들었죠.)…. 예를 들어 유치진 선생님이 어느 작품을 할 때, 그전에는 주인공은 만날 주인공이고 조연은 만날 조연이었는데, 그걸 막 바꾸셔서 신인도 갖다 넣고, 훈련을 시키고. 저도 그런 쪽의 하나인데, 저를 보자마자 "너 해봐" 해가지고 하니까 전부들 놀랐죠. 그런데 전 그런 거 몰랐죠, 옛날에(그 당시에는). 그래서 무슨 니마이(二枚) 감이다 무슨 산마이(三枚) 감이다 이런다고. 조연감이다 주연감이다 했는데. 지금은 그런 거 없잖아요. 조연감, 주연감이 없잖아요. 그걸 시도했던 분이 유치진 선생님이에요. 그런 시도를 하시고. 다시 말해서 지금 드라마센터가 저 미국 록펠러 재단의 후원을 받았지만 극장 자체를 그 저, 무슨 극장이지. 그 극장하고 똑같이 지어논 거거든요. 레드락스,[11] 그거하고 아주 흡사하게 지었단 말이야. 이 저기, 원형무대에다 객석을 [손바닥을 비스듬히 펴 보이며 층계형 객석의 모양을 표현하며] 이렇게 하는 거 그거를 축소를 해놓은 거라고. 또 그것을 축소한 게 산울림 소극장.

---

11) 미국 콜로라도에 위치한 대형 원형극장. 비틀즈, 스팅, U2 등 세계 유명가수들이 공연한 원형극장이다. 레드락스 원형극장은 고지대 산속에 위치하여 양 옆의 바위와 공연장 위에서 아래까지 뻗은 경사가 만들어 내는 자연적인 공명조건과 선명한 시야확보로 특별한 음향 시스템 없이도 뒷자리까지 소리가 선명하게 전달된다. 덴버시가 한눈에 보이는 경관을 배경으로 자리 잡고 있다.

그러니까 극장을 그렇게 할 정도면 거기에서 벌어지고 있는 연극의 흐름, 그러니까 사실주의 연극이라든가 이런 것을 우리는 아직 하기 전이란 말이죠. 말로는 사실주의 연극을 하겠다고 뭐 〈죄와 벌〉도 하고 그랬는데 표현하는 배우들의 소리(대사)는 그게 아니고 읊어 그냥. 그러니까 사실적인 걸로 안 들려오잖아요. 그러니까 이런 걸 잘 못한다고. 그런데 그런 걸 하기위해서 어떻게 해야 한다고 그 애를 쓰신 게 유치진 선생님이 처음인 거고.

김택호 : 그 공연은 또 유치진 선생님이라든가 김동원 선생님, 서항석, 차범석 이런 분들이 의기투합한 것처럼 보입니다. 역사를 보면 (그 분들이) 늘 같이 모여서 뭘 하시고 그런데, 그렇게 기라성 같은 분들이 모이다 보면 사이가 좋을 수도 있지만 또 사이가 안 좋을 수도 있는데, 이분들은 그래도 상당히 관계가 좋으신 편이었던가요?

전무송 : 글쎄 모르겠어요. 저는 개인적으로 어떻게 사이가 좋고 나쁜지는 모르지만, 내 눈에 비친 거는 이해랑 선생님, 김동원 선생님, 이진순, 이원경 선생님들이 드라마센터에 그 어떤 공연이 있을 때 늘 오셔서 연출들 하시고 강의를 그분들이 다 하셨거든요. 그러니깐 우리가 볼 때는 유치진 선생님의 아주 직계들이라고. 그러고 또 이렇게 들어오실 때도 그래. 이해랑 선생님보고 [오라는 손짓을 하며] 해랑아 이리로 "해랑이 이리로 와봐" 이러신다고. 대단한, 그냥 다 [감싸 안는단 표현을 하며] 이러고. 그런데 사실 그 신협의 제자들 아니에요. 그러니까 그런 정도지 그밖의 어떤 뭐가 있고 어떤지 그거는 모르죠. 그러나 서항석 선생이라든가 또 이런 분들은 원래 (소속했던) 극단들이 다르다고. 지금도 극단이 다르면은 서로 특색들이 있잖아 특색들이. 그와 같이 그런 게 다른 거예요.

김택호 : 제가 선생님 이 문제를 여쭤봤던 것은, 최근 연극학계 쪽에서 그때 당시 4·19를 경험했던 젊은 세대들과 방금 전에 말씀드렸던

원로들과 갈등이 있었을 가능성이 높다는 내용이 논문으로 발표되고 있기 때문입니다. 그래서 그분들이(젊은 연극인들이) 나와서 따로 단체를 만들었다는 주장이 그 논문들의 내용입니다. 그런데 다른 쪽에서는 (부분적으로) 갈등이 있었던 거지 (전면적인) 실제 갈등은 없었다는 의견도 있구요.

전무송 : 글쎄 나는 그렇게 생각을 해요 뭐냐면 그 그분, 지금 뭐 젊은 세대들이 실험극장도 있고 민중극장도 있고 전부 그렇게 돼 있잖아요. 그리고 차범석 선생님도 한참 다음세대들 아니에요. 그러니까 차범석 선생님의 극단, 또 누구의 극단, 다 있단 말이지. 그런데 이분들이 전부 와서 선생님 밑에서 전부 공부들을 하신다고. 어떤 일이 있으면 선생님한테 와서 의논을 하고. 또 내가 이렇게 보면은 와서 의논들을 하신단 말이지. 그러곤 이렇게 보면 누구네 극단, 누구네 극단. 차범석 선생이 올라오셔서 "무송이 좀 주세요" 그러면 "걔 아직 멀었어" 하고 안 보내고. 또 어떤 땐 군대 갔다 오니까 "이제 한번 해봐" 그래서 〈대리인〉이라는 거 차 선생님하고 하고 그랬지. 그리고 젊은 친구들이 이런 거는 있어요. 뭐냐면 신협시대 연극은 지금 이 시대에 맞지 않는다. 그 배우들의 표현이라든가 이런 거 있잖아. 그래서 우린 좀 더 자연스러운 그런 연극을 만들어보자. 뭐 그렇게 해서 이렇게 뭉쳐서 극단을 만들고, 난 그렇게 생각이 들어요.

김택호 : 그런 경우가 있습니다. 사실은 단체들 같은 거 몇 개를 놓고 넘겨짚어서 연구를 하는 그런 경향들이 있긴 있거든요.

전무송 : 그런데 이럴 수는 있어요. 뭐냐면 그 누구야 저 지금 손진책이 지금 그 파인데. 뭐냐면 우리극 같은 거 있잖아 우리극(마당극) 같은 거. 허규 선생이, 허규 선생도 우리 드라마센터 올라오셔서 유치진 선생의 지시받아가지고 우리 가르쳤어요. 허규 씨도. 그런데 그 양반은 오셔서 뭘 가르치냐면 우리 리듬, 우리 소리, 우리극 이걸 우리한테 가르

친다고 그 밑에서. 그래서 나중에 나가서 〈미추〉라는 거 뭐 이런 걸 만들잖아. 그러니까 미추는 다른 극단하고 다르잖아요? 색깔이 다르다고. 그런데 뭐 그 사람하고 갈등해서 다른 게(다른 길을 간 것이) 아니라 자기가 하고자 하는 연극이지. 신우선 씨도 그, 우리 공부할 때 오셨었어요. 그런데 그 사람 완전 민속적이잖아. 그 이렇게 보면은 그 민속품 그 수집하러 다니고 공주에 가보면 와 '이런 걸 다 모았나?' 이럴 정도로. 같이 술도 먹으러 다니면서. 그건 무슨, 그게 '네가 하는 게 싫어. 그러니까 난 이거야.' 그게 아니라 '그거보다는 나는 이쪽을 한번 해보겠다' 하는 거예요. 그래야 되는 게 아닌가, 난 그런 생각이 들어요.

김택호: 예 알겠습니다. 한 가지만 더 여쭙고 잠깐 쉬었다가 진행을 하도록 하겠습니다. 이것은 선생님께서 잘 경험을 하셨는지 아닌지 잘 모르겠습니다마는, 모르는 상태에서 여쭙겠습니다. 박정희 정부 들어서면서 공연법도 제정되고 극장법이라고 하는 것도 제정이 됩니다. 공연법은 명시적이진 않지만 아무래도 연극 내용에 대해서 검열을 하는 어떤 기준이 되기도 했구요. 그다음에 극장법은 일정 정도의 어떤 수준이 되지 않으면 극장 허가를 안 내주게 돼서 소극장이 사실상 불가능하게 만든 측면도 있었거든요. 그런데 그때 당시에 이런 것에 대한 반발이었는지 아니면 새로운 문화운동을 하겠다는 건지 모르겠지만 극장이 아닌 곳에서 공연을 하는 이런 움직임들이 있었습니다. 그러니까 카페 '떼아르뜨'라고 하는 다방에서 연극공연을 한다든가. 그런데 이런 것도 극장법에 저촉이 된다 해서 공연을 불허하기도 하고 이런 일도 있었고요. 또 선생님 〈수치〉라고 하는 구상 선생님 작품 공연하신 적 있으시잖아요. 구상 선생은 박정희 전 대통령과 아주 밀접한 관계인 거로도 유명한데 그 구상 선생님이 쓰신 〈수치〉를 공연하는데 이게 빨치산들 얘기잖습니까? 빨치산 중에 한 여자 분인가요? 이분이 빨치산에 대해

서 회의를, 환멸을 느끼고 하산하는 이런 내용이잖습니까? 그런데 그 빨치산 얘기를 하다보니까 김일성을 찬양하는 내용의 대사가 들어있었다고 그래서 공연을 한 달 이상 못 하게 되고 이런 경우도 있었다고 하더라구요. 그래서 그때 당시 연극….

전무송 : 아니 한 달 이상 못하게는 안 했어.

김택호 : 아 그랬습니까?

전무송 : 어. 내가 거기 주인공이었는데.

김택호 : 그런데 30일 정도 공연이 미뤄졌었다고….

전무송 : 아니 대본심사, 이 대본심사가 얼마 전에 없어졌어요. 그런데 뭐냐면 그 예를 들어 그때는 딴 거보다도, 우리 국시가 반공 아니야 반공. 우리 헌법에 명시돼있는 반공이란 말이야. 그런데 반공에 대한 그것이 이런데 나오면 안 된다 하는 거지. 그러니까 "이거 잘라." (하면서) 못 하게 한 건 아니고, "이거 잘라." 그런데 그냥하면 안 되고 "자르고 해." 이렇게는 했어요. 그 저 "김일성 만세." 하니까 "야 무대에서 그 말이 나오면 되냐? 잘라라." 이렇게 그런 거는 있었다고. 그러니까 반공을 국시로 하고 있는 그 현장에서, 그 현실에서 어떡하겠어요. 그렇잖아?

김택호 : 연극 활동에 위축감을 줄 정도의 수준은 아니었나요?

전무송 : 그래 그거에 대해서 반항하는 분들 많이 있었어요. 그래서 뭐 정말 그 시대를 뭐라고 얘기하는 사람도 있는데. 그거는 얼마만큼 그거에 대한 자기 생각이 투철하냐, 이해할 수 있느냐 아주 전적으로 거부할 수 있느냐가 판가름하는 것이지. 그래서 그것, 그때 당시 전부 그랬다면 예를 들어 한 80%가 그랬다면 80% 쪽이 맞는 거지. 그렇잖아? 50 대 50이면 반반이고. 그래야 되는 거 아닌가? 사실은 그것도 민주주의다. 그러니까 누구 한 사람이 뭐 한다 그래서 그거 싫다 그러면 다 싫어져야 되냐 이거야 아 난 좋을 수도 있는 거고 아니면 '그건

고쳐야 되겠다.' 할 수도 있는 거고.

김택호 : 그러니까 그 검열이라든가 이런 문제가 연극 활동을 어둡게 만든다든가 이런 수준의 문제는 아니었군요, 그때 당시는.

전무송 : 글쎄 뭐 그렇게 나는 그런 거까지는 모르겠어요. 무슨 연극의 문제가 아니다 뭐다 뭐 그거는 연출이라든가 작가들이 생각해야 할 문제니까. 배우는 '야 그럴 수도 있냐?' 하는 거지. 한다, 안 한다는 배우로서는 얘기가 안 되죠. 내가 예를 들어서 그거 하고 싶은데 나 그거 때문에 못 해 그럼 연출은 해야 되고 그러면 연출이 시키냐고 날.

김택호 : 그러면은 〈수치〉 공연이 연기됐었던 것은 극단 쪽하고, 법 집행하는 분들하고의 갈등문제라기보다는 어떤 행정적인 절차 때문에 늦춰졌던 건가요, 그럼?

전무송 : 모르겠어요. 그 하여튼, 이제 작가 쪽에서 보면은 그게 무슨 뭐 공산주의를 찬양하기 위해서 쓰는 거 아니란 말이지 오히려, 오히려 이럴 수 있다고. 성스러운 곳에 오줌을 눔으로 인해서 그것이 더 성스럽게 느껴지게 할 수 있잖아. 그렇잖아요? 그런데 "성스러운 것이니까 오줌 누지 마", "오줌 누지 마." 그러면은 "저게 얼마나 성스러워. 할 수도 있는데." 거기다 오줌을 누면 "야! 인마!" 오히려 더 그럴 수도 (성스러운 것을 더 부각시키는 효과가) 있지 않나? 그리고 또 어떻게 보면 작가의 입장일 수도 있단 말이지 작가로서. 더 부각시키기 위해서 반대급부를. 그 모르겠는데 하여튼 그건 그렇지 않을까 싶은 생각이….

김택호 : 저희들이 여쭤봤던 건 뭐 때문에 그러냐면요. 구상 선생님이 예를 들면 좌파적인 사고를 가지신 분도 아니고, 오히려 굉장히 단호하게 반공적인 입장을 가지신 분인데, 또 상당히 거물이셨고. 그런데 이런 분의 희곡까지도 이렇게 건드릴 정도면 그때 그 공연법의 위력이 그렇게 강했었나 이런 의구심이 있어서, 궁금증이 있어서 그래서 여쭤봤던 겁니다.

전무송 : 그런데 누구의 것은 손 대고 누구의 것은 손 안 대고가 아니라, 그 기준에 의해서 했겠지. 나는 그, 그건 잘 모르지만은 그때 그렇게 뭐 누구 '유치진 것이니까 그냥 해.' 뭐 '누구 거니깐 하지 마.' 뭐 그런 건 아니었던 거 같아. 그러나 작가로서의 어떤 사상이라든가 이런 거는 참고가 됐겠지. 예 그건 모르겠어요. 그러니까 왜 그런 거 있잖아? 뭐 월북한 작가 것은 여기서 안 한다 뭐 그런 거 있잖아.

김택호 : 〈〈수치〉〉 공연하시고 연습하시고 이럴 때 구상 선생님도 오셔서 보고 그러셨나요?

전무송 : 그분이 나 얼마나 예뻐했는데. 돌아가시기 얼마 전에 그분의, 저 어디야 세종호텔인가 거기서 그때 뭐 할 때 바쁘셔서 못 나오시고 그때 〈수치〉할 때 나오셔서가지고 "내가 생각한 주인공하고 비슷해." 그러더라고.

김택호 : 구상 선생님은 누구나 다 좋아하시더라구요. 워낙 사상적 경향을 떠나서 다들 구상 선생님 좋아하시고 그러시더라구요. 인품이 워낙 좋으셨던 모양입니다. 선생님 잠깐 쉬었다가 얘기를 계속 진행하도록 하겠습니다.

전무송 : 나 이런. 제대로 얘기했는데 하여튼 내 생각대로 얘기한 거니까….

김택호 : 또 제가 뭘 좀 여쭐 거냐면, 이제는 드라마센터하고 국립극단의 관계와 관련된 문제를 여쭐 거구요 그다음에 또 전무송 선생님하면 〈고도를 기다리며〉[12]의 블라디미르 아니십니까? 그러니까 소극장 운동과 관련된 문제를 여쭙도록 하겠습니다. 먼저 과거로 좀 올라가서

---

[12] 프랑스의 극작가 사무엘 베케트(Beckett, S.)가 쓴 희곡. '고도'라고 불리는 인물을 기다리는 두 부랑자 블라디미르와 에스트라공의 대화로 이루어진 희곡으로, 특별한 사건은 전혀 일어나지 않으면서 인간의 부조리(不條理)를 파헤친 극이다. 1953년에 초연되었다. 이 작품은 부조리극의 대표작으로 꼽는다.

요. 선생님 드라마센터 이제 지금 서울예대죠. 드라마센터 졸업하실 당시에 졸업 작품이 〈춘향전〉이셨어요. 〈춘향전〉에서 이몽룡 역을 하셨는데 신구, 민지환, 이호재 이런 분들이 다 그때 같이 공연을 하셨던 분들이십니다. 제가 뭘 여쭈려고 하느냐면 '춘향전을 졸업 작품으로 선택한 이유가 뭐였을까?' 이게 궁금해서 여쭙는 거예요. 이건 왜냐면요, 이 무렵이 대략 전통극운동이 시작했던 시점이거든요. 그래서 혹시 그런 분위기하고 관련이 있었기 때문에 춘향전이 선택된 것인지, 아니면 드라마센터의 성격상 외국 작품을 하실 수도 있었을 텐데 그 이유가 궁금해서 여쭙습니다.

전무송 : 그건 전혀 그런 게 아니었고. 우리가 실습 공연할 때 〈용감한 사람들〉 무슨 〈호걸〉이니 뭐니 다 섭렵을 한다고. 다 하고 뭐 정말 아닌 게 아니라 그 〈인간무도〉라는 작품을 번역, 아, 저, 창작극도 하고 뭐 이래가면서 쭉 했는데. 이분(유치진 선생)이 그때 말씀하신 게 뭐냐면 애정을 갖고 계세요 이 춘향전에 대해서. 당신이, 두 작품 있는데 〈마의태자〉하고 이 작품. 〈마의태자〉는 마지막 장면을 제대로 못 썼다는 그 한을 가지고 계시고. 이 〈춘향전〉을 어떻게 뮤지컬로 또 좀 올렸으면. 그러니까 춤과 노래와 이런 것이 다 섞인 그런 무대 좀 했으면 하셨던 것이 그분이. 그 애정을 갖고 있는 작품이 둘 있는데 그거거든요. 뭐 〈소〉라든가 이것도 다 애정이 있지만. 그런데 그때 그러시면서 "졸업 작품은 이걸 한 번 했으면 좋겠다." 그리고 또 하나는 뭐냐면 "너희들이 졸업하고 나가면 이런 사극의 어떤 그 맛이라든가 이것을 많이 할 기회가 없다. 나가면 이제 뭐 현대극이다 여러 가지 뭘 하는데 사극은 만나기 힘들다." 이런 또 생각도 있으시고 그래서 〈춘향전〉을 했어요. 그래서 그 〈춘향전〉을 하고 난 다음에 니들 졸업하고 나면 〈마의태자〉까지 올려보자 이렇게 생각을 하고 계셨던 거지. 그런 어떤 그런 것(전통극 운동을 염두에 둔)은 아니었던 거 같아요. 그런데 그때

당시 이렇게 보니까 신협이라든가 이런 데서도 〈원술랑〉이다 뭐 이런 것들을 많이 했더라구요. 그런 걸 많이 했고. 또 하나는 다른 극단에서도 전부 그 고전들, 그 외국고전들, 국립극단 같은 데서는 라스콜리니코프 나오는 거, 〈죄와벌〉이나 또 〈파우스트〉 같은 거, 이런 걸 계속들, 사실 그런 서양고전들을 많이들 했다고 다른 팀에서, 다른 극단에서들도.

김택호 : 그때 제가 그 공연하실 무렵 『조선일보』하고 『동아일보』 등을 보니까 이게 막 졸업한 학생들 작품인데 굉장히 관심이 많은 거예요, 문화면을 보니까. '신진연기자들이 어떤 연기를 하는지 우리 좀 지켜봐야 된다'라는, 한국연극의 미래를 엿볼 수 있다는 이런 식의 보도들이 나오더라구요.

전무송 : 그런 게 있어요?

김택호 : 예예. 그래서 보면서 아니 이게 대학 졸업하는 사람들 작품인데 이렇게 여러 곳에서 관심을 가질 정도면 흥행도 꽤 됐었나 싶은 궁금증이….

전무송 : 하여튼 그 2회인가, 이틀인가 했는데 꽉꽉 찼어요. 그래 나 그때 처음 박수를 받는데 너무나 흥분한 거야. 야 나 드디어 배우 됐다 이렇게. 그런데 되긴 뭐가 돼.(웃음)

김택호 : 별말씀 다 하십니다. 그러니까 무엇이 먼저인지 모르겠지만 사회적인 관심, 문화적인 관심이 있어서 그런 보도가 나갔는지, 아니면 그런 보도가 나가서 그런 관심이 촉발됐는지 몰라도 그때 당시론 상당히 중요한 이벤트였더라고요. 졸업 작품이라고 보기에는.

전무송 : 아마 졸업공연을 그렇게 큰 극장에서 한 건 아마 우리가 처음일 거예요. 그때 동대도 큰 극장이 없지 뭐 다른 대학들도 그렇게 큰 극장이 없었는데 우리는 드라마센터가 사회적으로도 알려져 있는 극장인데 학생들이 그 극장을 사용하니까 아마 그럴 수도 있고 또 하나

는 유치진 선생님에 대한 그 기대, 그분이 드라마센터를 지어서 늘 그러셨거든요. 연중무휴로서 이 드라마센터 극장은 운영할 것이다. 그런데 보니까 배우들이 없다. 학생들을 가르쳐서 배우를, 인재를 키워서 연중무휴로 하겠다. 그래서 늘 우리보고 그런 말씀을 하셨어요. 1년에 다섯 명씩만 나와라. 1년에 다섯 명씩만 나와라. 그 10년이면 50명 아니야. 50명이면 연중 돌아갈 수 있다. 그리고 그땐 여배우들이 부족했어요. 학생도 그러니까. "얘 너희들끼리 결혼 좀 해라. 여배우 도망가지 못 하게." 이렇게 그런 말씀도 하시고 그랬어요. 그러니까 드라마센터에 대한 애정도 대단하셨지만 연극의 그, 발전을 위한 어떤 인재들을 만들어내는데 굉장히 그, 신경을 쓰신 거죠. 열정을 가지시고.

김택호 : 공부를 한다는 게 오히려 독이 되는 경우도 간혹 있는데요. 선생님 말씀 듣는 과정에서 뭐냐 하면 이 무렵의 전통극운동에 대해서 평가를 할 때 이런 평가들이 있습니다. 그러니까 박정희 정부, 새 정부가 들어서서 박정희 정부가 워낙 민족주의를 강조하는 정부였다 보니까 연극계도 거기 부응하기 위해서 전통극운동이라고 하는 것을 해나간 측면이 있다는 분석들이 있거든요. 그런데 선생님 말씀 듣다보면 그것보다는 내부적으로 자연스럽게 이렇게 분위기가, 어떤 정책적인 것에 부응한다기보다는 자연스럽게….

전무송 : 그러니까 학생들에게 졸업하기 전에 그 맛을 보여주어야 된다 이거지. 그러면 졸업하고 나서 당신(유치진 선생이)이 쓰다 못 쓴 〈마의태자〉를 연결해가지고. 그래서 그 〈마의태자〉는 그때 당시에 김진규 선생이라든가 저 영화배우들, 인기 있는, 남미리 선생 무슨 뭐 이런 분들 전부 동원해서 했거든요. 그럴 정도로 이제 했는데 결국은 김진규 선생이 1주일 남겨놓고 연습하시다가 1주일 남겨놓고 저한테 이제 물려주고 그랬는데. 저를 언더스터디(understudy) 시키시더라구요. 〈마의태자〉 언더스터디를. 김진규 선생이 바쁘시니까. 그런데 나는 언

더스터디를 시켜서 처음에는 기분이 나빴지.

김택호 : 누구의 언더스터디를….

전무송 : 김진규 선생 〈마의태자〉. 〈마의태자〉 언더스터디를 하는 거야. 그래 기분이 나빴지. 왜냐면 난 〈마의태자〉하고 싶었는데 그렇잖아 젊은 마음에. 그런데 그렇게 어른이 하시니깐. 그리고 대스타가 하시는데 뭐 어떻게 해. 그러니까 아 알았다고. 속셈은 뭐냐면 그때 보름공연을 하는데 2회씩을 했어요. 하루에 2회씩. 지금은 1회씩 하지만. 그러면 30회를 하는데 30회 중에 한 회 정도는 시켜주겠지. 열심히 했지 뭐. 그랬더니 1주일 남겨놓고 못 하신다는 거야. 연습이 안 되시니까 촬영 때문에. 뭐 촬영이 엄청 바빴어요. 그러니까 "야 네가 해라." 이렇게 된 거예요. 그래 나 한 쪽으론 실망을 했어. 아 대스타하고 겨뤄보고 싶었는데(웃음). 그리고 끝나고 났는데, 혼날 줄 알았는데 칭찬을 하시는 거야. 이러시더라고 두 분이 "어 너 저 잘했어 걱정 마." 이러시면서 칭찬을 하시더라고 그래서 또 한 번 배우가 된 줄 알았지.

김택호 : 이미 배우 다 되셨죠, 그때.

전무송 : 그때 당시 모르는데.

김택호 : 선생님 국립극장 문제 좀 여쭤보려고요. 선생님 국립극단에 들어가신 건 '70년대시잖아요?

전무송 : '75년도에요.

김택호 : 그렇죠. '70년대셨는데 그때는 이미 장충동으로 갔을 때죠. 그런데 국립극장에 대해서 어떻게들 얘기를 하느냐면, 첫 번째로는 흔히 생각할 수 있는 것처럼 국립극단이 있고, 다시 정부에 관련되어 있었으니까. 일종의, 정부정책에 순응하는 어떤 구조가 있었다라고 하는 평가가 일단 있습니다. 그 반면에 또 다른 쪽에서는 그때 당시에 워낙 번역극들 일색이었는데 그래도 거기 창작극을 올렸다 창작극을 올렸다는 점에서 상당히 의미가 있지 않느냐 이런 평가를 하기도 하고. 또

어떻게 보면 민간극단은 늘 흥행이라고 하는 문제를 생각해야 되는데 국립극단은 거기서 좀 벗어나서 자유롭게 작품을 올릴 수 있는 분위기도 사실 있었던 것 같구요. 그래서 그런 것들을 감안해서 그 국립극단이 그때 연극인들에게 전반적으로 어떤 영향을 미치고 있었는지. 그러니까 국립극단에서 했던 여러 가지 공연기획들이 민간극단에 퍼져나간다든가. 아니면 민간극단에서 어떤 기획들을 과감하게 국립극단에서 수용한다든가 이런 어떤 교류나 이런 것들이 있었는지….

전무송 : 그거는 뭐 나는 이런 생각을 해요. 이번에도 그 도립(경기 도립극단)을 가서 이렇게 하면서 예하극단에서는 할 수 없는 일들이 많아요. 경제적인 것 땜에. 그러니까 자꾸 축소가 된다고. 그리고 대표가 피아노 맡기고 집문서 맡기고 하지 않으면 안 될 그런 상황들이라고. 그때 그랬어요. 그리고 뭐 차범석 선생님도 결국은 그래서 문 닫고 '광장'도 문 닫고 다 그러는 거죠. 그런데 그러면서도 "해야 돼. 그래도 막은 올라야 돼." 뭐 이래가면서도 하셨단 말이지. 그런데 그런 걱정 안 해도 되는 게 관립 단체란 말이야. 그런데 우리가 이렇게 볼 때 관립단체에서 할 수 있는 그, 해도 괜찮은 거는 대작들 아냐? 대작을 해도 된다는 말이지 돈 들어가도. 그러니까 그거를 그런 의무적으로 아니 저, 이런 사명감 때문에도 할 수 있는 거고. 그게 나는 그런 쪽이야. 그래서 나도 이런 거, 예를 들어서 명작들은 우리가 1년에 한 번 정도는 해야 한다. 그렇지 않으면 관객에게 보여줄 길이 없단 말이지. 내가 도립에 가니까 수원의 어느 연극 팬들이 이 극장에서는 명작을 못 봤으니 〈햄릿〉이라든가 셰익스피어라든가 이런 명작을 좀 1년에 한 편씩 하시오 이러더라구요. 그래서 약속을 한 거지. 그럼 좋다 명작 하나하고 우리 창작 하나하고 또 소극장도 하고. 그래서 단원들이 그 배역을 맡고 나면 안 맞는 단원도 있잖아요. 그럼 소품을 만드는 거야. 소품을 만들어서 돌아가면서 하자. 이렇게 해서 쭉 해오는데. 아마 내가 들어

갔을 때도 그랬어요, 국립이. 예를 들어서 소극장도 있었잖아요 거기. 그럼 소극장은 왜 저 이, 번역극 같은 거 그런 소극장에 맞는 작품들을 또 한다고. 단원들도 그러는 거야. "아 우리가 꼭 목적한 것만 해야 돼?" 이러고. 뭐 8·15때 되면 8·15에 맞는 작품하고 3·1절 되면 3·1절에 맞는 작품하고 그건 국립으로서 해야 된다는 거지. 뭐 시켜서 그런 건지 뭔지는 모르지만은 국립극단장 이하 거기서 지시가 아마 그렇게 내려오는 모양이지. 그러니까 8·15에 맞는 그런 내용의 연극, 6·25에 맞는 연극, 또 작가들도 그렇게 써오고. 그렇게 씀으로 해서 고료도 받잖아. 그러니까 그런 어떤 정책과 작가와 이런 어떤 관계, 그러면서도 또 일반 단체에서 할 수 없는 큰 작품들을 했다고. 나 없을 때도 그랬어요. 그리고 예를 들어 어떤 신진작가가 좋은 작품 쓰면, 우리 작품을 쓰면 그거 가서 또 하고 사다 하고. 그러면 작가 살리고 또 연극으로서 새로운 어떤 연극도 하고 그랬어요. 우리 있을 때도. 그래서 뭐 오태석이 작품도 막 갖다가 하고 그 실험적인 무대도 막 하고 그랬어요.

김택호 : 현장모집도 하고 그랬었죠.

전무송 : 그럼요.

김택호 : 현장모집도 하고.

전무송 : 그럼요. 그러니까 뭐 그런 어떤 기우 있잖아 그런 각자 나름대로 또 생각이 있을 거야. 그러니까 아마 그렇게 했겠지. 그거 또 나쁘다고 할 수 없지. 아 그럴 수도 있는지도 모르잖아.

김택호 : 그때 국립극단 단원들은 생활하시기에 괜찮을 정도의 대우를 좀 해주고 그랬었나요?

전무송 : 아마 어느 직장에 있는 사람도 자기가 제대로 받는다고 안 생각할 거야(웃음). 아이 그 적어 그러는데. 내가 그, 55,000원서부터 105,000원까지 받고 나왔어요.

김택호 : 감각이 잘 안 오는데요.

전무송 : 그러니까 '76년도에 아 '75년도에 10,000원이 지금 얼마 정도가 될까. 그때 그러니까, '70년대 초에 드라마센터에서 내가 조교하면서 20,000원을 주시더라고 조교 한 달 봉급이라고. 우리 마누라하고 나하고 딸하고 빠듯하게 입에 풀칠하는 거야. 버스비하고. 그러니까 경조사도 못 가고 20,000원을 받으니까. 그다음에 방학 때는 그것도 안 나오니까 입 닫고. 그러니까(웃음). 그 당시에 50,000원이면 어느 정도 될까.

김택호 : 그 뭐, 보통 중고등학교 선생님들 급여….

전무송 : 사실 너무 쌌어요. 너무 쌌어. 그런데 그때 당시 이런 다른 단체에서 그게 안 되는 거야. 단돈 20,000원도 안 나오는 거야. 그러니까 극장 측에서는 그거라도 주니 열심히들 해 이럴 수 있는 거고. 우리는 더 달라고 하는 거고. 그래서 어른들이 그 위에 올라가서 얘기도 하고 그래서 그 후에는 조금 더 많이 나오고, 퇴직금까지도 생기고. 우리 땐 퇴직금도 없었어.

김택호 : 또 역시 국립극장과 함께 얘기할 수 있는 게 앞에도 계속 얘기가 나왔지만 드라마센터, 아까 선생님 말씀하신 것처럼 록펠러 재단에서….

전무송 : 그랬다고 그래요. 얼마나 받아왔는지 그건 난 잘 모르지만….

김택호 : 록펠러 재단의 후원이 가장 큰 요소였고 그다음에 정부에서도 일부 그다음에 미8군에서도 또 지원을 했었다고….

전무송 : 글쎄 그건 뭐, 뭘 지원했는지는 모르겠어요, 미8군은.

김택호 : 처음에 기금을 아마 출현했던 모양입니다. 그러니까 일반적으로 어떻게 생각하느냐면 국립극단하고의 차이점, 드라마센터와 국립극단. 드라마센터가 훨씬 더 좀 서구적이라고 해야 될까요 좀 그런 측면이 있지 않았을까 하는 생각이 있을 수 있습니다. 아까 극장 디자

인도 말씀하시고 그러셨는데. 그런 점이 있지 않았을까 그런 추측을 하게 됩니다. 그다음에 또 하나는 국립극장하고의 관계거든요. 어쩔 수 없이 라이벌 관계일 수밖에 없잖습니까? 대표적인 두 극장이다 보니까. 그 과정에서 두 극장이 서로 상호보완해주는 요소도 있겠지만, 또 생각해보면 드라마센터는 국립극장하고 다르게 우린 또 다른 개성을 좀 보여야 되지 않을까 이런 움직임이 있었을 거 같기도 합니다. 그래서 이 드라마센터하고 국립극장과의 관계가 좀 어땠었는지 말씀해 주셨으면 감사하겠습니다.

전무송 : 아니 관계라기보다 당연히 있어야지. 그렇잖아요? 드라마센터 만들어서 국립극장처럼 하면 어떻게 해. 당연히 뭔가 달라야지. 왜? 생각하고 계시는 분들이 다르니까. 그렇잖아? 그리고 극장 자체도 드라마센터하고 다르고. 국립극장하고 다르게 지었다고. 프로시니엄(proscenium)이 아니라 에이프런스테이지(apron stage)를 사용할 수 있는, 객석 전체를 무대로 사용할 수 있는 극장과 그렇잖아요. 그러니까 달라질 수밖에 없다고. 그런데 제일 중요한 거는 국립극장이 그동안에 쭉 해왔던 어떤 형식의 연극이 있고, 드라마센터는 그 무대를 지을 때 어떤 연극이든 여기서 다 가능하다는 전제하에 극장을 그렇게 만든 거란 말이지. 그러니까 거기에 맞는 작품이 얼마든지 작가에 의해서 만들어질 수 있는 공간이란 말이야. 그러니까 뭐 오태석이도 올 수 있는 거고 무슨 안민수도 할 수 있는 거고 유덕형도 와서 할 수 있는 거고 누구든지 할 수 있는 그런, 그러니까 어떤 색깔의 연극이든 어떤 형식의 연극이든. 드라마센터의 기본은 그거였어요. 어떤 형식의 연극도 여기서 다 가능하다. 뭐 저, 스타니슬라브스키[13] 연극도 가능하고 오프브

---

[13] 콘스탄틴 세르게예비치 스타니슬라프스키(Constantin Sergeevich Stanislavskii: 1863~1938). 러시아의 연출가이자 배우, 연극이론가. 연극사에서 사회주의 리얼리즘을 확립한 거장이며, 모스크바예술극장을 창립해 평생을 연기와 연출, 후학

로드웨이 연극14)도 가능하고 한다면, 하기만 한다면. 그런 생각을 가지고 그 극장을 꾸몄기 때문에 그리고 이분이 미국의 어느 그 극장을 보고 '야 그러려면 이 극장처럼 지어야 되겠다' 하고 그 생각을 가지고 온 거란 말이야. 그러니까 국립극장하고 같아서는 안 되지 당연히. 그러면 당연히 같지 않으면 경쟁이 되는 거겠지. 나쁜 의미가 아니라. '아, 너희들 그렇게 발전해? 그럼 우리 이쪽으로 발전한다.' 뭐 서로가 그렇게. 또 그래야 되는 거 아닌가?

김택호 : 그렇죠 예.

전무송 : 그렇잖아요? 그래야 되는 거지. 똑같으려면 뭐 하러 해.

김택호 : 그렇죠. 장기공연은 그래도 별로 없었죠? 드라마센터도.

전무송 : 장기공연을 우리 때 보통 한 20일 정도는 했어요. 그때만 해도 장기공연일 때. 그리고 대관을 하게 되면 그렇게 못 하고. 어려우니까. 하루 움직이는데 돈이 엄청 들어가잖아? 그 뭐 전기료다 뭐다 이게. 그러니까 연극을 하면서도 끝나고 나면 '야 오늘 소주나 한잔하자.' 그런다고. 집에 들어가면 '또 술 먹었어?' '야, 술이라도 이번엔 먹겠다.' 또 끝나는 거고. 그러니까 뭐 딴 생각할 겨를이 없는 거야.

김택호 : 그래도 장기공연에 대한 갈증 같은 건 늘 있으셨겠네요. 아

양성에 힘썼다. 배우의 자율성을 중시하는 '스타니슬라프스키 시스템'은 현재까지도 배우 수업의 기초가 되어 있다.

14) 뉴욕 브로드웨이 극장가의 상업주의에 대항해 1950년대에 일어난 실험적인 소극장운동. '52년 T. 윌리엄스의 〈여름과 연기〉가 성공한 이래 제도화돼 좌석 수 299석 이하의 극장에 한해 싼 계약금으로 출연하는 것을 배우조합도 인정했다. 그 후 E.오르비의 〈동물원 이야기〉, J.겔바의 〈커넥션〉 등 히트작이 있었는데, 점차 상업화해 브로드웨이의 등용문으로 전락했다. 이에 반발해 '60년대 중반에는 뉴욕을 중심으로 오프-오프 브로드웨이운동이 일어났다. 오프 브로드웨이는 그리니치 빌리지 서쪽에 있었으나 오프-오프 브로드웨이는 동쪽으로 이주한 젊은 예술가나 히피가 떠맡고 있으며 창고 커피하우스 교회 등에서 공연하고 있다. 연기자들은 오프 브로드웨이 극단보다 출연료를 훨씬 덜 받으면서도 예술적 정치적으로 더욱 극단적인 경향을 보여준다.

주 길게 하고 싶은….

　전무송 : 그래도 드라마센터 때는 우리 비교적 적어도 다른 공연장보다, 우리가 할 때는 길게 했어요. 자주 못 해서 그렇지.

　김택호 : 선생님 국립극장 '명동시대'와 장충동 옮기고 난 다음에, 얼마 전에 보니까 '명동시대'를 생각하는 공연도 하시고 그러셨던데 '명동시대'의 국립극장이 더 그리우신 건가요 아니면….

　전무송 : 아, 나는 그 극장에 일루 옮기기 전에는 한 작품인가밖에 못 했어요. 두 작품인가. 그 '광장'이라는 극단하고 해서 한 작품하고 군대를 간 건데. 그런데 그때 당시 이렇게 들어가면 연습장이 얼마나 추운지 그냥 시멘트벽이고 뭐 왜 둥그런 난로 있잖아? 그거 하나하고, 극장에 들어가면 냄새 나고, 건빵 냄새 같은 거 나고. 그런데 그 분위기가 그런데도 좋더라고. 그 분위기가 참 좋았어요. 그래서 그런 생각을 하고 갔다 왔는데 곁에서 이렇게 보면서 늘 얘기 듣기를 '우리의 중심, 연극인들의 중심 중앙국립극장 명동에 있다.' 그게 늘. 그리고 '언제 내가 저 무대에 설 것이냐, 나는 저 무대 꼭 한 번 서볼 것이다'라는 기대를 하고 있었는데 어느 날 저쪽으로 옮기니까 허무해지는 거지. 그러고 그것도 무슨 뭐 장사하는 사람들한테 팔렸다니까. 뭐 증권회사인지 뭐 이렇게 됐었잖아요. 지금 다시 찾아와서 다행이지만 그런 것들이 좀 아쉬웠던 거 같아요. 앞으로 그런 우를 범하지 말아야지.

　김택호 : 그게 LG에서….

　전무송 : 모르겠어. 나 LG인지 뭔지는 모르지만은 그리고 돈 있는 사람들도 될 수 있으면 그런 건 건드리지 않았으면 좋겠어.(웃음) 건드리지 않고 보존해주고 말이야.

　김택호 : 장충동으로 가면서 많이 달라졌습니까? 국립극장의 여러 가지 레퍼토리라든가 혹은 기획 성격이라든가 이런 것들이?

　전무송 : 아 달라지죠. 왜냐면 덩치가 커지는데 안 달라지면 안 되지.

김택호 : 그래도 또 그렇다고 해서 장기공연이 생기고 이런 건 또 아니었겠죠?

전무송 : 그런데 이제 그 뭐냐 하면은 사람들이 바뀐다구요. 사람들이 바뀐단 말이야. 그 생각을 가진 사람들이 차츰차츰 옛날은 가고 새로운 사람들이 오는데 새로운 사람들이 옛날하고 똑같은 생각 갖고 오진 않는다고. 그럼 자연스럽게 달라지는데 달라지지 않는 이유 중에 하나는 뭐가 있냐면 윗사람이 나가기 전에 강요해놓고 나간단 말이야. 그러면 안 되지. 그래서 그게 좀 길어지는 거. 그런데 달라졌어요. 우선 그 운영하는 사람들이 현장에서 운영하는 사람들이 젊어지고 이러다보니까 그게 달라지더라고. 그런데 뭐가 달라졌는지 나는 모르겠지마는. 그 내가 그전에 처음에 국립극단 움직였던 거 그걸 이제 들었던 거하고 내가 체험은 못 했으니까. 내가 갔을 때 보니까, 내가 이쪽에서 연극하는 거는 거의 비슷한 느낌으로 생활을 했으니까. 단 하나 뭐 6·25 때 되면 6·25에 관한 작품 한 거. 3·1절 되면 3·1절에 관한 작품 한 거 그것은 참 못마땅했어요. 그런데 나는 그런 거지. 그때 당시에 우리 단원들이 전부 '기왕 하는 거 제대로 만들자.' 예를 들어 목적극이래도 제대로 예술성과 이런 걸 생각해서 만들자는 것이 그때 그 김동원 선생님이라든가 장민호 선생, 백 선생 저, 백성희 선생, 우리 이해랑 선생님들 이런 분들이 그 생각들을 하고 하신 거니까. 〈이순신〉하는 데도, 나는 못 봤지만은 그냥 어떤 목적극이 아니라 제대로 하려고 작품성 있게, 완성도 높여서. 그래야 목적극도 제대로 작품성과 완성도를 생각하면 그건 그 나름대로 또 한 작품이라고. 그렇지 않을까? 그러니까 무슨 마음을 먹고 그림을 그리느냐가 중요한 거지. 돈 벌기 위해서 그림을 그리느냐 그림을 잘 그렸더니 돈이 생겼느냐. 돈의 가치는 다른 거 아닐까?

김택호 : 그렇죠. 네. 그렇습니다. 국립극장하고 드라마센터에 관련

된 궁금증 많이 해소가 됐습니다. 선생님 말씀 듣고 나서.

전무송 : 어디까지나 내 객관적인 생각이야.

김택호 : 그러니까 딱딱 분리해서 보는 시각이 있었는데 그렇지는 않았던 것 같습니다. 연극사와 관련된 마지막 질문인데요. 선생님 그 아까 말씀드린 것처럼 극단 산울림의 〈고도를 기다리며〉는 선생님과 관련하여 빼놓을 수 없는 작품입니다. 대략 한 1970년대부터 소극장운동이 시작됐다고 보는 견해가 일반적입니다. 그런데 소극장운동이 시작되니까 예전에 드라마센터라든가 국립극단 중심이었던 것보다 소규모 공연들이 장기공연으로 이루어지고, 또 소극장 공연이다 보니까 현대극, 실험적인 작품들이 올라가게 되고, 이렇게 되면서 어떻게 보면 한국연극의 그 큰 모습이 확 바뀐 것이 바로 1970년대 소극장운동 시작 이후부터가 아닌가 싶은 생각이 듭니다. 그런데 소극장운동의 초기의 형성과정이라든가 전개돼 나가는 과정에 대해서는 많은 분들이 잘 모르는 거 같아요, 아직도. 그래서 선생님께서 소극장운동을 하셨고 실제로 극단도 하셨잖습니까? 그러니까 1970년대 소극장운동이 어떻게 시작됐고 또 어떻게 초기에 전개가 됐는지 여쭙고 싶습니다.

전무송 : 그런데 하여튼 소극장이라는 게 우선 생기기 시작한 게 돈이 없어서 생긴 겁니다. 돈이 없는 거야. 그러니까 연극은 하고 싶고 그게 발단이 된 거라. 요만한 공간에서라도 할 수 있다 이게 발단이라고. 그런데 그때 당시 (극단이나 극장이) 조그맣게 생기면서 '과연 될까?', '그래도 한번 해보지.' 그런데 그 연극에 열정을 가진 분들이 시작을 한다는 거야. 그러다보니까 이제 막 나온 친구들도 어? 그 좁은 공간에서도 되네. 이러니까 또 만들고 뭐 이러면서 오늘날 수십 개가 되는 거야. 그런데 사실 소극장 우리들 처음 시작하면서 한 생각은 뭐냐면 큰 극장에서 할 때는 관객에게 우리의 이 감정이라든가 표정이라든가를 정확하게 전달 못하니까 과장된 것만 보여줄 수밖에 없다. 그런데

소극장은 가깝게 하니까 그러니까 카페 떼아뜨르라든가 뭐 이렇게 된 거야. 가깝게 앉아서 이러니까(연극을 볼 수 있으니까) 그러니까 관객도 하나의 그 상황 속의 일원이 되게 만들 수 있지 않느냐 또 이런 생각들 하면서 그게 하나씩 하나씩 생겨난 겁니다. 그게 〈고도를 기다리며〉 같은 것도 그렇고. 어떤 연극, 〈별주부전〉 같은 것도 큰 극장보다는 그런 데가 재미있다는 말이야. 앉아가지고 그 왜 마당극 식으로 말이죠, 같이 섞여서. 그러다보니까 재미가 있고 그러니까 또 관객이 또 새로운 어떤 형식의 관극을 할 수 있단 말이지. 그래서 거기에 차츰 (소극장이) 생겨나고. 처음에는 사실 극장을 맘대로 사용할 수 없는 극장 부족, 극장이 없었죠. 극장 부족 그다음에 극장 사용하려니 돈이 부족하고 또 인적 자원도. 그렇게 해서 생겨나기 시작한 게 아닐까 그런 생각을 해봅니다.

김택호 : 대개 어려웠죠 소극장들이 다.

전무송 : 그럼요. 오태석 씨하고 이호재 씨하고 나하고 또 그 〈고도를 기다리며〉, 이제 또 임영웅 선생하고 하기 전에 저 삼일로 창고극장에서 거기서 또 하고 이러는데 사실 그때 정말 이렇게 관객들이 와서 이렇게 가운데 하는데. 그땐 여대생들이 아니면 연극이 안 됐어요. 돈이 안 돼. 여대생들이 와야 돼. 그러니까 이대, 숙대 앞에서 전단지 뿌리는 거야. 그런데 지금 그런 팬들이 어디선가 만나면 '아이 그때.' 그런데 이렇게 보면 노인네야. 나는 생각 안 하고 그런데. 이대 나왔대 그런데 보면 노인네란 말이지(웃음). 그런데 [원을 그리며] 이렇게 앉아가지고 그 왜 연기하고 나면 이렇게 잘 때 있잖아. 그러면 부채로 [부채질하는 흉내를 내며] 부쳐주고. 그게 또 그렇게 재미있어. 하여튼 그런 그렇게 해가면서 관객들하고 가까워지고. 또 이렇게 얘기 들어보면 이렇게 멀리 프로시니엄 보는 거보다 뭔가 더 와서 닿는다. 이런. 그러나 연극하시는 분 중에 어느 분은 '소극장 연극은 연극 아니야.' 이러시는

분들도 있어요.

김택호 : 좀 완고하신 생각 가지신 분이신 거.

전무송 : 뭐 다 해야지 뭐 이러는 거. 그러고 뭐 신비로워야 한대는. 그런데 그건 맞는 얘기 같아. 연극은 좀 신비로워야 되지 않을까. 그런데 가까이 이러고 있으면 신비감이 없잖아. 다 들키고.(웃음) 그래서 신비로운, 사실 그, 무대라는 거는 우주만물이 다 생존할 수 있는 그런 무한한 공간 아니에요. 그러면 그 공간을 살리려면 신비로움이 없으면 또 그것도, 경우에 따라서지만 그렇지 않을까 생각합니다.

김택호 : 그런데 뭐 소극장에서 이렇게 연기하시는 거 가까이에서 뵈면 소름끼칠 때도 있습니다. 이 바로 옆에서 그러시는 거 보면.

전무송 : 그렇지. 이제 그걸 또 노리는 연극도 있단 말이야. 관객도 똑같은 거지.

김택호 : 그렇죠 관객도 똑같은 거죠. 그렇죠. 그, 소극장운동을, 소극장 문화가 막 생기면서 연극 그, 새로운 연극하겠다고 하는 배우들도 많이 이렇게 수혈이 되고 또 그렇겠죠.

전무송 : 예. 그래요. 그러고 심지어는 하다하다 안 되니까 거리로 뛰쳐나가고. 그 우리 동기 중에 방거지라는 친구가 있어요. 방태수 씨. 그 친구는 정말 퍼포먼스를 하는데 그림 그리는 친구 또 무용하는 친구 그러고서 '에저또'라는 극단을 만들어가지고 하다가 막 밖으로 뛰쳐나가서 그랬어요. 다리위에서 빨개 벗고 하다가 걸려갖고 막 도망 다니고. 저 신세계 그, 다리 있었잖아요 그때. 거기서.

김택호 : 〈고도를 기다리며〉는 어떻게 그렇게 장기 공연이 가능했을까요. 좀 믿어지지 않을 정도로 장기공연이잖습니까?

전무송 : 모르겠어요. 잘은 모르겠는데 그, 기다리는 걸 보고 기다렸는지도 모르죠. 그래서 자꾸 와 본 거 같아요.(웃음) 그거 찾으려고. 저 사람들이 누굴 기다리나 하고 자꾸. 그런데 그거 어느 날 공연하는데

연대생들이 뛰어 들어왔어요. 데모하느라고. 그러더니 우리보고 당신들 우리 이, 이런 상황인데 무엇들하고 있느냐고 이러는 거야. 그것도 연극하고 뭐하고 있냐 이거야. 그래 우린 지금 고도 기다려.(모두 웃음) 무슨 말인지 모르고 그냥 나가는 거라. '뭐하고 있냐?' 뭐 대답할 게 있어야지 그래서 우리 고도 기다려.

김택호 : 그 〈고도를 기다리며〉가 계속 흥행도 소극장 유지할 정도로 계속 되었던 모양이죠?

전무송 : 아 그런데 그 저도 이제 그 고도를 하면서 우리 '산울림'에서 임영웅 선생께서 이렇게 하고 또 이제 그 전에 나 고도하기 전에도 누가 필름을 통해서 외국 사람도 해석하고 했지만, 제일 재밌어요. 임영웅 선생 해석이. 그리고 임영웅 선생 해석이 제일 가까운 거 같아(정확한 것 같아). 나름대로 다 다르겠지만 내가 생각할 때는 제일 가까운 거 같아. 사실 우리 인생살이가 놀이거든. 놀이잖아요. 그 놀이를 제대로 하고 있는 거지. 거만 떨고 뭐 해봤자 그것도 놀이 중에 하난데. 그러면서 뭘 만날 기다리자는 거야(모두 웃음). 뭘 기다려 고도를 기다려.

김택호 : 선생님 제가 발언을 독점하고 있었는데 마지막으로 개인적인 것 두 가지 여쭤면서 저의 질문을 줄이도록 하겠습니다. 하나는 여러분들 아시는지 모르겠지만 전무송 선생님이 온 가족이 연극인이시고 연기자신데 따님과 아드님, 또 사위분도, 사위분은 아마 저하고 연배가 비슷할 거 같아요. 호랑이 선생님 아역 배우할 때 제가 보고 그랬는데 지금 연출을 하시죠. 그런데 온 집안이 동일한 직업 그것도 흔치않은 직업을 가지고 계신다는 것이 어떤 의미일지. 이게 불편한 점과 편한 점이 다 있으시지 않을까 생각이 듭니다.

전무송 : 그렇죠. 우리 집사람도 사실은 연극인이에요. 표 팔러 다니는(모두 웃음). 공연만 하면 표 팔러 다니는 거에요. 지금도 나 공연하면 표 팔러 다니고. 그런데 모르겠어요. 왜 그런지는 모르지만은 애들

이 어려서부터, 현아는. 집사람이 직장을 가졌어요. 뭐 밥 먹고 살아야 되니까 그런데 애를 맡길 데가 없어. 그래 내가 데리고 드라마센터로 올라가요. 그럼 드라마센터에서 놀고. 그런데 그때 당시 유덕형 그분의 아들, 딸, 안민수 씨의 아들, 딸이 그 나이들이거든. 그래 거기서 사니까 걔네들하고 어울린단 말이지. 그럼 뒤놓고 우린 연습을 하는데 요놈들이 밖에서 놀지 않고 극장에 와서 뛰어 다닌다고 우린 연습하는데. 그러더니 걔네들이 전부 지금 연극한다고 그래요. 춤추고 연극하고 나름대로. 그러니까 어려서부터 봤기 때문에 그러는 건지 그런데 좀 다 그렇게 했으면 스타가 있으면 편안할 텐데 스타는 없고.(모두 웃음) 그런데 애들이 다 좋아해요. 좋아하고, 좋은 점은 내가 "야 우리 작품 어떻게 봤니?" 이러면 "에이 그걸 연기라고 해." 이런 얘기할 때. 그러니까 이야기를 해준단 말이죠, 그럴 때. 나쁜 점은 내가 걔네들 연극하기 전에 연극계에서 펼쳐놓은 나쁜 짓 다 들키는 거(모두 웃음). 다 들켜 가지고 지금 뭐 숨을 데가 없어.

김택호 : 이건 선생님 견해를 여쭙는 겁니다만. 제가 선생님 예전에 하셨던 인터뷰를 쭉 이제 뒤져보다 보니까 '연극인 인생 희로애락의 축소판이면서 계몽적인 성격을 가지고 있다.' 이렇게 말씀하셨어요. 그런데 저는 계몽적인 성격이란 말씀이 조금 의외였어요. 연극에서 계몽성을 찾는 측면이 선생님에 대해서 제가 알고 있었던 것과는 다른 점이라는 생각이 들었었거든요. 그래서 '선생님께서 말씀하신 계몽성이라는 게 내가 생각하는 계몽성하고 조금 다를 수 있겠다.' 싶은 생각이 들었습니다. 선생님께서 당시 '계몽성'이라는 말씀을 어떤 의미에서 하신 것인지 말씀해 주십시오.

전무송 : 글쎄 내가 계몽이라고 지적을 했는지 모르지만은 나는 분명히 연극이라는 것은 우리에게 삶을 가르치는 것이라고 생각을 해요. 가르친다 이거야. 몸으로 해서 나름대로 난 이거니까 너 이거 배워, 이게

아니라 내가 삶을 옳게 살면 그, 표현을 옳게 하면 그걸 보고 맞아 저래야 돼, 저래선 안 돼. (이런 영향력이) 있을 거라. 그러니까 연극은 상대방에게 관객에게 감동을 준다는 것은 뭔가 가르치는 거 뭔가 가르친 거라고 난 해석을 해요.

김택호 : 그런 의미에서요.

전무송 : 네. 그러니까 6·25 작품해서 6·25 상기시키고 뭐 그게 아니고.

김택호 : 네. 좀 더 깊은 인생에 대한 인생을 예습하고 복습하게 해주는 요소가 있다고.

전무송 : 그러니까 왜 모르겠어요. 어른들이 그러더라고 연극은 삶의 희로애락의 갈등을 보여주는 것이 연극이라고 했으니까 당연히 그거, 그것이 나타나야 되지 않을까 어떤 형식이든, 어떤 형식이든 다 그 속에 그게 들어가 있거든.

김택호 : 이제 대담을 마무리하는 차원에서 가벼운 질문을 하나 드리겠습니다. 선생님 예전에 어떤 작품에선가 신구 선생님 대역으로 대기를 하고 있다가 울분을 참지 못하신 일이 있으셨다고 들었습니다.

전무송 : 그게 바로 그게 뭐냐면 아까 내가 유치진 선생님한테 불려가서 꾸중들은 그 사건이거든. 그게 해럴드 핀터(Harold Pinter)의 〈버스데이파티, *The Birthday Party*〉, 생일파티인데 그 신구 선배가 내가 군대 갔다 와서 바로 그 연습이 들어갔어요. 유덕형 지금 총장께서 유학 갔다 돌아와서 〈알라망〉인가 실험극을 하나 딱 내놓고 그다음에 우리 온 다음에 그 작품을 하자 이렇게 돼서 했는데 나는 사극만 하다 갔다 오니까 부조리연극에 대한 뭐가 있어야지. 그러니까 그때만 해도 저 해럴드 핀터의 작품이, 부조리극이라는 것이 처음 들어올 단계란 말이야. 지금 고전이지만. 그런데 왜 도대체 무슨 소리야 이게 이러는 거지.(부조리극에 대한 이해가 잘 안 되더란 말이지) 그러다 하여튼 헤매

면서 뭐 해가면서 대사도 전부 암기되면서 다 이러는데 신구 씨가 들어오셨어. 그러니까 유덕형 총장께서, 신구 그 양반은, 우리는 군대 갔다 오기 전에 드라마센터에 들어왔고 그분들은 군대 갔다 와서 들어왔기 때문에 한 3, 4년씩 차이가 나요. 그런데 그분들은 인생에 대한 그 뭐 연륜이라든가 체험이라든가 우리들 군대가 있는 동안에 많은 연극을 하고 그랬으니까 적응을 금방 하니까 나를 교체시키는 거죠. 거기서 또 언더스터디 취급을 받는 거야. 그러니까 언더스터디는 옛날 한 번 해봤으니까 화가 난 거지. 그래 술 먹고 행패를 좀 부렸어요. 쫓아다니고 그랬었는데. 그런데 깨고 나니까 그 다음날 유치진 선생님이 부르시는 거야. '아이 인젠 쫓겨났구나.' 어제 한 일이 대단하니까. 그래서 들어갔더니 생각 외로 '이리로 와 앉아.' 이래. 그래서 내가 이상하다 이러고 있는데. 그분은 담배를 못 피시는데 손님이 오면 내놓는 담배가 있어요. 그걸 이렇게 주시는 거야. '아, 선생님.' 그랬더니 "이놈아 피워." 가만히 (고개 떨구며) 이러고 있으니까 "이놈아 펴. 어제 보니까 술도 잘 처먹고 담배도 너 무지하게 피우더라. 피워." 그래서 이렇게 받았더니 라이터까지 또 켜주시는 거야. 아이고 뭐 정말 어렵더라고요 그 받아서 이렇게 빨았어. 그런데 거기서 후 내놓을 수가 없잖아요 그래 죽겠는 거야 이거 뭐 어떻게 할 수가 없는 거지 빨았는데. 고등학교 때 생각이 나요 선생한테 들켜가지고 담배연기가 이게 쭉 나오고 그런. 그래 (고개 떨구며) 이러고 있는데 "이놈아 내뱉어. 폐병 걸려." 그러시더라고 그래서 (옆으로 고개를 돌리고) '후' 그랬더니 지금 (앞의 청중을 가리키며) 선생님처럼 미소 지으시면서 "어저께 어떤 놈이 땡깡을 놨대." 이러시는 거야. 그게 나지. "저에요." "너지?" 이러시면서 이제 그 말씀을 하시는 거야. "먼저 인간이 돼야 훌륭한 배우가 된다. 너는 내가 보기에 어떤 연민의 모습을 무대에 서면 보여주는 놈인데 그렇게 인간이 안 돼가지고 어떻게 배우를 하냐. 훌륭한 배우가 되려면 인간이 먼저 돼라. 그다음에 무대에 제대로 서려면 10년이 가고 말을 제대로 하려면 10년이 간다. 그러니깐 그 연습할 때 안 되는 것이 그 10년이 안 됐으니까 안 되는 거야." 그런 여러 말씀을 하시면서 "열심히 공부해서 민들레 씨앗처럼 우리나라 연극계에, 연극을 퍼트려라." 그러니까 가만히 (몸을 움츠리고 고개를 떨구며) 이러고 있다가 나왔지. 나오는데 가만히 수긍을 하면 좋은데 나오면서 무슨 생각을 했냐면 '인간 아닌 놈이 어딨어.'(모두 웃음) 그런데 그게 그렇게 평생을 따라다녀요. 지금도 숙제에요. 내가 그동안 훌륭한 배우가 못 된 거는 아직 인간이 안 된 것이다 언젠가는 훌륭한 배우가 되고 싶으니까 그 순간에 인간이 되겠지. 뭐 이런 생각을 하면서 그게 숙제를 주시는 거 같아요.

김택호 : 유치진 선생이 조용조용하시죠?

전무송 : 아 그럼요. 그런데 화나시면 대단하세요. "You know me?" 이렇게 하시면서 말씀하시면 아주 뭐 칼 같으세요. 그게 그 사람이에요.

김택호 : 유치진 선생님이 일본에 유학하고 계실 때는 사회주의 운동도 하셨습니다. 그래서서 열정적인 이런 분이신가 싶은 생각이 드는데요.

전무송 : 그런데 일을 하시는데 뭐 이렇게 꾸중하시면서 정말 모든 걸 다 바치세요. 이렇게 옆에서 보면. 그리고 다니면서 무대에서도 왜 못 같은 거 있잖아요? 딱 주우세요. 지나가면 "너 일루 와." 그러고. 보면 구부러진 못들 "가 펴와." 그리고 "나 따라와." 이러고 가면은 또 그런 거 주워서 주시고 펴오라고 그러시고. 그러니까 굉장히 그 드라마센터 아끼시는 거예요. 말도 못 하게 아껴요. 그러시면서 '무대와 연습실은 신성한 곳이다. 무대와 연습실은 신성한 곳이다. 신비로운 일을 만들어내는 곳.' 늘 그러셨어요.

김택호 : 예. 선생님 장시간 시간 내주셔서 감사합니다. 장시간 예전 기억 떠올리면서 이런 저런 말씀해 주셔서 감사합니다.

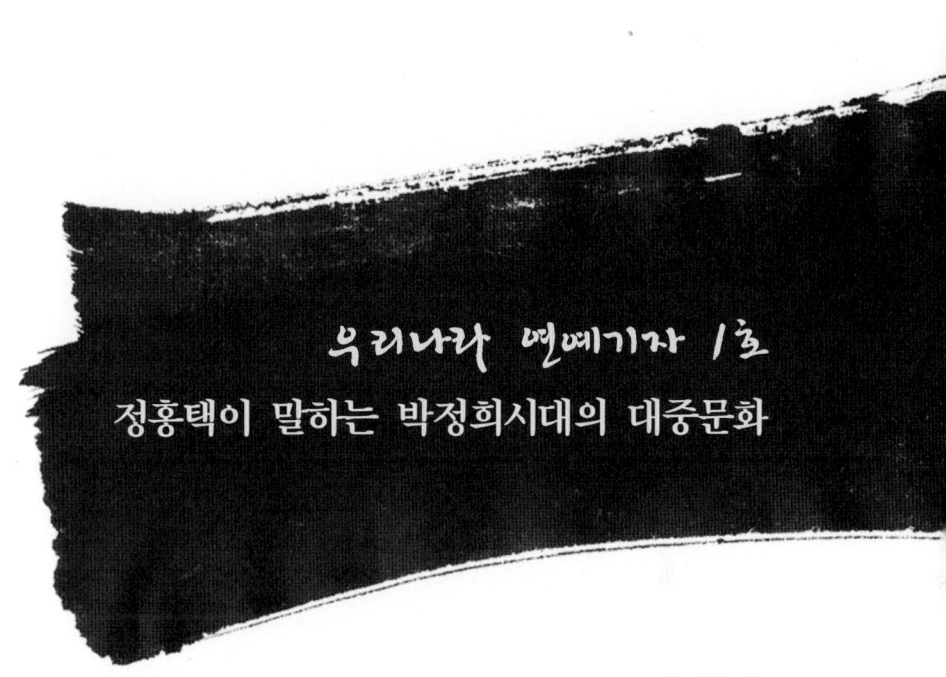

우리나라 연예기자 1호
정홍택이 말하는 박정희시대의 대중문화

손 동 유
명지대학교 국제한국학연구소 연구교수

우리나라 연예기자 1호
정홍택이 말하는 박정희시대의 대중문화

손 동 유

'박정희시대'라는 단어가 주는 시대적 무게감과 '대중문화'가 주는 익숙하고 밝은 이미지가 묘하게 교차하는 증언이었다. 시종일관 유머와 위트를 섞어 청중들과 대화하듯 이야기를 이어가는 정홍택 선생은 자타가 공인하는 '우리나라 연예기자 1호'이다. 유난히 연예인들의 이름이 많이 등장하는 포럼이었다.

그는 일제강점기를 벗어나 국가의 기본적인 틀을 완전하게 갖추지도 못한 채 민족 간의 전쟁을 거쳐야만 했던 시련의 시대에 성장했다. 4·19민주혁명, 5·16군사정변 등의 극심한 정치적 혼란기는 군대에서 보냈다. 외국어에 특별한 능력을 갖고 있었던 그는 외무공무원과 언론인의 사회진출의 기로에서 언론을 택했다.

대학진학 때 마음에 품고 있던 정치인이 되고자 하던 꿈을 이루기에는 언론쪽이 적합하다고 판단했기 때문이다.

하지만 한국일보에 입사한 후 그의 삶은 대중문화와 떼려야 뗄 수 없는 관계가 되어버렸다. 문화적 위상을 논의하기엔 여러모로 준비가 부족한 당시 사회풍토에서 정홍택은 대중문화의 정체성을 정립하고, 대중문화의 저변을 넓히는 데 모든 노력을 다했다.

음악, 연극, 영화 등의 다양한 장르와 라디오, TV 등의 매체를 섭렵하며 기자로, 평론가로, 디스크자키로, 때로는 제작자로 심지어는 대중예술인의 매니저로서 그의 삶은 고희(古稀)를 지나 희수(喜壽)를 마주한 지금에 이른다.

현재에도 그는 활동한다. '국제저작권기술콘퍼런스(International Copyright Technology Conference; ICOTEC)조직위원장'이 그의 직함이다.

그런 그가 말하는 박정희시대의 대중문화는 한마디로 역동적이다. 이전에 볼 수 없었던 새로운 문화를 만들어 내는 순간들이었고, 그 당시 마련된 기반으로 현재의 대중문화도 꽃피울 수 있었다는 주장이다.

정치·사회적인 맥락에서 미루어 짐작할 수 있는 당시 정권의 대중문화에 대한 탄압에 대해서는 그는 단호히 '없었다'고 증언한다. '지금의 잣대로 판단하지 말고, 당시 상황에 입각해서 당시를 바라보자'라고 주장한다.

그가 말하는 '당시 상황'은 남북 사이의 첨예한 대립의 산물인 반공

이데올로기가 검열의 기준이 되는 상황, 퇴폐 및 향락에 대한 모호한 잣대가 대중문화 창작의 과정과 결과물에 적용되는 상황, 그리고 이 상황이 결국 대중문화인들에게 활동의 제약으로 작용하는 과정을 모두 포함한다.

탄압은 인정하지 않았지만, '검열'의 실체에 대해서는 '있었다'고 말한다.

> 그 양반(박정희 전 대통령 ; 편자 주) 특히 잘한 건 대중문화를 풀어준 겁니다. 거기에 물론 뭐, 있다가 나중에 나오겠지만 검열도 있고 뭐 못한 것도 있어요. 그것도 해야 돼요. 덮어놓고 그때 풀었어 봐요 지금. 예를 들어서 그때 풀었어 봐요 한국 대중문화는 살아있을까? 저는 아니라고 보거든요. 그때 일부 막아놨던 것이 봇물 터지듯이 나오는 것이 중요하다 저는 그렇게 생각하는 겁니다.

그는 '검열'이란 대중문화의 발전을 위해서는 반드시 필요한 것이었고, 국가의 통제없이는 대중문화가 자생적으로 설 수 없으며, 오히려 일정한 통제를 거치면서 뚫고나오는 산고(産苦)를 거쳐야 대중문화가 의미와 가치를 지닌다는 주장을 한다.

이러한 맥락에서 그는 대중문화계의 여러 부분에서 볼 수 있었던 이른바 '군기'로 불리우는 다소 폭력적 요소까지도 포함하는 서열을 앞세운 질서잡기에 대해서도 있을 수 있고, 필요한 일로 이해하고 있다.

다만, 당시 언론계 종사자로서 박정희 정권의 언론에 대한 탄압에 대해서는 광고탄압 등의 실체는 인정하되 평가에 대해서는 결론적 주장을 하지 않는다. 그는 한국일보 차장 시절이었던 '시월유신선포' 직후 술자리에서 있었던 사소한 말로 인해, 정보기관에 연행된 경험도 있다. 그럼에도 불구하고 박정희시대를 '박정희의 시대'로 이해하고 있는 듯, 큰일 하느라 바쁜 '대통령 박정희'가 대중문화에 대한 탄압을 직접 지시했을 리 없는 것처럼, 여타의 탄압도 '아랫사람'들의 과잉충성의 폐해 정도로 치부한다.

   시종 유머와 위트를 놓치지 않는 그는 발언 중 전쟁과 가난의 기억에서는 눈물을 감추지 못했다. 이러한 격동의 시대를 대중문화인으로 살아온 그의 증언은 지난 시대의 무거운 기억과 경험을 자신의 콘텍스트(context)와 콘텐츠(contents)로 새롭게 탄생시키고 있었다.

정홍택 (前 한국일보기자)

손동유 : 명지대학교 국제한국학연구소에서는 박정희 전대통령시대에 대하여 한 달에 한 번씩 정기 학술포럼을 하고 있는데요, 이번 학기에는 대중문화에 대해서 하고 있습니다. 다시 설명 드리겠지만 여러 가지로 경험하신 내용이나 말씀해주시고 싶으신 내용을 기탄없이 말씀해주시면 되겠습니다.

정홍택 : 예. 제가 경험한 거 위주로만 얘기하지 다른 것은 얘기할 수 없겠지요, 제가 들은 얘기 뭐 이런 얘기 자꾸 하면 소용없고….

손동유 : 오늘 촬영하는 거는 허락해주시는 거죠?

정홍택 : 예. 합시다. 뭐 어디 방송 나가는 거는 아니죠?

손동유 : 그런 거 아니고 저희가 기록으로 남기는….

정홍택 : 됐어요. 하세요. 늙은이 찍어봤자 뭐. [모두 웃음] 저보다 연세 드신 분 계세요? 많이 드신 분 없죠?

손동유 : 정홍택 선생님은 '36년생으로 저희가 알고 있습니다.

정홍택 : 아 근데 어떻게 저보다 더 윗분 계세요? 연세가? 안계시죠? 그럼 됐지 뭐. 근데 한 달만 며칠만 지나면 일흔 일곱 살이 되는데 다시 말하면, 이제 곧 여든 살이 돼요. 근데 엊그저께 제 후배가, 아주 진짜 사랑하는 후배가 칠순잔치가 됐다고 칠순잔치 한다고 청첩장이 왔어요. 내가 전화로, 물론 가진 않지만 전화로 그랬어요. '야 그거 그러는 거 아니다. 칠순 팔순 이거는 가족들끼리 니들 자식들이 아 우리 아버님이 이렇게 사셨으니까 자랑스럽다고 돈을 내서 지들 잔치해서

몇 사람끼리 만나는 거지 이렇게 잔치 벌리고 무슨 호텔에, 그렇게 하는 거 아니다.' 제가 야단을 쳤어요. 저는 팔순잔치도 안할 겁니다. 진짜. 칠순도 물론 안했고. 또 내년에 희순데 희수도 안합니다. 근데 옛날에 많이들 했는데. 왜 그렇게 하냐면 제가 까다롭게 하는 게 아니라 나이 먹는 게 무슨 자랑입니까. 나이가 벼슬입니까. 아니잖아요.[모두 웃음]

손동유 : 이제 시작을 하겠습니다. 제57회 명지대학교 국제한국학연구소 정기학술포럼을 시작하겠는데요, 오늘은 '정홍택 선생님께 듣는 박정희시대와 한국 대중문화계'라는 제목으로 진행을 하겠습니다. 올해 1학기 때는 '박정희시대와 한국문학'이라는 주제로 4회에 걸쳐서 포럼을 진행을 했었고요. 2학기 때는 '박정희시대와 한국 대중문화'라는 큰 타이틀로, 9월에는 이장호 영화감독님, 10월에는 언론인 강동순 선생님, 11월에는 배우 전무송 선생님을 모시고 저희가 말씀을 들었습니다. 오늘 모신 정홍택 선생님은 '60년대 '70년대 한국일보에서 기자로 활동하시면서 문화부, 연예부에서 많은 족적을 남기신 분이고 최근에는 한국저작권단체연합회 이사장으로 재직하셨고, 지금도 왕성한 활동을 보여주고 계신 분입니다. 첫 질문부터 드리면서 시작하겠습니다. 지난달에 국제행사가 크게 있었는데요. 언론에도 보도됐었는데 '국제저작권기술컨퍼런스 2011' 조직위원장을 맡으셔서···.

정홍택 : 네. 그렇습니다.

손동유 : 행사 소개부터 부탁드립니다.

정홍택 : 저작권은 매우 중요합니다. 우리나라뿐만 아니고 전 세계적으로도 중요한데, 우리나라도 사실은 한 십 몇 년 전까지도 형편없었어요. 저작권과 관련해서는 아주 후진국이었었고···. 근데 한 3, 4년 전에 우리나라가 그때까지만 해도 워치리스트(watchlist)라 그래서 감시대상국이었었어요. 저작권 감시대상국. USTR(Office of the United States

Trade Representative)이 그레이드(grade)를 정하거든요. 감시대상국인데 우리나라가 2009년, 제가 저작권단체연합회 이사장 할 때 그때 저작권 감시대상국에서 벗어나기 시작해요. 그래서 매년 벗어나고 있어요. 이제 우리는 저작권에 관한 한 선진국에 올라가있습니다. 근데 사실은요 이런 기록을 하고 얘기하다보면 자칫하면 자기자랑 위주로 가기 때문에 전 사실 싫거든요. 정말. 어떻게 보면 제 자랑이 상당히 많이 나오게 됩니다. 여러분들 이해해주시기 바랍니다.

손동유 : 물론이죠.

정홍택 : 그럴 수밖에 없어요. 근데 그걸 과장되지 않고 겸손하게 할라고 노력을 하겠습니다만, 잘 안될 수도 있어요. [모두 웃음] 저작권 감시대상국에서 벗어나는 과정에서 사실 제가 일을 많이 했습니다. 저는요 평생을 1962년 말에 한국일보 시험 봐서 들어가서 1963년 2월 1일부터 근무를 하기 시작했는데 그 후로 계속 문화부, 연예부에서만 일을 했어요. 한 번도 사업해본 적 없고 한 번도 정치해본 적이 없고 한 번도 다른 한눈판 적이 없어요. 문화예술계만 있었습니다. 따라서 남들이 저를 보고 '아, 연예계 1호다', '연예 기자 1호다' 하는데 사실이에요. 첫 번째 연예기자. 아! 요거부터 말씀드려야 되겠구나. 연예라는 말을 제가 만든 말이에요. 옛날에 우리나라는 예능이라 그랬습니다. 예능. 예능이라는 건 일본말로, 뭐 일본말 아시는 분 계시겠습니다마는 게노(芸能, げいのう)라 그러잖아요. 일본말입니다. 우리나라 예능이라 그랬습니다. 지금도 프로그램에서 보면 TV에서 예능 프로그램 그건 아니야 잘못된 거야. 고칠 게 한두 가지가 아니에요. 그래서 제가 연예라는 말을 쓰자. 연예부를 처음 창설했지요 우리나라에. 연예부기자 1호입니다.

손동유 : 그게 몇 년도 일인가요?

정홍택 : 그게 1963~64년경이죠.

손동유 : 아, 입사하시고 바로 다음해?

정홍택 : 예. 바로 다음해. 제가 사회부기자도 했고 편집부기자도 했고 외신부 지금 국제부라 그러는데 국제부기자도 했고 그러는데 전 바로 문화부기자로 들어가가지고 연예부기자를 만들었고 『주간한국』 창간을 했는데, 또 하나 1호한 게 몇 개 있어요. 한 서너 개 있어요. 또 하나는 우리나라에 디스크자키 프로그램이 외국 노래, 미국 팝송을 중심으로 하는 디스크자키 피디가 많이 있었어요. 디제이가 예를 들면 이를테면 최동호, 이종환 이런 사람들 있었습니다. 저는 한국 노래로 디제이 한 또 1호예요. 한국 노래 디제이 1호라고. 그게 TBC라는 라디오가 있었어요. 아마 아실 거에요. TBC 동양라디오. 거기서 ≪세시의 다이얼≫이라고 아니 저, ≪가요중계실≫이라고, 제가 매일 토, 일 다 포함해서 한 번도 빠지지 않고 매일 한 5년 반, 6년 가까이 그걸 했습니다. 그게 1960년대 후반이죠. 우리나라 노래, 대중가요를 가지고 그걸 방송하면서 디스크자키 했던 게 있고. 세 번째 1호는 저 신문기자 하면서 별짓 다했어요. 신문기자 하면서 가수 매니저를 하게 되죠.

손동유 : 남진.

정홍택 : 남진뿐 아니라 여러 사람 많이 했어요. 문주란이도 내가 키우고 뭐 저 누굽니까 어니언스도 제가 이름, 어니언스란 이름을 제가 지어주죠. 어니언스라고 그때 여자 하나하고 남자 둘이 다 잘생긴 친구들이 왔어요. 내가 야, 여자가 하나 껴가지고 이거는 곧 해체되겠구나. [모두 웃음]

손동유 : 어니언스 처음에는 여자분도 한 분 계셨어요?

정홍택 : 있었어요. 윤혜경이라고. 그 내가 아, 예뻤어요 예뻐요. 아닌 게 아니라 바로 결혼하고 관둡디다. 다른 사람하고. 그때는 가수들이 모여가지고 그때는 통기타들 많이 했잖아요 육공칠공(6070). 지금 칠공팔공(7080) 그러는데 아니고 그때는 육공칠공이에요. 육공칠공 때

막 와서 할 때 그룹사운드들이 보컬그룹이 모였다가 또 싸움해서 헤어지고 또 갈라지고 늘 그랬거든요. 수백 개가 그랬습니다. 그럼 뭐 그 얘기하면 다시 다른 화제가 되는데. 그 니들 헤어지지 마라. 양파는 까면 또 나오고, 까면 또 나오고 그러잖아요. 작아지긴 하지만 좌우간 까도 그대로 흩어지진 않으니까, 그래서 양파라고 내가 어니언스라고 지어주죠. 그래서 걔들이 지금도 그게 그렇게 고마워해요. 그래서 임창재하고 이수영하고 둘이서 있고, 윤혜경이란 여인은 금방 결혼하고 관두고 그렇게 해서 한국음악으로 대중음악으로 하는 디스크자키 1호. 그 다음에 매니저 1호는 남진이 뿐만 아니고 또 배우도 많이 있었어요. 유지인이란 배우도 제가 이름을 지어주었죠. 그런 식으로 내 이름도 지어주고….

아까 말씀하신 그 국제저작권기술컨퍼런스의 이름을 아이코텍(ICOTEC), 아이코텍이라고 그랬는데 그게 제가 지은 이름이죠. 왜냐면 그 International Copyright Technology Conference 그래가지고 약자로 아이코텍이라고 짓죠. 그다음에 그 캐치프레이즈를 만들어야 되겠는데 이 무엇을 할까하다가 우리말로 저작권은 콘텐츠의 생명이다. 아시다시피 콘텐츠는 국가의 자존심입니다. 그게 문화콘텐츠든 기술콘텐츠든 뭐 카이스트에서 나오는 뭐든 간에 포스코에서 나오든, 좌우간 콘텐츠 아닙니까? 모두 다. 이건 국가 자존심이에요. 콘텐츠가 없는 나라는 그건 저개발국가입니다. 죽은 나라죠. 저는 그렇게 생각합니다. 그럼 콘텐츠가 없는 거는 아이디어가 없는 겁니다. 아이디어가 없다는 얘기는 그런 나라가 살 필요가 없죠. 그렇지 않아요? 그래서 '콘텐츠는 생명이다'라는 걸 한국말로 지어놓고. 야! 영어로 해야 되는데 어떻게 해야 될까 고민하다가 'Copyright is life of contents!'…. 재미없잖아요. 그 뭐야. 제가 영어로 어떻게, 'Copyright first'라고 이름을 지었지요. 저작권이 우선이다. 그렇게 나갔죠. 한국을 포함해서 36개국이 참가했습니다. 대성공했죠. 사상 최초입니다. 세계에서 최초이지요. 우리나라에서 그걸 합니다. 이틀 동안 하는데 전시도 하고….

손동유 : 코엑스에서 하셨죠?

정홍택 : 코엑스에서 했죠. 회의도 하고, 발표도 하고, 스피치도 하고. 그런데 뭐 Q&A도 하고…. 문화관광부가 참 고마워요. 거기서 처음에는 한 번만 하고 관두자 그랬어요 이번 한 번만 하고. 근데 이걸 매년 하기로 결정했어요. 진짜 쾌거예요. 결정하기로 하고 주한 외국대사들이 한 여덟 명 왔어요. 대사들 한번 움직이는 거 쉬운 거 아닙니다. 여덟 명이 왔어요. 아프카니스탄 앙골라부터 시작해서 미국까지 A, B, C, D 순서로 제가 다 환영사 때 다 그 나라이름 불러줬어요. 환영사 하면서. 그리고 백 퍼센트 영어로만 했습니다. 우리말 안하고. 그러니까 이런 걸 볼 때 우리나라가 굉장히 이제는 전 세계에 자존심 내세울 때가 됐다.

손동유 : 네. 선생님 말씀 중에 유창하게 영어 구사하시는데 미국생활….

정홍택 : 미국생활 한 10년 했는데 미국생활에서 영어 배운 게 아니고 사실은 제가 한국외국어대학교 영어과 출신이에요. 거기서 영어를 했고 중학교 때부터 영어를 잘했어요. 잘했다는 거보다도 좋아했어요. 영어선생님이 저를 무지무지, 그러니까 초·중등교육에 선생님들이 중요하다고 저는 생각하거든요. 그러니까 정말 칭찬해주는 바람에 아 내가 소질 있나보다 싶어가지고 굉장히 고생하면서 영어공부를 했죠. 심지어 어떻게 하는 줄 아세요? 이 유치한 얘기 한 번 할까요?

손동유 : 네.

정홍택 : 이런 얘기해도 되는 거예요?

손동유 : 그럼요. 어린 시절 말씀도 여쭈어보려고 했는데요.

정홍택 : 영어 콘사이스(concise)라는 게 있죠 콘사이스. 지금 콘사

이스라는 말 잘 안쓰잖아요.

손동유 : 사전이라고 그냥 그러죠.

정홍택 : 근데 콘사이스를 가지고 인디언페이퍼(Indian paper), 인디안용지라고 그러잖아요. 파르르르 떨리는 그 용지를 이렇게 찢어가지고 앞뒤를 다 외워요. 아~ 며칠 동안 외우고 그걸 먹어요. 먹으면 머리에 들어가는 줄 알고. 정말. 보캐불러리(vocabulary)를 그땐 보캐불러리란 말도 없고 단어라 그랬지 단어. 단어를 먹으면 그냥 그게 내꺼 되는 줄 알고 먹었어요. 염소입니까? 먹어도 되게? 한 권을 다 먹었어요. 하나도 도움이 안돼요 그거. 그런 무식한 방법이 어디있어. 제발 그거 아이들한테 하지 말라고 내가 학교에서 지금도 이 나이에 학교 다니면서 애들 가르치고 그러는데 제발 '사전 찢어 먹지마라, 난 했는데 너네는 하지마라, 도움 안된다.' 뱃속만 버려 뱃속만.

손동유 : 그렇게 말씀하시면 학생들은 한 번씩 먹어볼 겁니다. 하하하.

정홍택 : 그럴지도 모르지. 정말 정말 그 안돼. 요즘에 개그콘서트에 나오는 (유행어처럼) 야 안돼~ [모두 웃음]

손동유 : 선생님 초, 중, 고등학교를 쭉 서울서 다니셨나요?

정홍택 : 그럼요. 예.

손동유 : 그럼 학교 다니시던 중에 전쟁도 겪으신 것이지요?

정홍택 : 제가 그 얘기하면 슬픕니다. 지금 눈물 나옵니다. 2차 세계대전 제가 겪었죠. 그때는 일본사람들은 대동아전쟁이라고 그럽니다. 대동아전쟁이라는 건 자기식 표현이고 2차 세계대전이 맞죠. 1차 세계대전은 제가 없을 때에요 '36년에 끝나니까. 제가 '36년생이거든요. 그러니까 그건 아니고 2차 세계대전 제가 겪습니다. 그다음에 그거 끝나고 해방이 됐는데 한국전쟁 바로 겪죠. 한국전쟁 겪기 전에, 지금은 보수 진보 어쩌고 그러지만 그때는 좌우라 그랬어요. 좌우. 좌우가 뭔지

몰라 우리 어렸을 때 좌우가 뭔지 모르잖아요? 좌우 대결로 얼마나 시끄러웠는지 몰라요. 지금 데모는 데모가 아니에요. 그땐 뭐 난리 났어. 그때는 주로 서울역 앞에서 많이 했어요. 서울역 앞하고 중앙청, 그러니까 지금의 경복궁 정문 앞에 주로 두 군데서 했어요. 그때 시청광장 없을 때니까. 고생을 많이 겪죠. 그때 피난 가죠. 그리고 한국전쟁이 터지죠 1950년. 나는요 정말 속상한 게 한국, 남한이 북한을 먼저 쳤다 그렇게 가르치는 교수들이 있다는데 그건 아니에요. 진짜. 이거는 그때 살아있을, [앞을 가리키며] 이 양반도 그때 어렸을 때 봤을 거 아니야. 몇 살 때야 죄송하지만. 여기 연세가 제일 많은 분이 누구야? [앞에 특정 청중을 가리키며] 몇 살 때에요? 안태어났구나? 이런, [앞에 또 다른 특정 청중을 가리키며] 몇 살 때에요?

청중 : 초등학교 3학년….

정홍택 : 3학년이면 알 거 아니야.

청중 : 알죠.

정홍택 : 남한이 올라갔어요? 어? 야~ 이런, 그렇게 가르치는 교사들도 안돼요. 그렇게 애들 가르치면 안되지. 역사는 오도하면 안돼요. 역사는 그대로 가르치고 그러나 한국이 뭐 잘못했다든가 이러면 몰라도 어떻게 남한이 먼저 쳤다고 그럽니까. 남한이 그때 GNP가 얼만 줄 아세요 1인당? 60달러가 안됐어요. 북한은 160, 180달러야 그 당시에. 그 당시에. 지금 북한이 얼만 줄 아십니까? 이백 몇 달러밖에 안돼요. 한국은 30,000달러 가까이 오잖아요. 저는 이거요 흥분합니다. 그러니까 그, 눈으로 똑똑히 본 내가 있는데 아~ 죽겠어요. 그러니 우리같이 나이 먹은 사람들 다 없어지고 나면 정말 남한이 북한 친 줄 알지도 몰라 젊은 애들은. 역사는 분명히 역사대로 가고 그러나 그때 한국이 잘못했다든가 뭐 남한이 잘못했다 그런 건 있을 수 있는 얘기겠지. 그러나 난 잘못한 거 같지도 않고. 어쨌든 그렇게 해서 한국전쟁 겪죠?

그다음에 4·19, 5·16 근데 제가 웃기는 게 4·19, 5·16을 다 군대에서 겪습니다. 4·19때는 한국군 육군정훈학교라고 이태원에 있었어요 거기서 겪고. 내가 원래 정보학교 출신이야 육군정보학교. 아주 무서운 사람이야 제가. 조심하라고 그러니까.

청중 : 이후락 교장 시절….

정홍택 : 이후락이가 아니고 그때는 장경순 교장 때. 장경순 씨라고 국회부의장 했던 사람이 별 하나 달고 교장 할 때 육군정보학교 경북 영천에, 대구 영천에 거기에 장경순. 그러고 거기 아! 고생. 그 얘기는 여기 주제와 맞지 않으니까 관두고….

손동유 : 아니 하셔도 (괜찮습니다.).

정홍택 : 괜찮아요?

손동유 : 예. 그럼요.

정홍택 : 그때 제가 논산훈련소에서 훈련을 받았는데 훈련마치고 다 빠지고 그러는데 몇 사람만 남겨 놓는데 내 거기 남아있는데 3개월 동안 배출대대에 남겨 놓고 안보내는 거예요. 여보세요 거기는 한 시간이 중요하다고 배출대대는 아시다시피 육군논산훈련소. 3개월 거기 있는 거야. 노랑 걸로 6중대 이렇게 해가지고 [이마를 가리키며] 여기다 달고. 그러면 다른 애들이 와가지고 막 설설설설 겨요. [이마를 가리키며] 이게 높은 사람이니까. 기수가. 왜 안보내나 그랬더니 정보학교 자리가 빌 때 보낼라고 안보내는 거야. 근데 정보학교 그러면 아무나 보내면 되는지 알아? 천만의 말씀. 44명이 우리가 같이 동기인데 그중에 네 명을 정말 영어도 하고 외국어도 하고 뭐 그 대학도 나오고 그런 아이들 보내고 나머지 다 40명은 다 그냥 그, 저, 모르겠어요. 어디에 보내는지. 아무나 그냥 고등학교 졸업하거나 고등학교 중퇴한 애들 중학교 졸업한 이런 애들 해가지고 교육시키는 거예요. 거기 가서 졸업을 할 때 제가 1등을 하죠. 1등을 안할 수가 없지. 거기서 그렇지 않아요? 1등하

고 1등한 놈들 어디어디 가겠냐 그래가지고 뭐 난 집이 서울이니까 서울 쪽. '이 자식들 말이야' 장경순 교장이 '이 자식들이 똑똑한 놈들은 전부 서울로 간다고. 안돼! 원주에 HID 본부로 보내.' 이렇게 된 거야. HID. HID가 뭔지 아세요?

청중 : 북파공작….

정홍택 : High Intelligence Detachment라 그래요. 그게 약자에요. HID로 가라 이렇게 된 거예요. 그 사실 그때 갔어야 돼. 가면 나는 더, 지금보다 더 많이 멋있는 놈이 됐을 텐데 잘못했어. 안가겠다고 버텼어요. 교장 선생님, 교장 각하 그때는 별 하나보고 각하라 그랬잖아. '교장 각하께서 우리 입학할 때 공부 잘하고 그러면 1등부터 5등까지 원하는 데 보내준다고 그러잖았습니까. 각하 약속 어기셨습니다.' 그랬더니 부관이 오더니 워커로 [무릎 밑을 가리키며] 여기 조인트를 두 갤 까는데 그냥 주저앉았어요. 무지하게 아프더라고. 그거. 그냥 퍽 쓰러졌어요. 그다음에 헐 수 없나봐 자기 약속을 했기 때문에 그래서 서울 육군정훈학교에 기간사병으로 혼자 오게 되죠. 육군 정훈학교 있다가 카투사로 갑니다. 제가 영어를 좀 한다고 카투사로 발탁이 돼서 군대는 카투사에서 제대를 합니다. ASCOM(Army Service Command), ASCOM Area Commend라고 해서 AAC라고 해서 거기는 부평입니다 그 당시. 지금 뭐 부평이 엉망이 됐는데 그때는 미군의 전체 보급창이고 뭐고 다 거기 있었거든요. 거기서 제가 선임하사를 했죠. 가짜 계급 달고 선임하사 하죠. 왜냐면 영어 조금한다는 그것가지고 설치죠 진짜. 그리고 태권도 교관을 합니다. 제가 태권도 4단이거든요. 그러니까 교관하고 그리고 정말 제 인생에 가장 전성기시대가 군대시대입니다. 남들이 군대가 무슨 전성기냐 그럴지 몰라도 저는 3년 2개월을 군대를 하는데 지금 정치하는 양반들 군대 안간 사람들 얘기 나오면 저 우스워 죽겠어요. 군대를 왜 안갑니까 그거. 군대 뭐가 힘들어서 안갑니까. 군대 가면 죽는

줄 알아 천만의 말씀이에요. 군대가 죽는 곳입니까? 사람 만드는 곳이에요. 안 가려 그래. 돈 쓰고 뭐 별짓, 손가락 자르고 뭐 별짓 다하고 왜 그렇게 하냐고. 바보들이에요. 그런 거 아니에요. 할 수 없지 뭐 그냥. 하지만 내 그렇게 하고 살아왔기 때문에 4·19, 5·16 다 겪고….

그리고 우리 시대가요 '시련만 있고 혜택이 없다' 요건 제목이에요. 요건 책 제목입니다. 시련은 있고 혜택은 없다. 지금 말씀드린 것까지는 시련이거든요. 혜택은 뭐냐 제가 대학 다닐 때 ROTC라는 것이 있었으면 그거 했을 거에요 장교로. 우리 때 ROTC가 없었어요. 죄송하지만 ROTC 1기생들이 무조건 저한테 2년 후배입니다. 나이가 나보다 많다 하더라도 무조건 학교는 후배입니다. 그러니까 저희들한테는 혜택이 아무것도 없어요. ROTC 혜택도 없고 뭐 그렇다고 또 무슨, 학교에 다니면서 무슨 뭐 지금처럼 뭐지? 무상급식도 없고 아무것도 없어요. 그리고 고생은 고생대로 하고 그러나 저는 지금 생각하면 결론적으로 지금보다는, 핸드폰 들고 다니고 하는 지금보다 그때가 더 행복했다. 정말. 아마 그때 행복하지 않아요? 초등학교 3학년? [모두 웃음]

청중 : 예.

정홍택 : 6·25 때 초등학교 3학년이면 어떻게 되는 거야.

청중 : 사삼 년.

정홍택 : 사삼 년. 사삼 년이면 칠순이구먼. 칠순 됐네 이제. 그러니까 그때 행복한 거 같애. 예. 얘기합시다.

손동유 : 예, 지금 하시던 말씀인데요. 그러니까 '50년대 대학을 다니신 거잖아요.

정홍택 : 오륙 학번인데 좀 내가 좀 까불다가, 죄송합니다 주먹질 좀 하다가 오칠 학번이에요. 제가 보기에는 주먹질 안하게 생겼죠? 예. 예쁘게 생겼죠? [모두 웃음]

손동유 : 태권도 4단이라 그러셔서 놀랐습니다.

정홍택 : 네. 검도 1단하고.

청중 : 고등학교 어디 나오셨어요 선생님?

정홍택 : 아 그 얘기 하지 맙시다. [모두 웃음] 고등학교 세 군데 다녔으니까. 아 복잡해. [질문한 청중을 가리키며] 아마 내 후배인지도 모르겠어. K 고등학교. 어쨌든 그래서?

손동유 : 한국전쟁 끝나고 굉장히 경제적으로 어려운 상황이었잖습니까. 대학을 다니시면서 여기 연세 드신 분들도 계시지만 또 선생님 말씀은 우리 후학들에게도 전해질 수 있고 해서 그 당시 대학생으로서 느꼈던 경제적 빈곤 뭐 이런 게 어느 정도였는지 그 시대상 좀 잠깐 소개해주시면 좋겠는데요, 좀 비교해서 말씀해 주실 수 있을까요?

정홍택 : 우선 결론부터 얘기하면 그땐 모두가 매우 가난했어요. 지금부터 한 15년 전에 Samuel P. Huntington 하고 Lawrence E. Harrison 교수, 하버드대학 두 교수가 전 세계 스물일곱 개의 석학들 다 초대합니다. 해서 하버드대학에서 거기서 큰 심포지엄을 열죠. 그때 한국교수는 한 명도 없어요. 일본에 하나 중국에 하나 들어가 있어요 아시아에선. 앞으로는 한국교수들도 들어가겠죠. 우리 손 교수도 들어가고 다 여러분 김 교수도 다 들어가시겠지마는 그때 없었어요. 거기서 결론을 내린 책이 나옵니다. 그 책을 Huntington 교수가 서문을 써요. 그 책을 보세요. 여러분들 한 번 혹시 한 번 기회 되시면. 책 이름이 *Culture Matters*[1] 입니다. 책을 이렇게 딱 첫 번째 넘기면 서문에 맨 처음에, 첫 장 딱 넘기면 1959년 60년에 자기가 가나하고 한국을 비교해 봤다. 가나 아프리카 가나라고 있잖아. 그 당시에 거기가 59불에서 60불밖에 안됐다 1인당 GNP가.

손동유 : GNP가 서로 비슷했군요.

---

[1] 국내에도 번역본으로 출간되어 있다; 새뮤얼 헌팅턴 외, 이종인 역, 『문화가 중요하다』(서울: 김영사, 2001).

정홍택 : 한국이 그것밖에 안됐다. 똑같다. 그러고 공장 하나 없고 성냥공장밖에 없고. 성냥공장은 있었어요. 우리나라. 그러고 외국의 원조에 의해서 먹고 살고 있고 똑같았는데 몇십 년 후에 한국은 세계 7대 경제대국이 돼있고 가나는 아직도 그 상태다. 왜 그럴까. 왜 그럴까. 이게 그 심포지엄의 주제예요. 자랑스러워요 여러분들 자랑스러워해야 돼요. 왜 그럴까. 근데 그, 다 그 사람들이 경제학자, 미래학자, 정치학자들이에요. 거기 모인 사람들이. 그 사람들 얘기가 결론은 문화다. Culture Matters. '문화가 말을 한다', '문화가 중요하다', '문화가 결정짓는다' 이겁니다. 가나는 문화가 없나? 거기도 문화가 있지 전통문화가. 그러나 전통문화가 중요한 게 아니고 정신적인 문화, 사회적인 문화 이런 것들이 중요하다 이겁니다. 저는 국제한국학연구소에서 우리 한국의 문화가 무엇인지 좀 집중적으로 연구했으면 좋겠어요. 지금 대중문화 얘길 하고 계신데 대중문화도 문화 중에 하나잖아요. 대중문화가 한국을 키우는데 엄청난 효과를 가지고 있습니다. 엄청난 힘을 가지고 있습니다. 이건 정말 잘하시는 거예요. 대중문화에 초점을 맞춘 건 잘한 겁니다. 박정희시대 박정희 대통령이란 사람이 그 사람이 이 나라를 이끌어 가는데 새마을운동이 뭐니 참 잘한 거 확실해요. 정말. 근데 그 양반 특히 잘한 건 대중문화를 풀어준 겁니다. 거기에 물론 뭐, 있다가 나중에 나오겠지만 검열도 있고 뭐 못한 것도 있어요. 그것도 해야 돼요. 덮어놓고 그때 풀었어 봐요 지금. 예를 들어서 그때 풀었어 봐요 한국 대중문화는 살아있을까? 저는 아니라고 보거든요. 그때 일부 막 아났던 것이 봇물 터지듯이 나오는 것이 중요하다 저는 그렇게 생각하는 겁니다. 제가요 이런 거 가지고 얘기하면 세 시간이고 네 시간이고 막 얘기할 수 있습니다.

손동유 : 아 네, 이제 한국일보 기자생활 하실 때 말씀 좀 여쭙고자 하는데…. 요즘엔 한국일보 사세가 전과 같지 않지요?

정홍택 : 지금 조선일보하고 정 반대죠.

손동유 : 예. 그 장기영 사주라 그래야 되나요?

정홍택 : 예. 장기영. 우리는 '왕초'라 그래요. 그 양반 왕초라 그러는데 그 양반이 또 왕초라는 별명을 좋아해. 왕초. 본인한테도 왕초 이렇게 얘기한다고.

손동유 : 그분이 그러면 정관계 일을 그 뒤에 쭉 하시게 되는데 그러시면서 한국일보도 함께 관여를 하셨나요?

정홍택 : 그 양반이 맨 첨에는 조선은행, 일제 때 그 양반이 선린상업학교 졸업이 끝입니다. 최종 학력이. 나중에 여기저기서 명예박사 준다는 것을 다 거절합니다. 일본 동경대에서 명예박사 준다는 것도 거절했고, 미국 하바드에서 명예박사 준다는 것도 거절했고, 모스크바 대학에서 준다는 것도 거절하고 서울대학은 말도 못하고 다 거절합니다. 내가 명예박사 받으면 뭐하냐 이거야. 내가 장기영이면 됐지. 안합니다. 그 사람이 IOC위원 우리나라 두 번째, 이상백 선생이 첫 번째고 그다음에 두 번째 IOC위원을 했고, 그리고 그 사람이 처음에 선린상업 나와가지고 조선은행에 취직을 하죠 은행원으로. 먹고 살아야 되니까. 그 사람 서울 토박이야 한남동 토박이. 근데 문밖이죠. 저는 문안이거든요 당당하게. 명륜동이니까.(웃음) 한남동 토박인데 이 양반이 거기서 조선은행에 취직이 돼가지고 함경북도 청진에 지점으로 발령이 나요. 거기서 은행원으로 활동을 하죠. 하다가 워낙 잘해요. 왜냐면 와이셔츠를 하나를 가방에다 넣어가지고 가서 화장실에 가서 그 여름에 그 땀 흘린 이런 셔츠를 벗어서 가방에 넣고 와이셔츠를 깨끗이 갈아입고 그리고 앞에 앉아가지고 고객 맞이하고 그랬죠. 대단한 직업정신을 가진 분이에요. 그러니까 워낙 잘하니까 한국은행에서 본점으로 들어와라 그래서 본점으로 들어오죠. 나중에 부두취. 두취라는 거 아세요?

손동유 : 아니 잘 모르겠습니다.

정홍택 : 하하. 이게 문화의 단절이야. 이게 벌써. 총재를 옛날에 두취라 그랬어요. 머리 두 그게 일본 표현이에요. 도리시마리야쿠[2]라 그래가지고 근데 그 취재역인데 취재역 중에 우두머리다 머리다 이래가지고 두취라 그러는데 근데 부두취야. 그래서 부총재, 지금으로 말하면 그걸 해요. 그러다가 조선일보가 돈이 없어가지고 너무나 형편없으니까 조선은행에 그 당시, 그다음에 해방되고 한국은행이 되죠. 한국은행에 돈을 빌려요. 그러다 안되니까 이 양반이 장기영 선생이 조선일보 사장으로 가요. 이른바 빚졌으니까 빚진 데 채권자가 가는 거지. 그래서 사장이 되요. 해보니까 재밌거든. 은행보다 더 재밌거든 신문사라는 게. 뭐 대통령도 꼼짝 못하고 국회의원도 꼼짝 못하고 그러니까 야 이거 좋다 싶어가지고 거기서 1년 사장하다가 태양신문이란 신문을 인수를, 사요. 형편없는, 쓰러져가는 신문을 사가지고 그리고 한국일보라고 이름을 정하고 거기에 오너가 돼요 한국일보. 창간합니다 1954년이죠. 1954년에 한국일보를 창간하죠.

손동유 : 창간한 지 얼마 안 돼서 그럼 메이저 언론이 된 거네요.

정홍택 : 그래가지고 10년밖에 안돼서 대한민국 최고의 언론사가 되죠. 1954년이란 게 어떤 해냐 한국일보 창간도 됐고 제가 모교인 한국외국어대학교 설립되는 해에요. 제가 그걸 아주 그, 재밌어요. 그래서 그렇게 된 거예요.

손동유 : 당시에는 한국일보에 입사할라면 요즘같이 공채과정을 비슷하게….

정홍택 : 천 한 오백 명이 시험 봐서 열두 명 뽑았어요.

손동유 : 그럼 필기시험, 면접 이런 식으로?

정홍택 : 당연하죠. 저는 그때 시험을 두 군데 봤는데 외교부에서 외

---

[2] 取締役(とりしまりやく). 회사의 임원이나 중역.

무부 그 당시에 외무부 지금 외교부에 외무고시가 아니고 외교관 선발시험이라는 게 있었어요. '외교관 선발시험' 제목이 그거에요. 거기 제가 시험보고 한국일보 두 군데 봤어요. 두 군데 다 됐어요. 왜. 그놈의 거 잘난 영어 때문에 외국어 때문에. 제가 외국어를 몇 개 하거든요. 불어, 서반아어 뭐 하니까. 그러니까 그것 때문에 발탁이 됐죠. 고민하죠 제가 어디로 갈까 하다가 한국일보가 워낙에 세게 잘나가니까 이게 좋겠다 싶어서 한국일보를 발판으로 해서 정치나 좀 해볼까. 제 정치했으면 잘했을 거 같지 않아요? 지금 있는 저 사람들보다 나을 거 같지 않아요? 여의도 있는 사람들보다? [모두 웃음] 어떻게 생각해. 제 한국일보 들어가죠. 근데 사실 내가, 인간이요 여러분도 마찬가지겠지만 하루에 자기가 스스로 판단할 것이 많이 판단하는 사람은 1,000가지 적게 하는 사람은 200가지 판단을 한댑니다. 하루 종일, 하루 종일 판단해. 예를 들면 지금 화장실 갈까 말까 하다가 안가고 오줌 싸기도 하고. 아 정말입니다. 그런 판단. 삼거리 가다가 이쪽으로 갈까 저쪽으로 갈까 하다가 자동차한테 치기도 하고 그죠? 아침에 다섯 시에 일어날까 아이 5분만 더 자지 뭐 그러다가 뭐 아무튼 고 판단 그런 것까지 다해서 점심에 국수 먹을까 자장면 먹을까 뭐 아니면 뭐 갈비 먹을까 요런 판단까지 해서 최하가 200번이라고 합니다. 제가 판단 잘못한 거지. 그때 외무부로 갔어야 되는데 잘못해가지고 신문사 들어와가지고 이 지경이 됐어요. 흐~ 잘못한 거야 완전히 실수야. 실패 케이스야.

손동유 : 원래 대학교 때는 졸업하면 어떤 일을 하시려고 생각하셨어요?

정홍택 : 정치죠. 정치할라 그랬어요. 근데 내가, 저는요 글을 쓰고 그런 문학인보다는 그쪽이, 원래 어렸을 땐 문학 소년이에요. 그때 문학소년 아닌 사람 여기 있으면 손 들어봐요. 다 문학소년 아니야? 어렸을 때…

손동유 : 그 당시 입사과정은 요즘하고 비슷했다고 해도요 취재환경은 지금하고 많이 다를 텐데 요즘에는 뭐 이렇게 컴퓨터나 뭐나 뭐 장비도 많이 발달하고 그런데 그때는….

정홍택 : 손 교수가 참 아주 아픈 데만 찌르네. 중요한 거만. 왜냐면 난 지금 이 얘길 방송해도 좋고 뭐 어디다 얘기해도 좋아. 지금 신문기자 기자라고 생각 안합니다. 전 단호하게 얘기할 수 있어요. 저 기자들 아닙니다. 월급쟁이들입니다. 신문기자는 세 가지가 있어야 돼요. 첫째 매우 부지런해야 된다 뛰어 다녀 발로 뛰어야 돼요. 그죠? 그다음에 갓츠(guts)가 있어야 돼. 배짱이 있어야 돼요. 세 번째는 나라지킴 생각이 있어야 돼요. 나라를 어떻게 가느냐는 걸 신문기자가 판단해야지 지금 누가 A모 씨 뭐 떠들고 그러는데 그게 뭡니까 언론이. 그 뭐하는 사람이야 그 사람. 언제부터 그 사람 정치했다고 난리치고 그럽니까. 언론이 만들어주는 거 아닙니까. 난 그건 아니라고 봐요. 그러니까 나라를 생각, 이 세 가지 생각이 전혀 없는 친구들이 기자하고 있어요. 방송도 그렇고 신문도 그렇고. 발로 절대 안뜁니다. 전화로 취재하고 인터넷으로 취재하고 그리고 기사 써버려요. 그게 기잡니까? 필경사지 필경사. 아시겠어요? 필경사. 그다음에 갓츠? 배짱? 없어요. 엉망진창이에요. 나는 내가 소신 있게 기사를 쓴다 그러면 써야지. 아 이거 써서 어떻게 될까 뭐. 아니에요. 그다음에 나라 생각합니까? 안합니다. 이, 이, 다~ 나는요 세 가지가 우리나라 아무리 잘난 척하고 3만 불 아니라 4만 불이 되도요 이 세 가지가 고쳐지지 않으면 우리나라가 선진국이 아니라고 나는 봐요. 아까 서두에 말씀드린 것처럼 저작권에 관한 선진국이 확실합니다. 외국에서도 그렇게 알고 있고 우리나라를. 우리나라가 자꾸만 저의나라 뭐 개발도상국 그러지 말고. 저의나라란 말 안쓰게 돼있어요. 우리나라라고 쓰게 돼있어요. 우리나라가 선진국이 확실한 건 저작권입니다. 근데 세 가지가 부족한 건 뭐냐. 첫째는

언론입니다. 언론이 너무 비겁합니다. 내가 언론사 출신 아니면서 이런 소리 하면 내가 아마 몰매 맞을 거야. 근데 내가 언론사 출신으로서 이런 소리 할 수 있죠 내 후배들한테 아, 그 잘못이고. 두 번째 교육입니다. 지금 이 대학교나 고등교육은 괜찮아요. 초·중학교 교육 이거 초등학교, 저는요 이거 볼 때마다 한심스럽기 짝이 없어요. 나는 꿈이 하나 있습니다. 꿈이 뭐냐면 나중에 어디 한 10만, 15만 정도 되는 도시에 조그만 중소도시에 사립중학교 교장하고 싶어요.

청중 : 김현옥 전 시장처럼요?

정홍택 : 그렇지. 옛날에 김현옥 시장처럼. 난 조그만 어디 가서 한, 사립학교 교장. 혹시 여기 사립학교 관계있으면 나 좀 써주슈. 진짜. 애들 데리고 내가 역사관만 심을 게 아니라 희망을 줘야 돼 애들한테. 무슨 애들한테 희망을 주는 교사들이 있을까요? 없어요. 월급쟁이나 하고 있고. 교육의 문제, 교육의 후진입니다. 세 번째 정치가 역시 후진입니다. 그러니까 언론, 교육, 정치 세 개 가장 중요한 게 후진이면 그게 선진국이 될까? 이 세 개면 끝 아니에요. 어느 나라고. 경제는요 지금 이 나라가 이만큼 사는 게 그나마 기업인들 덕분이에요. 이 사람들 훌륭한 사람들이에요. 뭐 흔히들 뭐 대기업 욕하고 그러는데 욕하지 마세요. 대기업. 대기업은 대기업대로 하고 중소기업은 중소기업. 같이 뭐, 상생하는 것이 물론 좋죠 동반성장이라 그러는데 뭐 표현이 좋을지 나쁠지 모르겠으나 어쨌든 간에 같이 먹고 사는 것은 좋지만 그러나 아 한국이 지금, 지금 우리 교수님들 다 아시겠지만 인구 5천만 명이 넘는 나라 전 세계 몇 나랍니까? 한 10여 개국 있죠 그죠? 중국, 인도, 인도네시아, 러시아, 미국, 일본 뭐 등등 있죠? 영국 뭐 또. 인구 5천만 명이 넘으면서 개인 국민소득 2만 불에서 3만 달러 되는 나라가 전 세계에 여섯 나라밖에 없습니다. 전 세계. 어딜까요? 어딜까요 얘기해보세요. 첫째 인구 5천만이 넘어야 돼요. 중국도 5천만 넘고 인도도 5천

만 넘지만 3만 달러 됩니까? 안되죠? 몇 나라 될까요. 여섯 나란데 어디어딜까요. 우선 미국 있고 그다음에 일본이고 그다음에….

청중 : 독일.

정홍택 : 독일 OK. 또.

청중 : 프랑스.

정홍택 : 프랑스 그리고.

청중 : 이태리.

정홍택 : 이태리는 아니고 영국이지. 그리고 한국이에요. 여러분 생각해보세요. 대단한 나라 아닙니까? 대단한 나라에요. 굉장한 거야, 이거 지금. 여러분들 지금 앉아서 편안하게 계시지만 이거 훌륭한 나라에요. 누가 이렇게 만들었을까? 박정희 대통령 때부터 닦은 기반이에요. 저는 그 양반 진짜 하 참 대단해. 그런 걸 생각을 해야지. 남한이 북한을 쳤다고 그러는 자식들이 있으니 이 이 됩니까 이게? 남한이 북한을 어떻게 칩니까 그 당시에. 내가 또 얘기해볼게요. 필리핀이 참전 16개국 중에 필리핀, 에티오피아 뭐 다 들어가 있는데 그리스도, 나 그리스 두 번이나 갔었는데 1971년도 그리스 가보고 내가 파르테논 신전 가서 보고 이 나라 곧 망한다 싶었어요. 이건 아니다. 지금 망하고 있잖아. 완전히 조상 팔아먹고 사는 거야. 파르테논 다 부서진 거 전혀 손도 안대고 그냥 아무나 올라가서 막 거기서 뭐 발길로 걸어차도 누가 건드리는 놈도 없고 지키는 놈도 한 놈도 없고 '71년도 맨 사기꾼 천지고 이거 아니에요. 그렇게 하면 안돼요. 그래서 내가 그러니까 그 얘긴 딴 데로 갔는데 저는 얘기하다보면 딴 데로 자꾸 가거든요. 갔다 제자리로 다시 오니까 걱정하지 마세요. 필리핀이 우리한테 참전할 때 그 당시에 필리핀 1인당 GNP가 얼만지 아십니까? 모르시지. 한국은 60달러에요 그죠? 60달러가 채 안 돼 59달러 이렇게 됐어요. 근데 필리핀이 몇 달런 줄 아세요? 필리핀이 1,000달러예요. 어마어마하게 돈이 많은 나라

예요. 마르코스 그 이전에 막사이사이 그때 정치를 잘해가지고. 오늘날 어떻게 됐는 줄 아세요 필리핀 3,000달럽니다. 3,000달러가 채 안돼요 이천 몇 백 달러예요. 우리는 30,000달러예요 지금. 이건 뭘 의미하느냐. 아까 북한 얘기하면 북한이 우리 한국전쟁 때 120달러예요. 120인가 140인가 그래요. 지금 얼만 줄 아세요? 거기 아까도 얘기했지만 100만 명 군인이 지금 125만 명 중에서 20만 명 영양실조로 집에 가고 4만 명 병원에 누워있고 100만 명 군인들이 밥을 못 먹어 쩔쩔매고 있고 뭐 김정일이가 600만 명만 데리고 살고 있고 뭐 그렇다 그러는데 거기 형편없는 거예요. 그 우리하고 전쟁이 되겠어요? 중국도 이제 손 놨어요 안돼요 못해요. 못해요. 국제적으로 보세요. 중국이 아무리 북한을, 러시아는 벌써 옛날에 떠났고. 그러니까 그래서 아까 얘기로 다시 돌아가서….

손동유 : 네. 교육 정치 언론 이런 문제를 얘기하시다가 이제….

정홍택 : 그 당시에 우리나라 사회상이라는 것이 얼마나 힘들었느냐 면요 사실 힘들었죠 다들 고생하고 뭐. 어느 정도 힘들었냐면 저도 뭐 힘든 중에 하나고 그런데 제가 중학교 때 반장을 하고 있는데 교감선생님이 채규중 교감이라 그래. 성함도 안 잊어버려. 지금 살아계시지 않을 꺼에요. 돌아가셨을 거예요 연세가 많은데. 욕을 막하는 분이야 좌우간 학교에 들어와서 에이 욕하고 그러는 교감선생님이신데 참 진짜 훌륭한 분이야 너무너무 인간적이고. 하루는 날 부르시더라고. '야 니가 반장이니까 너의 반에 추석이 별모레 다가오는데 떡 못해먹는 놈 조사해와.' 그래 내가 '아 선생님 떡 못하는 놈이 어딨어요. 추석 때 떡이야 해먹지 조금이라도.' 그랬더니 '잔말 말고 조사해와 이 자식아' 그러더니 궁댕이 걷어차더라고. 그래서 가서 조사했죠. 그랬더니 세 놈이 떡을 못할 정도로 가난해요. 떡이라는 게 그때 그렇게 어렵지 않을 때예요. 아무리 힘들어도 떡, 추석 때 떡 [두 손을 맞잡아 조금이라는 표

현을 하며] 요고. 인절미든지 송편 같은 거 조금하고 그런 거 있잖아요. 안되면 자기 친척 누구한테 빌려서라도 하고 근데 세 놈이 떡을 못하는 거야. 그래 세 명 이름을 적어서 갖다드렸어요. 그랬더니 '그래 내가 너한테 이런 거 물어봤다는 얘기 아무한테도, 죽을 때까지 비밀이다. 하지마라.' '예 알겠습니다.' '소문나면 넌 나한테 맞아 뒈져 이 자식아.' '예 알겠습니다.' 근데 그다음에 추석 끝나고 나서 학교 나오는데 애들이 뭐 가난하고 슬픈 얼굴인 줄 알았더니 싱글싱글하고 재밌게 잘 놀아. 그래서 내가 선생님 찾아가서 '선생님, 애들 떡 해줬어요?' 물어볼 수도 없고 '애들 돈 줬어요?' 물어볼 수도 없고 그 양반도 그렇게 부자가 아니야. 돈 줬을 리는 없고 아마 불러다가 격려해줬을 거야. '너희들 힘들텐데 힘들어도 니들 건강하게 행복하게 살아라 앞으로 좋은 날 있을 것이다' 어쩌고 격려했을지 몰라. 난 그런 사람이 스승이라고 봐요. 저도 대학교수 지금 애들 가르치고 있지만 그런 멘토가 중요하다고 생각합니다. 멘토. 교수? 교수라는 건 무슨 뜻입니까. 교수가 한자로 뭡니까. 가르치는 거예요. 배움을 가르치는 겁니다. 어디 있다. 수가 손수 변에 가리킬 수예요. '야, 공부가 저기에 있으니 니들이 가서 해라' 이 소리입니다. 공부는 자기가 하는 거지요. 교수가 어떻게 학문을 몽땅 다 가르치나? 아니잖아요. 애들한테 그래 나는 니들한테 멘토지 교수가 아니다. 어려움 있으면 얘기하라. 집안 어려움, 여자친구 어려움, 남자친구 어려움 얘기하라 그게 중요한 것이다. 이렇게 하면서 살아왔는데 아까 말씀드린 것처럼 지금처럼 풍요롭게 살아도 지금보다는 그때가 행복했다라고 생각하는 것은 나이 먹어서 괜히 옛날을 회상하는 것이 아니라 저는 그렇게 생각합니다. 그리고 어려우면 어느 정도 어려웠냐면 하루에 두 끼 먹는 사람이 별로 없었어요. 우리 친구 중에. 중고등학교 때. 아시겠어요? 아무도 안 믿을 겁니다. 여기 계신 분 아무도 안 믿을 거예요. 초등학교 3학년도 안 믿을 걸? '43년생도 아 저 양반은 아마 대충 알 거야 그죠? 양띠야 양띠?

손동유 : 주로 한 끼 드셨다는….

정홍택 : 대체로 한 끼. 점심에 도시락 싸오면요. 하이구, 아이 눈물 나올라 그런다. [울먹이며] 도시락 싸오면 하나 놓고 다섯이 먹어. 조금 사는 놈이. 그랬어요. 죄송합니다.

손동유 : 절대적으로 빈곤했던 시절의 말씀을 하시니까 그러실 수 있다고 생각되구요. 아까 한번 여쭤….

정홍택 : 왜 그런 얘길 해가지고 눈물나오게 만들어.

손동유 : 조금 역동적인 말씀 한 가지….

정홍택 : 아, 재밌는 걸로 가자고.

손동유 : 기자 초년시절에 취재하러 다니실 때….

정홍택 : 아 고생한 거.

손동유 : 고생도 그렇고.

정홍택 : 난 즐겁다고 생각해.

손동유 : 예. 에피소드 있으면.

정홍택 : 내가 라이카카메라를 하나 회사에서 줬어요. 그래서 그때 어깨에다가. 그 라이카카메라 무척 무겁습니다 그거. 조그마한데 그걸 지금 그거 쓰면요 멍텅구리라 그래요. 그 무거워서 못씁니다 그거. 굉장히 무거워. 그 전부, 전체가 쇠야. 그런 거 하나를 누가 줬어요. 그걸 이제 짊어지고 다니는데 한국일보가 안국동 14번지거든요. 나와가지고 그 아침에 일찍 퇴근해서 부장한테 얘기하고, '나, 나갑니다' 그러고 나가요. 나가서 이제….

손동유 : 일찍 출근하셔서.

정홍택 : 출근 일단 해야지. '나갑니다' 그러고, 그래 가. 근데 지금 생각하면 출근하지 않고 집에서 곧장 가도 되는 걸 괜히 출근해가지고. 얼굴도장 찍고 그러고 나와요. 나와가지고 그래서 거기서 걸어서 오면

광화문에 동아방송, 동아일보 5층에 동아방송이 있었어. 거기 가서 동아방송에 가서. 왜 방송국을 가야 되냐 방송국을 가야 연예인들을 만나요. 그 당시는 그랬어요. 지금은 방송국 안가도 되지만 기획회사니 뭐니 있어가지고 지금 글로 가지만. 연예인 만나고 아나운서니 성우니 뭐 취재해. 그러면 아나운서도 신문에 기사 써줍니까? 성우도 써줍니까? 그래. 그 무슨 소리야. 당연히 이름 알리고 그러면 써야지 내가 그러면 애들이 고마운 거야. 아나운서·성우 누가 기사 써줍니까. 대한민국 역사상 처음입니다. 아나운서·성우를 신문에다가 사진 넣어주고 기사 써주는 거. 제가 그걸 해요. 그 나는 어디서 아이디어가 떠오르냐 일본책이나 미국책에서 보면 나와요, 아나운서들. 거기서 나는 아이디어 찾아가지고 써주지. 그래서 해주고 그래서 끝나고 걸어서 내려오면 지금의 프레스센터 자리가 옛날에 라디오서울이에요. 방송국. 그건 이병철 회장이 방송 하나 차려가지고 그게 나중에 동양방송이 됩니다마는 그게. 그게 동양방송 전신이지. 지금 서울시의회 바로 건너편. 그 당시 서울시의회가 국회의사당 아니에요? 국회의사당 건너편 거기서 어떤 취재하죠. 탁 취재하고 사진 찍고 뭐 어쩌고 다. 저는 취재할 때 잘 안 썼어요. 다 머리에다 기억을 하지. 전부 머리에 기억하고. 왜냐면 종이 내놓고 쓰기 시작하면요 사람들이 말할 거 잘 안합니다.

손동유 : 아, 경직되니까요.

정홍택 : 경직이 돼. 그러니까 그냥, 그냥 얘기하듯이 이렇게 지금처럼 얘기해요. 뭐 그거 어떻게 됐어 어 뭐 하여튼. 다 기억하고 있다가 그대로 써요. 그러면 이 연예인들이 죽을라 그래요. 하나도 쓴 거 같지 않아서 맘 놓고 얘길 했는데 그걸 썼다고. 하하. 진짜. 그래가지고 근데 화장실가서 살짝 메모하지요. 잊어버리면 안되니까. 잊어버리면 안 되니까 메모해가지고 그래가지고 쓰죠. 그리고 거기서 나와가지고 걸어서 어디로 가냐면 지금의 신세계백화점 그 당신 동화백화점이라고

그랬습니다. 동화백화점 5층에 가면 동양텔레비전이라는 게 있었어요. TBC TV죠 그게. 그 당시에 채널 세븐입니다. 7. 채널 나인은 KBS고. 지금의 KBS-2TV가 채널 세븐인데 그게 동양티비입니다. 거기에 가서 또 취재하죠. 뭐 누구누구 만나고. 그다음에 또 걸어서 남산으로 올라가면 KBS가 남산에 있잖아요. KBS-1, 2 다 있고 그다음에 국제방송있고 뭐 텔레비전도 있고 다 있어 거기. 거기가 취재하고. 남산다방이라고 남산에 다방이 하나 있었어. 거기 그 다방에 취재하고 뭐 다방에 앉아있으면 사람들이 많이 와요.

손동유 : 연예인들도 오고.

정홍택 : 아 연예인들 오고 거기 앉아서 얘기하고 그리고 나와서 그땐 택시를 타요. 택시 값을 회사에서 안줘도 난 또 폼 잡는 걸 좋아하니까 '어, 택시' 택시가 별로 없으니까. 뭐죠? 그 저, 시발택시. 딱 타고 타고 어디로 가냐면 종로 2가로 가죠. 종로 2가 왜 가느냐? 거기는 저게 있었어. 기독교방송. CBS가 종로 2가에 있었어요. 영광빌딩인가 뭐. 거기서 취재하죠. 그리고 거기서 나와서 또 걸어요. 걸어서 인사동에 가면 인사동 네거리에 문화방송이 있었어요. MBC가 있었어요 인사동 네거리에. 것도 취재하고 또 걸어서 한국일보 들어가죠.

손동유 : 서울 중심가 이렇게 한 바퀴 돌아서···.

정홍택 : 뺑 도는 거야 전부. 그러면 한국일보 다시 들어가면 열두시 돼요. 그러면 지하 1층에 식당이 있어. 화장실 냄새 무지무지하게 나는 푸세식 화장실 있는데 푸세식 화장실 옆을 통과하면 식당이 있어. 거기 가서 밥 한 끼 먹고. 그리고 나와서 커피 한 잔하고 오후에 그 길을 다시 돌아요.

손동유 : 아, 똑같이 한 번.

정홍택 : 똑같아요. 왜냐면 오전에 안나왔던 연예인들이 오후에 또 나온 놈들 있거든. 그래서 요거 요렇게 또 돌아. 그렇게 하기를 몇 년

합니다. 그러니까 독종이라고 나보고 독종이라고. 그러니까 이제 동아방송 뭐 동양방송 이런 데서 방송하자 그래서 그때부터 '64년부터 방송을 또 하게 됐어요.

손동유 : 아까 말씀하신 그 가요디제이….

정홍택 : 아 뭐, 신문기자 하면서 디제이도 하고 뭐 뭐, 무슨 프로그램 텔레비전 프로그램 MC도 하고 뭐 이렇게 하죠.

손동유 : 요즘 표현으로는 투잡이라고 할 수 있겠는데, 그 당시에도 그런 게 허용이 됐나요?

정홍택 : 근데 이게 문제가 돼가지고 우리 선배 한 사람이 누구라고 이름, 지금 살아있으니까 이름 얘기하면 미안한데 어쨌든 그 양반이 장기영 왕초한테 가서 항의를 했어요. '왜 정홍택이 이 자식은 왜 뭣 땜에 투잡 뛰게 합니까?' 신문사 월급 받고 방송, 신문사 월급보다 방송국에서 주는 돈이 더 많았어. 훨씬 더 많았어. 왜 합니까 이렇게 항의를 합니다. 그러니까 왕초 얘기가 '내버려둬라 저거 돌아다니면서 뛰어다니며 돌아다니는 게 한국일보 홍보다. 내버려둬. 홍보다.' 그 사람이 그런 양반이에요. 커요 생각이. '아 돈 받으면 인마 개가 혼자 먹겠냐? 니들 술 한 잔 사줄 테지. 내버려둬.' 정말이에요.

손동유 : 한국일보 기자 아무개 입니다 하고 방송을 하시는 거죠?

정홍택 : 당연하죠.

손동유 : 예. 그러니까 회사 홍보가 된다 이런 마인드로?

정홍택 : 당연하죠. '기자 아무개입니다' 안해도 다 알아요. 정 아무개가 한국일보 기자라는 거. 그땐 숫자 얼마 안되니까 기자. 연예기자도 몇 명 안되고 연예인도 몇 명 안됐어요. 그러니까 뭐 다 알아요.

손동유 : 참석자 중에 질문이 있는 것 같은데요.

청중 : 이 포럼에 나오신 많은 분들 중에 박정희시대의 문화에 대해서 굉장히 비판적으로 말씀을 하신 분도 계신데….

정홍택 : 아, 그래요? 뭐가 비판적일까 왜 비판할까.

청중 : 물론 억압에 대한 말이.

정홍택 : 아 억압. 노. 박정희 억압 안했습니다. 그건 잘못한 거예요. 그거는 이를테면 관점, 포인트 오브 뷰(point of view)에 따라서 달라요. 박정희가 왜 문화를 억압합니까. 천만의 말씀이에요. 박정희 아니었으면 우리나라 문화가 살지 못해요 지금. 다 죽었어요. 억압이라고 표현한다면 약간은 억압이라고 표현할 수도 있을 거예요. 왜냐 이해관계에 있는 사람은 억압이라고 표현할 수 있을 거예요. 근데 지가 뭐 억압을 당한 게 뭐가 있어요. 여기 와서 어느 분들이 얘기했는지 몰라도 나는 그건 뭐 신경 쓸 거 없지만 박정희 대통령께서 나는 박정희 대통령을 별로 좋아하지 않았어요 옛날엔 진짜. 유신 때문에 내 별로 싫어했어요. 유신, 내가 무교동에 고기, 석쇠에다 고기 구워 먹는 거 뭐야. 고깃집 있었어 고깃집. 거기서 고기 먹고 술 먹고 있는데 내 후배가 한 놈이 약속시간보다 30분 40분 늦게 와요. 여자를 한 둘을 데리고 오더라고. 그래서 오면서 이 녀석이 유신발표하는 바로 그날이에요. 그날 이놈이 오면서 아 형님들 이거 뭐, [카메라를 보고] 지금 허는 거요? 해도 돼 해도 돼. 자연스럽게 해도 돼. 나는 사실대로 얘기하는 거니까. 아 형님들 지금 유신 발표했는데 무슨 술이나 먹고 이러고 계십니까 이러고 지가 늦으니까 미안하니까 그 얘기를 한 거야. 내가 자식아 30분 40분 늦어가지고 유신이고 귀신이고, 앉어 내 그랬다고. 그 한 마디에 날 잡아갔어요. 주변에, 주변에 유신 발표해놓고 불안하니까 아마 경찰이나 뭐 정보부나 이런 사람들이 뭐 다니면서 여론조사 한 모양이지. 그래 술 먹고 나가는데 딱 건장한 체격의 청년이 양쪽에서 둘이 잡더라고 나를. 그래서 '당신들 뭐야.' 나도 운동한 놈이니까 금방 알잖아요. 딱 치고 뭐야 그랬더니 '가셔야 되겠습니다 정 선생님.' 그러더라고. 그 나를 아는 거지 제가 텔레비전 나가고 라디오 나가고 그러니까

알죠. 모를 수가 없죠. 내가 신문사 차장, 신문사 차장 때야 한국일보 차장 때. 나 간부인데 그랬더니 '언론사 간부니까 함부로 데려가는 거 아니야. 언론사에 물어보고 데려가.' 내가 그랬거든요. 그랬더니 '그래도 가셔야 되겠습니다.' 끌고 차에다 탁 싣고 갔어요. 그래서, 그래서 결국은 어디까지 끌려갔냐면 필동에 특검까지 끌려갔어요. 거기 군인들이 있더라고. 뭐, 육군 중령이 현역 중령 옷을 입고 딱 오더니 날 검문을 하는 거야. 검문이 아니고 조사를 하는 거야. 문제는 뭐냐 귀신이라고 얘기한 동기를 얘기해주고 그다음에 배후가 누가 있는지 얘기해라 이거야. 아 내가 농담 삼아서 한 얘긴데 씨. 하하하. 배후는 무슨 놈의 배후고 [모두 웃음] 유신과 귀신 비슷하잖아. 나는 그, 농담 잘하거든요. 내가 요 재치가 있어가지고 요거 말, 말 받아치는 거 요런 걸 잘하는 스타일인데 지금으로 말하면 방송의 예능프로그램 그런 거야. 아 그걸 날 잡아다가 밤새워가지고 말이야 이 뭐하는 짓이냐고 그랬더니. 아 나도 떨리죠. 그래 나 전화 좀 한 번 걸자 그랬더니 걸어도 되겠습니까 그랬더니 아주 정중하게 합디다. 때리지도 않고 아주 정중하게. 아니 신문사 간부니까 함부로 했다가 큰일 나니까 자기들도 예 알겠습니다. 그러고 전화를 주더라고. 그 신문사 걸었더니 이제 우리 편집국장이 그때 이원홍 나중에 문공부 장관했던 이원홍 씨가 내 사회부장이에요. 그때는 편집국장 때야 유신 때는. 한국일보 편집국장. 별소리 다 하네 지금 아 씨. 그래서 그 양반을 전화했더니 이 양반이 마침 신문사에 없어요. 그래서 내가 그 다른 편집하는 기자 바꾸라 그랬더니 나왔어요. 나 정 아무갠데 나 여기 잡혀왔다. '왜 잡혀 갔어요?' '어쨌든 여기 왔으니까 이 국장한테 얘기 좀 해주라.' 그랬더니 이 국장 이제, 했어요 했는 모양이에요. 난리 났어 여기 저기 전화 따릉따릉 오고 난리, 여기저기서 뭐 그냥 뭐, 그 사람 내놓으라 그러고 뭐 그랬나봐 아마. 그러니깐 그 중령이 다시 들어오더니 '하, 골치 아파 죽겠습니다.' 그래서 '뭐가 골치 아픕니까.' 여기저기 전화오고 뭐 청와대에서도 전화오고 뭐 그런대는 거야 날 내보내라고 그리고 그런대는 거야 그 사람 그런 사람 아니라고. 그러나 이왕 들어오셨으니까 일곱 시에 해 뜨거든 아니 밝거든 나가시죠 그러더라고. 그럭하자고. 뭐 먹는 거 갖다 주고, 아 필요 없다고 안먹는다고. 그랬더니 아침에 나갔더니 지프차 안에 날 잡아간 친구들 둘이서 달달달달 떨고 밤새도록 있었어 지프차 안에. 들어오지 못하고. 개들은 겁나지 거기 어떻게 들어와. 딱 갔더니 지프차로 날 모시고 가더라고 다시 남대문 경찰서로. 내가 '이 사람들아 사람 제대로 보고해 헛짚었지?' 그랬더니 '하, 높은 양반한테 야단 무지하게 맞았습니다 지금.' 그러더라고요. '아 일루와 미안해' 그래가지고 아침부터 '갈비 사줄게' 아침부터 갈비 사먹였잖아 진짜. 소주하고 아침. 아침 일곱 시부터. 그리고 신문사 편집국에 들어갔더니 난리났어 박수치고 말이야 개선장군이라고. 이 국장이 오더니 '니 안맞았나?' 그러더라고. '누가 날 때려요. 안때려. 아 신문사 사장을 누가 때려 안때려. 그리고 내가 때릴 데가 어딨어. 내가 조그맣잖아.' 그랬더니 '하 새끼들 말이야 그래 말 안듣고 열두 시 전에 내보내라 캤는데 안내보내주고 그러네.' 그러더라고요. '그 사람들도 체면이 있는데 밤은 하루 세워야지.' 그때부터 박정희 대통령을 좋아하게 됐어요 내가. 그때부터. 거꾸로예요 인간이란 거꾸로예요. 박통을 내 좋아한 이유가 아 이 사람은 때리고 뭐 하고 그러지 않고 사람 취급을 하는 동네구나 그런 생각이 드는 거야. 그리고 나를 신문사 간부니까 육군 현역 중령이 직접. 중령이면 높은 계급입니다. 졸병 시키지 않고 상사나 하사나 미안하지만 상사 들으면 기분 나쁠지 몰라도, 시키지 않고 현역 중령이, 법무관이지 법무관, 법무관 중령이 와서 직접 심문하고 그리고 뭐 말도 존댓말 해가면서 예 예 아 뭐 그래서 그 좋잖아. 그래서 좋아했고 또 그다음에 박통을 내 좋아하는 이유 중에 하나는 서민적이잖아요. 내가 본 건 아니고 들은 애긴데 요거는 지금 없어졌으니까 해도 상관없는데 열차집이라고 있어요 교보빌딩 뒤에. 오래된 집입니다 상당히 오래된 집입니다. 나도 단골이고 얼마 전까지도 없어질 때까지 내가 다녔는데. 열차집에 어느 날 하루는 이 어른이, 박통이 분장을 하고 옷 갈아입고 뭐 겨울에 마스크 쓰고 그래가지고 비서관 한 놈만 데리고 막걸리 마시러 내려온 거야. 청와대에서 걸어서. 뭐 걸으면 얼마 안되니까. 막걸리 먹고 있는 거야. 박종규 청와대 경호실장이, 박종규 실장이 내가 요 얘기하면 내가 군대 있을 때 제가 모셨던 분이야. 내가 카투사 때 제가 선임하사고 박종규 실장이 파견 대장했어요 대위 때. 나중에 소령 돼가지고 5·16이 났지만. 아니 그 얘기 또 복잡해요 나보고 뭐 최고회의 경호실 들어오라고 그랬는데 내 안가고, 그것도 내가 실수에요. 그 아까 얘기했잖아 판단 한 번 잘못하면. 그때 청와대 경호실 오라 그럴 때 [고개를 저으며] 아니 아니 최고회의 경호실 오라 그럴 때 갔어야 되는 거야. 그럼 내가 지금 여러분들 다른 방법으로 만나게 되겠지. 다른 차원에서. 어쨌든 간에 그래서 아 그 뭐 큰일 났잖아 대통령 없어졌으니까. 박종규 경호실장이 난리가 났잖아 대통령이 갑자기, 어디 갔는지 알 수가 없잖아. 지금처럼 핸드폰 아니라 막 무전치고 그러니까 그 같이 따라오는 비서관이 무전을 받았지. 수행비서 바꿔. 여기 있습니다 열차집 계십니다. 경호실에서 차가 말이야 열 몇 대가 들이닥쳐가지고 열차집 난리가 난 거지. 도대체 그냥 손님들 다 도망가고 그때서야 이게 대통령인줄 알았지. 그전에는 몰랐지 누가 영감이 하나 앉아가지고 술 마시고 빈대떡에다 막걸리 마시고. 좋잖아요. 그런 사람이 난 좋아요. 정말 그, 물론 위험한 짓을 했지. 대통령인 줄 알았으면 자칫하면 암살당하고 그러면 큰일 나지. 하지만 그러나 그러고 싶다는 생각을 가진 그런 그 낭만적인 가슴, 이게 나는 좀 근사한 사람이라고 보는 거야.

손동유 : 직접 만나보신 적은 없으신가요?

정홍택 : 한 번 있지요, 한 번. 그 양반이 대통령 한참 하실 때 1976년인가, 5년 아니 아니다 미국가기 전이니까 '74년인가 보다. 그때 청와대 들어가서 만났죠.

손동유 : 그때 받으신 인상은 어떠셨나요. 갖고 계시던 생각하고.

정홍택 : 의외로 안차가와요. 그래요 난 그, 텔레비전 나오고 사진 나오고 신문 나오는 거 보면 차갑게 생겼잖아. 별로 웃지도 않고, 근데 잘 웃어요, 잘 웃어. 그리고 재밌는 영감님이다 하는 생각이 들어요. 이웃집 아저씨 같고 옷을, 아참 그 얘기해야 돼. 대통령하면 옷이 뭐 고급 옷을 입어야 되잖아. 아이아이 나보다 더 형편없는 옷을 입고 서 있더라고. 그래 내가 아! 내 참 그래 내가 하~ 저런 모습이 대통령상이 아닐까싶은 생각이 들어요. 그 얘긴 그렇고 또.

손동유 : 그, 연예기자 하실 때 말씀을, 다시 좀 여쭙겠습니다. 당시 상황을 좀 저희가 알고 싶어서 또 여쭙는 건데요, 아까 그 왜 남진 매니저 하셨다고….

정홍택 : 남진이 때린 거?

손동유 : 근데 그, 선생님처럼 매니저를 하신 분들이 그때도 요즘처럼 이렇게 일상화된 직업이 아니었죠?

정홍택 : 아니지.

손동유 : 그 좀 특이한 케이스….

정홍택 : 그냥 직업이 없고 그냥 연예인들 도와주는 것이 매니저라 그랬죠. 나는 신문기자 하면서 한국일보에선 별종이야 제가. 제가 별명이 타이거인데, 성질이 나빠가지고 똑같은 말 세 번만하면 주먹이 날아갔어요. 진짜. 근데 지금 내 얼굴하고 내 주먹하고 보면 영, 내 주먹 보세요. 이젠 전혀 다른 사람이에요 주먹이. 지금 주먹이 예뻐진 주먹이 이래. 옛날엔 타이거라 그러는데. 연예인들 농담이 아니고 제가 많이 가르쳤어요. 가르쳤다는 표현이 맞아요. 왜냐면 제가 이걸 만들었어

요. 〈한국연예공사〉라는 걸 만들었어요. 그 뭐냐면 지금의 기획사에요. 우리나라 연예인들 가수나 배우들이나 이런 사람들을 좀 이렇게 국제적으로 내보내려면 재교육을 시키자 그걸 저는 리클리닉(re-clinic)이라고 그렇게 얘기했습니다. 리클리닉센터를 만들자. 근데 그 당시에 우리 친구들이나 또래들이 잘 못알아 들어요. 리클리닉이란 용어조차 몰라요 지금은 다 알지만은. 그래 내가 리클리닉을 만드는데 내가 대표로 나서겠다. 그래서 제가 한국연예공사의 회장이에요. 신문기자하면서 별짓 다 한 거야 지금. 방송 출연하죠. 아주 미워죽겠지 신문사 기자들이. 우리 선배들이. 후배들이야 뭐 나 미울 거 없지. 그때 나를 롤모델로 삼은 사람들이 많아요. 그중에 하나가 이상벽이에요. 그 사나이는 정말 내 그대로 흉내내서 하고 싶다는 거야 평생에. 지금도 그렇게 가고 있잖아.

손동유 : 저작권협회 이사장도….

정홍택 : 그것도 똑같이 가고 그 친구가. 그런 식으로 후배들은 날

좋아했는데 걔는 뭐 그 사람은 한국일보 아니고 경향신문이지만 난 한국일보였었고 그런데 어느 정도였는지 아세요? 신문기자인 내가 언론 영향력이? 다른 신문사 경향신문, 서울신문, 무슨 조선일보 동아일보 신문기자들이 연예기사 쓸 때 저한테 물어봐요. '아 뭐 이런 게 이수미 기사가 나왔는데 쓸까요?' '야 그런 거 쓰지 말어. 그거 기삿감 아니다. 그리고 연예인들도 도와줘야지 니들이 쓰지 마.' 안썼어요. 쓸 수가 없어요. 만약에 내가 쓰지 마라는데 쓰면 나한테 맞아죽어요 진짜. 내가 그렇게 무서웠어요. 그래 별명이 타이거야. 지금 생각하면 부질없는 짓이에요. 부질없는 짓인데…

손동유 : 근데 그 남진 씨 얘기하다가….

정홍택 : 남진이는 원래 본명이 김남진이에요. 목포 출신인데 부잣집 아들이에요. 근데 이게 가출을 합니다 가수하겠다고. 그래서 서울로 올라오죠. 경복중학교를 다니고 고등학교는 다시 목포로 가서 목포고등학교를 나와요. 근데 이놈이 울려고 내가 왔나라는 김영광 작곡의 노래를 하나 취입을 했어요. 근데 이게 뜨질 않고 재미가 없으니까 집에선 빨리 오라 그러는데 뭐 연락이 되나 지금처럼 핸드폰이 있나 뭐가 있나. 한번 나가면 그만이잖아요 그때는. 찾을 길이 없어요. 그래 여러 사람 통해가지고 물어물어서 찾아가 불광동 어디 이상한 움막집에서 사는 놈을 찾아가지고 데리고 집에 목포로 가면 또 도망 나오고 도망 나오고 그래가지고 그놈이 옷이 없어가지고 빨간 점퍼하고 블루진하고 그것만 밤낮 입고 돌아댕기는데 냄새가 나고 아이 자식이 그래서 생긴 건 잘생긴 놈이. 그래 내가 너는, 근데 하루는 저한테 찾아왔어요.

손동유 : 어떻게 알고 찾아왔을까요?

정홍택 : 그 당시 오아시스 레코드 사장이 '아, 정 선생 앤 가수하겠다고 어떤 놈이 자꾸 왔다갔다하는데 얘 좀 들어봐서 가수될만하면 시키고 안되면 집으로 내려 보냅시다.' 그래서 내가 '너 일루와.' 그랬더니

'니 이름이 뭐냐' '남진입니다.' '본명 말야 본명 이 자식아' 그랬더니 '김남진입니다.' '내놔봐 주민등록증' 그땐 주민등록증 없을 때라 '시민증 내놔봐' 그랬더니 전라남도 도민증을 들고 보여줘. 김남진이 맞아. '그래. 노래해봐. 너 나보다 노래 못하면은 너 가수 관둬라. 나보다 노래 잘하면 가수하고 못하면 관둬.' 그래 노래 한 거예요. 물론 내 앞이라 긴장 되서 그렇기도 했겠지만 노래 지지리 못해요 자식이. '너 집에 가. 집에 가 인마 가수 하지마.' 그랬더니 '전 하늘이 무너져도, 절 죽여주십쇼. 가수 좀 시켜주십쇼.' '아 딴사람한테 가. 나한테 오지마. 난 몰라. 내가 인마 기자지 내가 가수 키워주는 사람 아니잖아. 내 작곡가도 아니고, 가.' 그랬더니 '밖에서 다 소문 듣고 제가 찾아뵀는데 제발 좀 저 좀 살려주십쇼.' 그래. '무슨 소문을 들어' '아 뭐 배호도 뭐 하고 문주란도 뭐' 어쩌고 저쩌고 그래서 내가 '그래? 그러면 정말 자신 있어 할 자신?' 그랬더니 '열심히 하겠습니다.' 그때부터 강행군을 시켰어요. 도레미파솔라시도부터 다시 가르치는 거야.

손동유 : 선생님께서 직접 노래연습을?

정홍택 : 아니 내가 어떻게 그런 걸 해요. 내가 뭐 군번이 그거 하게 생겼어. [모두웃음] 다른 사람이 작곡가 시켜가지고 하라고 그래서 하고 했죠 그랬더니 좀 나아지는 것 같다 그래. 그래서 내가 지구레코드 임종수 씨가 사장인데 그때 임종수 씨가 나보고 '정 선생 그저이 남진이를 그저이 우리가 전속시켜' 그 평안도 평양 사람이거든. 시키고 싶다 이거야. '돈 좀 많이 줘야 될 텐데요.' 그랬더니 '아 돈 줘야디요.' 아 지금 당장 주라고 당장 주라고 안그러면 안된다고 그랬더니 '얼마나 줘야 되는데?' 남진이 보고 야 얼마 받을까 그랬더니 그때 나름대로 굉장히 큰 액수. 그래서 내가 그랬더니 임정수 깜짝 놀라더라고 그러더니 '아 그래도 줘야디요.' 그래가지고 돈을 가져왔어 현금으로. 그때는 뭐 수표가 있어요 무슨 지금처럼 무슨 온라인이 있습니까 현금을. 무조건

현금이야 현금. 들고 왔어. 전속을 시켰어 지구레코드. 전속시킨 기념으로 판 하나 내야될 거 아니냐. 그 어떡하냐 그랬더니 임정수 사장이 자기는 도레미도 모르는 사람이 레코드 사장인데 나보고 알아서 하래는 거야. 난 나와도 모르겠다 책임지기 싫다 그랬더니 그러면 작곡가는 박춘석으로 하자 제가 그랬어요. 작사가는 당신이 정해라 그랬더니 박춘석이한테 물어보니까 정두수가 좋겠다. 그래서 정두수 작사 박춘석 작곡 노래 만들어 봐. 걔네 둘이서 꿍얼꿍얼 해가지고 두 달 만에 작곡을 만들어가지고 나보고 오라 그러더라고 갔지. 박춘석 씨 여기 어디야 충현동인가? 퇴계로에 충현동이라고 있어 거기 서울에 거기 2층집인데 쪼그만 집이야 2층에 작곡실이 있어요. 거기 가서 임종수 사장, 박춘석, 정두수, 남진 그리고 나 이렇게 다섯 명이 거기서 노래를 딱 보니까 제목이 「낙도가는 연락선」이야, 「낙도가는 연락선」이라는 제목의 노래. 한번 해봐라 그랬더니 박춘석 피아노치고 정두수가 옆에 있고 남진이가 노랠 부르더라고. 그래 내가 아니다 컷, 컷, 그만 그만해라. 이거 가지고 남진이 크지 못한다. 뭐가 잘못 됐네. 몇 개 고쳐라 이거 아니다, 좀 대중적으로 고쳐라, 그래서 곡을 몇 개 고쳤어. 그리고 제목을 바꾸자. 「낙도가는 연락선」이 뭐냐 이게 1940년대 노래냐 이게 이런 우라질 안되겠다. 「낙도가는 연락선」이 뭐야 그게. 촌스럽게. 그거 아니다. 1966년인가 그래 5년인가 그 무렵 '66년이구나 '66년. 이거 아니다 우리나라가 대중가요가 자꾸 발전해야 되는데 이건 다시 '40년대로 퇴보하는 거 같다. 그랬더니 작사가 정두수가 기분이 나빴겠지. 근데 그 친구 성격이 좋아서 기분나빠하지 않아요. 허, 그럼 말이야 정 선생이 좀 제목 좀 새로 하나 지어달래. 그래서 가만있어 내가 생각해볼게 말 시키지마. 탁 한 10분 동안 생각하다가 가슴 아프게. 그래서 나온 게 「가슴 아프게」야.

손동유 : 가사 중에 '가슴 아프게'가 나오죠….

정홍택 : 근데 그 당시만 해도 우리나라 대중가요 가사가 제목이 「눈물 젖은 두만강」, 무슨 「백마강」 뭐 이러고 전부 명사로 끝나는데 부사로 끝나는 제목은 거의 없어요. 하나도 없어요. 그렇잖아 없어요. 다 무슨 「이별의 부산정거장」 뭐 다 이렇잖아. 「목포의 눈물」 다 이러고 끝나잖아. 「가슴 아프게」 그땐 파격적인 거지? 야 이거 괜찮을까 너무 파격적이지 않나 사람들이 그래. 아 모르겠다 그냥 해라 그래서. 이게 히트한 거야. 사람들마다 그때 평론가들마다 제목이 덕을 많이 봤다 이 거야. 왜. 그다음 얘기가 재밌어요. 이게 히트하고 나니까 몇 달 뒤에 영화사에서 찾아왔어요. 영화하고 싶다, ≪가슴 아프게≫3)로. 해라. 남진 출연, 아 출연 시켜라. 남진이가 주인공하고 뭐 해서 했어요. 했는데 제목 값을 그 당신 제목을 빌렸으니까 제목 값을 주게 돼있어요. 지금으로 하면 한 2,000만 원 지금 돈으로 한 2,000만 원 정도의 돈을 들고 왔어요. 2,000만 원 정도. 들고 와가지고 이걸 정두수한테 가져온 거야. 왜냐 정두수가 작사가니까. 정두수가 제목 붙인 줄 알고 가져온 거야. 정두수가 이걸 들고 나한테 왔어요. 신문사로 한국일보를 찾아왔어요. '정형 나 이거 돈 받았는데 어떡할까?' '마, 니가 인마 작사가인데 니가 먹지.' 그랬더니 자긴 도저히 양심상 못먹겠데. '그래? 그럼 반씩 나누잔 얘기냐' 그랬더니 그래도 좋고 뭐. 관두고 친구 다 불러서 술 한 병 먹고 말자. 그래 친구들 다 불러서 술 한 서너 병 먹고 말았어요. 술 때문에 망해 난. [모두 웃음] 그때도 반을 받아서 내가 챙겨야 되는 건데 진짜로.

손동유 : 그렇게 잘 하는 남진 씨를 왜 때리셨나요?

정홍택 : 아니 그게 뭐냐면 남진이 때린 이유는 나는 분명히 자신 있고 그 당시 이놈이 인기가 올라가니까 여기저기서 출연교섭이 많이

---

3) 1967년 박상호 감독에 의해 제작된 멜로영화이다. 남진과 남정임이 출연하였다.

나오는 거야. 너무 지나치게 이사람 저사람 오는 대로 돈 받고 하면은 인기 금방 끝나요. 안됩니다. 이게 관리를 해야 되거든요. 그게 아츠 매니지먼트(arts management)에요. 예술 경영이에요. 제가 그때부터 예술 경영에 대한, 지금도 내 전공이 예술 경영이야 대학에서 그거 가르쳐요. 예술 경영에 대한, 저작권도 예술 경영 중에 하나니까 예술 경영에 대한 눈을 떴어요 내가. 이거 아니다 너 이렇게 함부로 다니면 싼값으로 돌아다니다보면 너는 금방 목숨 끊어지니까 하지마라 내가 하라는 것만 골라서 하자 그렇게 된 거야. 그랬더니 알겠습니다 선생님 하라는 대로 하겠습니다. 그리고 이 자식이 몰래몰래 마산 무슨 저기 전라도 어디 광주 뭐 이렇게 지방 극장, 옛날엔 지방에 극장 주인들이 돈 들고 다니면서 가수 섭외해서 데려와서 쇼하고 그랬어요 지금은 그런 거 없지만은. 그걸 지방장사라고 그래요. 지방장사를 하는데 지방장사꾼들이 서울 올라와가지고 남진이를 만나는 거야 직접. 남진이 매니저가 없으니까 내가 매니저가 아니고 사실 기획회사 사장이지 쉽게 말하면 나는. 매니저는 거기 하나 붙여놨어 가방 들고 대니는. 일본말로 '가방모치'라고 그래요. 그걸 하나 붙여놨어 운전 겸해서.

손동유 : 요즘 로드매니저라고.

정홍택 : 지금 로드매니저라 그러지 RM이라 그러는데 그 RM을 붙여놨어 그 당시에. 그리고 걔가 기사, 운전. 자동차 하나 사달라고 그래서 자동차 사줬지 또. 그 당시에 좋은 차 하나 사주고 이놈이 꼭 앞에만 앉는대요 남진이가. '너 인마 앞에 위험해 뒤에 앉아.' 그랬더니 기사가 막 웃어. 왜 웃냐 너 그랬더니 얘가 남진이가 앞에 앉기를 원해. 왜? 사람들이 앞에 앉아서 알아보고 막 하는 걸 그걸 좋아한다 이거야. 그래 그건 이해한다 됐다 하하하. 근데 그것까진 OK. 그래도 좋은데 아 이놈이 몰래 마산을 갔다 왔어요. 그래 내가 로드매니저보고 귀싸대기를 갈겼어 로드매니저. '이 자식아 네가 나한테 미리미리 보고를 해

야지' 그랬더니 남진이가 절대 얘기하지 말라고 그래 아이아 막 울면서 하지 말라 그래가지고 했다간 남진이한테 혼나는데 뭐. '네 목은 남진이 못 잘라 내가 자르고 내가 해. 내가 널 이 자식 갖다 놨는데.' 그놈도 목포아이에요. 남진이 제 고향 선배야. 2, 3년 형이야. '내가 인마 너 갖다놓을 때 그거 지키라 그런 건데 너.' 그랬더니 '알았어요 할게요' 그러더니 그다음에 또 어딜 또 해서 세 번을 나 몰래 지방장사를 했어요. 돈이 당장 급하니까. 요요 돈이 현금이요 요거 무섭습니다. 여기 지금 현금 갖다 주면 싹 돌아설 걸 나 안볼 걸 아마. [모두 웃음] 근데, 아 요놈이 그걸 했어. 이건 참을 수가 없어. 내가 몇 번 경고를 했거든. '너 하지마라! 하지마! 이번까지 참는다.' 근데 세 번째는 내가 못참겠어. 그래서 내가 하루는 참다 참다 로드매니저에게 '야 남진이 태워가지고 몇 날 몇 시에 서울운동장 앞으로 와라.' 서울운동장에 가면 운동기구 파는 데가 많아요. 지금 없어졌지만. 거기 기다리고 있으니까 차가 왔어요. 아 '선생님, 선생님' 그러면서 남진이 내리더라고. '응, 그래.' 그리고 운전하는 놈보고 '야 들어가서 야구방망이 하나 사가지고와.' 그랬더니 '야구 방망이 뭐하게요?' '사와 사오라면 이 자식아.' 가서 야구방망이를 하나 샀어요. 차에 싣고 '가자' 남진이 그때부터 수상한 거지. 그 가가지고, 갈 데가 있어야지 어디 남의 집 골목길에 가서 때릴 수도 없고 고려대학교 운동장에 갔지. 그때 왜 하필 고려대학교 운동장이냐. 내가 그 근처 살았거든. 그래서 가가지고 그때는 다행히 정문을 열어놨습디다 그 밤에. 밤 한 열한 시 통행금지가 있을 땐데 통행금지 조금 전인데 열어놨더라고. 그래 거길 차를 몰고 들어갔어. 운동장에 들어가서 딱 방망이 들고 남진이 보고 '너 내말 그렇게 안듣는데 안들으면 내가 필요 없다는 얘기 아니냐? 우리 헤지자. 헤어지고 싶으면 지금 가고 헤어지기 싫으면 엎드러서 나한테 한 몇 대 맞아라 둘 중에 결정은 니가 해라.' 그때만 해도 내 머리가 좋았던가봐. 지금 머리가 별로 안좋

아. [모두 웃음] 말 잘했죠? 헤어지기 싫으면 나한테 맞고 헤어지고 싶으면 지금 결별하자. 그게 낫겠다. 내가 너 땜에 속 썩일 필요 없다. 나 가수 또 다른 놈 기르면 된다. 많다 가수. 고양이새끼 수 얼마든지 기다리고 있다는 서양속담 있잖아요. 그러니까 너 가라. 가라. 근데 이 놈이 탁 무릎 꿇더라고. '제가 어떻게 선생님을 배반합니까. 못합니다.' '엎드려' 엎드리더라고. 에구에구에구 뭐 구르기 시작하는데 '엄살떨지 말고 다시 와 인마' 그래가지고 다섯 대 때렸어요. 근데 아프긴 아팠던 가봐. 이놈을 때리고 나니까 내가 마음이 약해서 그래가지고 그놈을 또 데리고 통행금지시간 다 됐고 이제 데리고 그 근처 술집에 갔죠. 술집에 가서 술 먹이고 통행금지시간 됐지 이제. 근데 죄송한 말씀이지만 그 당시는 신문기자 신분증 가지면 통행금지 관계없거든요. 그래서 내가 이놈을 데리고 걔는 집도 바로 거기에요. 거기 저, 고대 뒤에 안암동에 살았어 어머니랑 같이. 그 매니저라는 쫓아다니는 놈보고 '데려다 줘라.' '선생님 어떡하시게요.' '나 알아서 갈게 신경 쓰지마. 데려다 줘.' 술 잔뜩 먹였어요. 그랬더니 술 취해가지고 '야 궁둥이 벗어봐' 그랬더니 아이 터졌어. 아프긴 아픈가봐 그거 아퍼. 그 피가 이렇게 나오고 그랬어. 그러니까 '야 그거 가서 엄마한테 남진이 엄마한테 얘기하지 말고 슬그머니 가서 니가 인마 해줘.' 그랬더니 갔어요.

손동유 : 남진이라든지 배호 뭐 문주란 이런 분들은 말하자면 인기스타들인데 비해서요 '60년대 말서부터 해서 통기타문화가 등장하는데요.

정홍택 : 아 통기타.

손동유 : 그쪽 가수분들 요즘에 뭐 '세시봉' 뭐 이래서 TV에도 소개되고. 그러잖아도 워낙 유명하신 분들이고 그러긴 했지만 요즘으로 치면 언더그라운드라고 할까요? 이쪽에 계신 분들은 당시 박정희 정권으로부터 일종의 탄압을 받기도 한 것으로 알려져 있는데요.

정홍택 : 그렇지 않아요. 그때는 우리가 '엉그랑 뮤직'이라고 그랬어요. 언더그라운드를 엉그랑이라 그랬다고. 엉그랑 뮤직을 하는 사람이 많았는데 걔네들 지들이 자꾸 탄압받았다고. 자꾸 신중현이 같은 친구는 지가 탄압받았다고. 탄압받은 거 하나도 없어요. 걔가 대마초를 했기 때문에 걸려들어 간 거지 지가 왜 가만있는데 왜 걸려들어 가. 단지 이건 있어요. 김민기가 긴 밤 지새우고…. 「아침이슬」. 거기에 뭐 묘지 위에 붉은 태양이 떠오르고 하는 거 있잖아. 그게 왜 '붉은 태양이 묘지 위에 떠오르냐', '네가 인마 무슨 상징하는 게 있지 않느냐' 이렇게. 그거는 밑에 놈들이 잘못한 거예요. 박정희 대통령이 그거까지 합니까. 그거까지 박통이 '야 붉은 태양이 뭔지 좀 조사해봐라' 그러냐? 그 양반 그거 할 시간 없어. 바쁜 사람이야 지금. 새마을 노래하느라고 바빠. 근데 [모두 웃음] 근데 그건 아니고 밑에 놈들이 과잉 충성했을 거고 사실 김민기가 잡혀 들어간 건 사실이에요. 내가 김민기보고 너 군대가라 그래서 카투사는 내가 보내줬어요. 카투사 가기 전날 너 꿈이 뭐냐 그랬더니 밤새 맥주나 실컷 마시는 게 꿈이래. 그래서 서울대학교, 그 당시 서울대학교가 있을 땐데 동숭동 건너편에 '낭만'이라는 카페가 조그만게 있었어요. 거기서 실컷 맥주, 마셔봐야 열 몇 병밖에 더 먹습니까 그거. 맥주 비쌀 때니까 그때. 그래서 맥주 먹고. 걔가 서울대학 미술대학 출신이거든요. 그때 미술대학 1학년 때 양희은이 서강대 1학년 때 둘이 같이 왔어요. 서울대하고 서강대 교복이 비슷해요. 교복 입고 왔어 나한테 그래가지고 가수 하겠다 그래서 데리고 시킨 건데. 그 김민기가 간 건 그건 사실이에요. 근데 탄압이라고 보지는 않고, 군대로 보내버렸죠. 노래 그만하고 군대 가라. 그리고 또 하나 꼭 탄압으로 얘기한다면, 너무너무 베틀 햄 오브 리퍼블릭(Battle Hymn of the Republic)이라는 노래가 있어요. 혹시 아시는지 모르겠어요. '글로리 글로리 할렐루야' 노래있어. 이거 '영광, 영광 대한민국' 이래가지고 조영남이 이

걸 대한민국 찬가라고 부르고 그랬어요. 그 미국 노래에다 대한민국 찬가를 하면 안되겠다 싶어가지고 내가 또, 나도 주책바가지에요. 내 그걸 내 진짜 개인 돈을 써가지고 송창식이 윤형주 뭐 지금 얘기하는 세시봉 패거리들 뭐 김민기 양희은 뭐 등등해서 한 열댓 명을 긁어모았어요. 니들 다 모여 그래가지고 라이온스 호텔이라고 있습니다. 지금 그 호텔이 있나 지금 없어진 거 같애 충무로에. 거기 2층에 방을 하나 빌려가지고 방을 두 개 빌렸지 여자 자고 남자 자고. 빌려가지고 나도 주책이야 내 돈으로. 내 돈 아깝지 않아 근데도 호텔 값 비쌀 땐데 빌려가지고 뭐 먹고 싶어. 전원이 다 자장면 먹고 싶대. 자장면 시켜가지고 먹고 그다음에 진짜 대한민국 찬가를 하나 만들어라 찬가. 국가를 찬양하는 찬가를 만들어라. 이 부끄럽다. 미국 노래에다가 가사만 바꿔가지고 이건 아니다. 그래 만들라고 '밤새 만들어 니들 안만들면 낼 아침에 자장면 값 다 물어내야 돼 이 자식들아.' 그러고 난 집에 갔어요. 갔더니 이튿날 아침에 왔더니 '선생님 선생님 노래 들어보세요.' 기가 막히게 나왔다 이거야. '해봐 누가 작사한 거야' 그랬더니 '민기가 작사하구요 창식이가 작곡한 거예요' 하고 형주가 윤형주가 그러더라고 나한테 일러바치더라고. '뭐야 해봐' 그랬더니 '동해의 태양'이야. 보라 동해에 떠오르는 태양 뭐 그런 거 있었잖아. 거기에 누구의 머리위에 붉게 비치나 '붉게'가 또 나왔단 말이야. [모두 웃음] 환장하겠어 환장하겠어. 이 또 걸린 거야 이게 또. 걸려가지고 안된다 이 노래. 그래서 그 노래가 노래 참 좋거든. 좀 힘들어 어려워 따라 부르기는. 아까 얘기한 조국찬가보다 훨씬 어려워. 근데 제목을 동해의 태양으로 지었어요. 동해의 태양. 야 그러지 말고 '조국찬가'로 바꿔라 내 그랬더니 아 '조국찬가' 너무 엄숙하다 이거야. 그럴까? 그래 알았다 한국이 동해의 해가 떠오르니까 OK 좋다. 했어요. 걸려가지고 못했잖아. 지금은 내 나라 내 겨레 해가지고 제목 바꿔가지고 다시 해요. 근데 난 동해의 태양이 좋을 거 같아 지금도. 내 나라 내 겨레가 뭐야 엄숙하게. 내 그렇게 한 사정이 있지 그런 정도지 대중문화 탄압한 적 없어요. 난 그렇게 생각해요.

손동유 : 탄압이라는 표현이 과하다 해도, 당시 검열은 있었잖습니까? 그 점은 어떻게 보시는지요?

정홍택 : 〈예술윤리위원회〉라는 게 만들어졌고 그런데 그건 자율적으로 만든 거야. 정부가 만든 게 아니에요. 애초에 예술위원회라는 것은 자율적으로 만들었으니까 돈이 없으니까 정부가 일부 좀 대줬죠. 그러다가 이러지 말자 정부가 너무 심각해지니까 대중문화가. 그래서 정부가 간섭하자 그래가지고 그걸 〈공연윤리위원회〉로 바꿉니다. 정부가 돈을 대면서 공연윤리위원회 내가 심의위원 오래했죠. 십몇 년하고 사무처장까지도 하고 나중에. 바꾸는데 거기서 영화, 가요 나중에 게임도 했지만 게임 그다음에 연극도 대본, 무용도 공연, 일반 공연도 다 했어 그렇게. 드라마도 다 그, 하죠. 그래서 심의를 하는데 가요는 어디서 주로 잘랐냐면 쌍소리 나오는 거 주로 위주로 잘랐어. 그 당시는 그게 어울리지 않을 때니까. 지금은 뭐 허구헌날 영화에 욕이 나오는데, 그때는 그게 힘들 때잖아요. 그래서 욕이 나오는 건 다 자르고 그다음에 영화는 너무 심한 잔인성 있잖아 몸을 난도질해서 칼로 난도질해서 죽인다든지 배에서 창자를 꺼낸다든지 이건 아니다 지금은 그런 거 다 하지만 그때는 그때 정서는 아니다. 그것하고 그다음에 국가안보를 위협하는 문제는 이거 안되겠다. 북한을 찬양한다던지 인공기가 나온다든지 이건 다 잘랐어요. 지금은 인공기 막 펄럭이지만 그땐 그 못했어요. 그런 건데 그건 그 시대에 맞는 거예요. 그걸 탄압으로 보면 안돼요. 지금의 잣대로 보면 안되는 거야. 그 당시의 잣대로 봐줘야지.

청중 : 그때 그 당시에요 가수 옥희 씨가 그 뭐 하늘을 찌르는 듯한 액션을 못하게, 어깨 이상 손 올리지 말라는 얘기도 있었는데요⋯.

정홍택 : 아 그건 뭐냐면 그건 왜 그렇게 생겼냐면 윤복희가 그때 그, 전두환, 그건 전두환 때 얘기에요. 박정희 때 아니에요. 전두환 대통령 때 전두환 선생이 가수들 불러서 청와대에서 이렇게 노래 듣고 그러는 걸 좋아했어요. 뭐 김삿갓 노래도 좋아하고 뭐 그러지 않았어요 전두환? 그러니까 좋아했기 때문에 가수들 많이 들어갔어요 그때. 돈도 듬뿍 듬뿍. 전두환 선생이 통이 커가지고 돈도 듬뿍 듬뿍 주고 그랬다고. 근데 윤복희가 이 바보 같은 여인이 가지고 그냥 노래 점잖게 불렀으면 될 거 너는 내가 손가락질하는 거 있어요. 뭐할 때면 너는너는너는하는 노래 있어요. 그걸 전두환한테 대고 [손가락질하며] 너는너는 했다고. 경호실에 잡혀가가지고 혼났지. [모두 웃음] 정말이야. 그 뒤로부터 손 찌르기 못하게 만든 거야. 그건 박통 때 아니야. 옥희가 한참 뒤인데 뭘. 박통 때 옥희 아니야.

손동유 : 실제로 그걸 하지 못하게 했습니까?

정홍택 : 아니 하지 못하게 하는 게 아니라 알아서 기었지 방송국에서. 방송국에서 알아서 방송하면서 출연할 때 알아서 했지 뭐 청와대에서 그거 하지 말고 저거 하지 마. 이건 있어요. 김홍철4)이라고 왜 그저 '요롤레이 레이'하는 요들송하는 애 있어, 김홍철이. 걔가 나와서 이렇게 노래 부르고, 우리나라 최초의 요들송 전도사거든 전파사 전파. 전파시킨 친군데 아주 좋은 노래도 잘하고 아주 좋아요. 근데 걔가 귀걸이 큰 걸 한 쪽 그 거긴 알프스에선 귀걸이 남자도 귀걸이 하는 게 그 요들송하는 사람들 귀걸이 대충하고 그러는 모양이야. 근데 요거 흉내 내가지고 얼굴 화장 잔뜩하고 귀걸이 하고 뭐 여기에 머리에다 무슨 저 리본 달고 그러고 나오고 [기타 치는 흉내를 내며] '요를레이요 욜레요' 뭐 이런 노래 불렀다고. 박통이 딱 보다가 저 뭐냐 남자냐 여자냐

---

4) '김홍철과 친구들'이라는 그룹으로 널리 알려진 요들송 전문가수로, '60년대 스위스에서 요델을 수학한 뒤 귀국, 우리나라에 요들송을 보급했다.

이렇게 됐다. 남자냐 여자냐 저 이상하다 이렇게 텔레비전 보면서 그랬던 모양이야. 그 한마디 듣고 가가지고 모든 방송 귀걸이 단 남자들은 다 잘라 이렇게 된 거야. 장발? 머리 긴 놈들도 잘라. 그 길로부터 장발 단속이 시작이 된 거야. 그거는 사실이에요.

손동유 : 그 뭐 (일종의) 과잉충성으로 보신다는 말씀인가요?

정홍택 : 과잉충성, 밑에 놈들이 과잉충성이지 아 박통이 '머리 긴 거 잘라', '귀걸이 잘라' 그렇게 하겠어? 바빠 죽겠는데…. 그것은 아니에요. 자꾸 박통가지고. 박통시대에 있었던 얘기인 건 사실이에요. 시대에 있었던.

손동유 : 검열하곤 좀 다른 측면에서요 조금 뭐 무거운 얘기가 될 수 있겠는데 언론사에 대한 광고….

정홍택 : 아, 광고탄압 있었지. 동아일보도 그렇고 뭐 몇 군데 있었어요. 그거는 언론사가 마음에 안 들게 기사를 쓰면 언론사를 탄압할 수 있는 방법은 지금은 좀 다른 방법을 해요. 아시겠어요 지금은? 지금은 다른 방법을 해요. 그 방법은 내 얘길 안할게요 여기서. 그때는 광고를 안주는 방법밖에 없어요. 돈이 없으면 곤란하니까. 어떻게 정부가 광고통제를 하느냐. 광고주한테 눈짓 한 번 하면 되는 거지. 그렇지 않아요? 막강한 권력을 가지고 있으니까. 그렇게 해서 안했을 뿐이지 직접 무슨 신문사에다 대고 뭐 얘기하거나 그러진 않았다고 난 생각을 해요. 그런데 그러나 탄압한 건 사실이야.

손동유 : 그런 점들에 대해서는 어떻게 생각하시는지요?

정홍택 : 그 당시에는 심각했죠. 근데 지나고 나니까 그럴 수도 있겠다 싶지. 나는 뭐 언론사 사장, 사주가 아니니까 모르는데 사주 입장에서 볼 땐 가슴 아프죠. 그죠? 왜냐면 직원들 월급도 줘야 되고 아 광고 받아서 월급을 줘야되는데 그 안되고 그러면 아프지. 그러면 그때부터는 누가 욕먹겠어요. 제일 높은 양반한테 삿대질할 수밖에 없지.

청중 : 그 당시 '75년 전후해서 동아일보가 한국일보를 좀 앞서 갔다는 얘기가 많이….

정홍택 : 아~ 난, 그거는 거의 비슷해요. 한국일보하고 동아일보가 비슷해요. 그 당시엔 비슷하다는 얘기는 부수도 비슷하고 독자부수 광고수익도 비슷하고 그랬어요. 그리고 조선일보는 한참 아래였고 미안하지만 중앙일보는 이제 막 시작하기 단계고 뭐 그렇죠. 서울신문이나 경향신문은 그보다 못했고, 그랬죠.

손동유 : 그런 검열이나 심의 또 광고에 대한 통제 이런 것들이 이루어지는 과정에 대하여 평가들을, 그 당시 대중문화계를 보면서 요즘에 하는 평가 중에 선생님께서도 언급하셨지만 예를 들면 뭐 장발을 단속한다든지, 외국식 예명이라든지 귀걸이 같은 거 단속한다든지, 이런 엄숙주의가 있는 반면에 드라마나 영화 이런 데에서는 약간 좀 퇴폐적이고 또 뭔가 불륜관계 삼각관계 이런 것들이 주종을 이뤘던 이런 엄숙주의와 향락주의가 공존했던 모순이 있지 않냐 이렇게 보는 평이 있거든요.

정홍택 : 이걸 잘 판단하셔야 돼. 박정희 대통령 때와 전두환 대통령 때를 지금 혼동하고 있으면 안돼. 지금 장발단속은 박정희 대통령 때가 분명해요. 그러나 아까 얘기한 건 뭐죠?

손동유 : 뭐 드라마 속에서 나오는 뭐 삼각관계?

정홍택 : 그건 전두환 대통령 때에요. 그러니까 이게 넘어가는 과정에서. 전두환 때는 세 가질 묶었잖아요. 도둑놈이나 깡패 일체 없었어요. 절대 없었어요 깡패들. 어디 가서 무슨 사람 때리고 뭐 폭행 폭력, 치안이 확보가 됐어 전두환 때. 물가 잡았죠. 쉽게 말하면 깡패 잡지, 물가 잡죠. 그담에 뭘 잡았느냐면 이 양반이 그, 하느라고 했는지 몰라도 언론을 좀 잡았지. 언론을, '땡전'이란 말 알아요 '땡전'? 땡 하면 전두환 대통령께서는 이러고 나왔죠. 근데 그때는 전두환 대통령 각하지.

어쨌든 간에 근데 그거 했어요. 다른 건 몰라도 물가 잡은 거 하고 도둑놈 깡패 잡은 거는 잘한 거지 뭘. 근데 그러나 뭐 그건 강압적으로 했을 뿐이지. 그런데 그건 전두환 때와 박정희 때를 구별을 해주면 좋겠어. 근데 사람들은 그게 혼동을 하더라고. 그렇게 됐죠. 그런데 그거는 그 시대의 입장에서 볼 때는 이를테면 불륜, 드라마에서 불륜 같은 것을 왜 그걸 내버려두지 하느냐, 표현의 자유가 있다. 근데 표현의 자유가 우선이냐 시민의 안전이 우선이냐를 판단 잘해서야 돼죠. 지금은 표현의 자유가 우선이라고 헌법재판소에서 했기 때문에 할 수 없지만은 그때만 해도 이를테면 텔레비전이라는 것이 유일한 오락물인데 유일한 오락매첸데 전 가족이 앉아있는 오후 일곱 시 여덟 시에 막 그, 키스하고 어쩌고 그러니까 지금이야 키스는 항다반사로 하지만은 그때는 뭐 만지고 키스하고 어쩌고 이상한 짓하고 그러면 애들하고, 애들 눈 가리고 그랬단 말이야. 지금 애들이 어른보다 더 저걸 많이 보죠 인터넷으로 보고 그러니까 지금 상황으로 판단하면, 아까 얘기했잖아 지금 잣대로 보지말자고. 그때는 그런 일이 그런 일이 있을 수밖에 없구나 하고 넘어가자는 거죠. 있었던 것은 사실이고.

손동유 : 몇 가지 좀 더 여쭙겠는데요, 오늘은 대중문화 중에 주로 가요 이야기들, 가수, 가요 이야기를 많이 해주셨는데요 뭐 배우라든지 이런 영화배우나 TV 탤런트라든지 성우라든지 이런 쪽과 관련된 뭐 재밌는 에피소드나 취재과정에서 있었던 일이나 이런 건 좀 소개해주실 만한….

정홍택 : 역시 신성일·엄앵란이죠. 신성일·엄앵란이 그 당시엔 최고의 톱스타였고 또 가요 쪽에는 길옥윤·패티김이 최고 톱스타고 그리고 뭐 최희준 이런 사람들 한명숙 수준이 높았어요. 지금 수준이 떨어진다는 얘기는 아니지만 그 당시 상황으로 볼 때 상당히 수준 높은 노래들이 많았어요. 손석우 씨, 반야월 작사, 박시춘 작곡 또 손석우

작사, 작곡 좋은 노래 많습니다. 그런, 영화들도요 혼신의 힘을 다해서 만들었어요. 지금처럼 설렁설렁, 저예산 예산이라는 건 참 좋긴 좋은데 저는 저예산 예산해야 돼요. 하지만 저예산이라고 영화도 맘대로 만들면 안돼요. 돈만 조금 들이지만 영화는 진짜 목숨 다 바쳐 만들어야 돼요 하나 만들더래도. 영화 만들어놓고, 거미가 거미줄 칠 때 설렁설렁 치는 거 같죠? 거미? 거미줄 한 번 치고 나면 3일 동안 아무것도 못 먹어요. 자기 가지고 있는, 다 바치는 거예요. 3일 지나서 72시간, 72시간 지나서 그담에 이렇게 뭐 하나 거미줄에 걸리면 그거 먹고 다시 원기회복하고 그럽니다. 그러니깐 저예산 예산(영화)으로 거미처럼 최선을 다해서 해놓고 하면 몰라도 돈 조금이니까 대충하지 뭐 그러면 저예산이 아니에요. 저노력이에요, 저노력 영화지. 근데 그때는 돈이 없을 때지만 노력을 많이 했다하는 생각이 돼요. ≪맨발의 청춘≫ 같은, 예.

청중 : 교수님 그 이만희 감독의 ≪7인의 여포로≫[5]를 보면 왜 그 북한 애들은 군화가 반짝반짝 거리고 옷이 멋있는데 남한군은 왜 초라해 보이냐 그래갖고서 이만희 감독을 추궁하니까, 분에 못이겨 일찍 돌아가셨다는 말도 있는데요. 예를 들어서. 그런 경우가 많이 있었는지요?

정홍택 : 이만희가 그것 때문에 죽은 건 아니고 그 사람도 다른 이유가 있어. 그건 여기서 얘기할 증언은 아니고…. 이만희 감독은 내가 개인적으로 참 좋아하는데 돌아가신 그 이유는 딴 게 있고 이만희 감독 딸 이혜영이도 내가 자기 아버질 좋아하는 줄 알아요. 그래 지금도 이혜영이가 날 좋아해요. 근데 그러나 그건 뭐 다른 얘기고 우리나라 영화감독들 중에서 북한에 군인들이 구두가 반짝반짝하는 건 그건 말도

---

5) 1965년 이만희 감독의 영화 ≪7일의 여포로≫는 '화면에서 북한군의 군복장이 국군의 그것보다 낫게 보인다', '북한 사람들을 지나치게 인간적으로 묘사했다'는 등의 이유로 감독에게 반공법 적용 및 상영불가의 고초를 안겨주었다.

안되는 영화야. 그걸 탓해야지. 남한 군인이 구두가 뭐 흙이 많이 묻었다고 그걸 탓하면 안되지. 아 전쟁에 나간 놈이 어떻게 구두가 반짝반짝할 수가 있어요. 전쟁 안하겠다는 놈이지. 그렇잖아요? 그건 잘못한 거야 그거는. 그렇다면 그거는 잘못했을 뿐이지 무슨 북한을 찬양해서 만든 건 아니다 이 말이야. 그러니까 초점을 그렇게 포커스를 그렇게 가줘야지 아 전쟁하는 놈이 신발 닦고 나가서 전쟁합니까? 그건 아니지. 그러니까 북한은 지금 군화도 없어요. 맨발로 뛸 정도란 말이야 가난하기 때문에. 그런 거는 그렇고. 단지 우리나라 훌륭한 감독들이 많아요. 예를 들면 김기영 감독, 이만희 감독, 정창화 감독, 신상옥 감독 누구보다도. 아~ 훌륭합니다. 그래 내가 이런 사람들 다 개인적으로 잘 알죠. 정창화 감독 지금 살아있고 김기영 돌아가셨고 이만희 돌아가셨고 신상옥 돌아가셨고. 최은희는 살아 계세요 최은희 씨가 1948년에, '47년에 영화를 하나 찍어요. ≪마음의 고향≫[6]이라고. '48년에 개봉을 하는데 이게 경북 김천에서 찍어요. 청암사라는 곳에서 찍어요. 청암사라는 절이 있어. 찍는데 거기에 유명한 작품인데 그게 최은희 선생의 데뷔작품이야. 개봉은 '48년에 하지만 찍기는 '47년에 찍어요. '47년이면 지금 몇 년 전입니까?

손동유 : 60년이 넘네요. 64년 예.

정홍택 : 그렇지요? 그 당시에 그러면 최은희가 몇 살이었을까요. 스무 살만 쳐도, 그렇게 노인네에요. 근데 지금 굳건히 살아서, 물론 휠체어 타고 다녀요. 내가 점심 먹자 그러면 하시라도 나와요. 지금도. 지금 전화해서 '내일 점심 먹읍시다' 그러면 나와요. 날 그렇게 좋아하고.

손동유 : 조금 전에, 가요 말고 다른 장르도에서도 대중문화에 종사하시는 분들이 위계질서가 대단하다고 제가 알고 있습니다.

---

[6] 윤용규 감독이 연출하고 최은희, 변기종 등이 출연했다.

손동유 : 조금 있다가 참석하신 분들이 질문하실 기회를 드리겠습니다. 그러면, 종합적으로 마무리 질문 한번 여쭙겠는데요. 전반적으로 박정희시대에 우리나라 대중문화가 어떻게 성장을 했고 그 시대의 대중문화를 선생님께서는 어떻게 규정하고 계신지 말씀해 주시기 바랍니다.

정홍택 : 두 가지로 볼 수 있어요. 박정희 대통령 때에 대중문화가 어떤 것이냐 하는 것은 저는 한편으로는 박정희 대통령 때 대중문화가 꽃을 피우지 않은 것은 사실이에요. 왜냐면 그때는 너무나 힘들고 오직 '잘 살아보세'가 주종이었기 때문에 대중문화에 눈을 돌릴 새가 없었어요. 문화에 쓰는 예산, 국가예산이 없었습니다. 거의 없었어요. 하물며 대중문화는 더 없어요. 일반문화, 소위 말하는 고급문화 쪽에도 돈을, 손을 못썼어요. 그건 분명합니다. 그러니까 다른 걸로 해서 우선 국가가 융성하고 국가가 부강한 뒤에 대중문화도 있고 그렇다 그리고 내가 지금 눈물 나는 것은 숭례문 옆에 일요신문이라고 있었어요. 그 당시에 일요신문이라고 있었어요. 일요신문이 무슨 경제? 현대경제일보하고 같이 지금 다 없어진 신문인데 건물에 이렇게 삐쭉 올라가 있었어요. 꼭대기에, 거기가 그 근처 제일 크기 때문에 그랜드호텔이라고 있었고 그 앞에 지금은 무슨 보험회사가 됐더구만. 무슨 보험회사가 됐더라고. 고 앞에 거기선 제일 큰, 숭례문 바로 앞에 거기에다가 수출 1억 달러 됐다고 막 네온사인 붙이고 막 난리 나고 거리행진하고 축하 뭐 퍼레이드하고 그랬어요. 수출 1억 달러. 지금 얼맙니까? 수출이? 얼만 줄 아세요 여기? 전혀 관심 없구만들.

청중 : 수출이 1조 달러 돌파했습니다.

정홍택 : 어?

청중 : 1조 달러 돌파.

정홍택 : 1조 달러 돌파했어요. 1조 달러. 그 당시에 1억 달러 돌파 했다고 그 난리쳤던 때에요. 그게 언젭니까? '70년댑니다. '70년대 중반

입니다. 우리가 '70년대 중반에 1억 달러에요. 그게 지금 1조 달러가 됐어요. 그러니까 '잘 살아보세'에 정신이 팔려있기 때문에 그리고 박정희 대통령 생가 가본 분 계세요?

손동유 : 생가는 못 가봤습니다.

정홍택 : 한 번 가보세요. 조그마한 초가집이야. 형편없는 집이야. 물론 지금 초가집은 아니지 이제 기와집으로 올렸지만 눈곱만한 집이에요. 이런데 어떻게 살았나 싶어요. 박정희 대통령 생가에요. 아시겠어요? 박동희 선생, 박정희 대통령의 형님 아니에요? 박동희 씨하고 박정희 뭐 해서 형제들 다 거기서 크고 거기서 태어나고 무슨 병원에서 애 낳았습니까? 그 집에서 태어나고 다 그러지. 그러니까 '잘 살아보세'에 전력을 다했기 때문에 문화에 손쓸 새가 없었지. 그건 분명해요. 솔직히 그건 분명합니다. 그러나 그 잘살아보세 덕분에 지금 문화가 컸다고 저는 생각하기 때문에 아주 문화 말살시킨 건 아니다 하는 얘기지. 제 얘기가, 얘기가 되죠?

손동유 : 예 말씀 잘 들었습니다. 이렇게 해서 마지막 질문까지 드렸고요. 바쁘시더라도 플로어 몇 분만 좀 질문을 하시고, 대답 부탁드립니다.

청중 : 문화의 터닝 포인트가 몇 가지 있는데요. 클리프 리처드가 와서 우리 한국문화에 끼친 영향하고, 한대수가 끼친 영향하고….

정홍택 : 한대수는 별 영향 끼친 거 없어. 한대수는 괜히 자꾸 키울 필요 없다고 봅니다. 한대수는 생계형이라고 보고 미국 가서 지금까지 있다가 오니까 사회적 분위기가 자기도 받아주고 할만하니까, 들어왔다고 봅니다. 오히려 최양숙이 같은 가수가 아까워요. 최양숙이가 한국에 있었으면 우리나라 대중가요가 많이 좋아졌을 텐데 일찌감치 포기하고 미국으로. 최경식이라고 최양숙이 오빠가 있는데 가면서 같이 데리고 갔어요. 지금도 결혼 안하고 혼자 살 거야 아마.

손동유 : '가을편지' 불렀던 가수죠?

정홍택 : 아, 가을엔 편지를 쓰겠어요, 샹송, 누구라도 그대가 되어~ 그, 김민기 작사야. 아 김민기 작곡이야.

손동유 : 고은 선생.

정홍택 : 가사는 고은이고.

청중 : 추가로 좀 더 여쭙겠습니다. 클리프 리처드가 우리 대중문화에 끼친 터닝 포인트가 뭔가 있다고 생각하는데요….

정홍택 : 아 있어요. 클리프 리처드가 역시 세계적인 가수고 지금도 세계적인 가수로 남아있고. 영국의 4대 가수라 그러면 우선 비틀즈하고 탐 존스, 엥겔버트 험퍼딩크,7) 클리프 리처드 이 넷이 영국을 대표하는 가수들인데 비틀즈는 영국이라고 얘기할 수 없고 뭐 전 세계고. 그다음에 비틀즈가 가장 존경했던 가수는 엘비스 프레슬립니다. 탐 존스가 존경했던 가수도 엘비스 프레슬리입니다. 엥겔버트 험퍼딩크, 엘비스 프레슬리입니다. 모든 게 엘비스 프레슬리가 고향입니다. 아시겠어요? 엘비스 프레슬리를 가지고 연구를 하면 박사학위 받을 수 있어요. 난 그렇게 생각해요.

정성화 : 궁금한 거 한 번 여쭙겠습니다. 아까 선생님말씀 쭉 듣고 보니까 '60년대 '70년대 박정희시대 때 그 어려운 여건 속에서도 대중문화가 꾸준히 발전했다는 느낌을 받았습니다. 영화 유명하신 감독도 말씀하시고 또 이제 가수도 그렇고 연극도 그렇고. 어려운 상황 속에서도 그 전 시대 보다 여러 분야의 대중문화가 많이 발전했는데 그 저력이, 그 힘이 어디서 나왔다고 보시는지요?

정홍택 : 아, 참 좋은 질문이신데 우리 교수님 말씀하신 게 좋은데

---

7) Engelbert Humperdinck. 1936년생으로, 인도에서 태어나 영국으로 이주한 뒤 세계를 무대로 활동한 가수이다. 본명은 아놀드 도시(Arnold George Dorsey)로, 예명은 19세기 독일의 오페라 작곡가에서 따왔다.

우리나라 한국 민족의 저력이에요. 누가 도와준다고 이거 되는 게 아닙니다. 대중문화는. 한국 사람들이요 매우 대단한 사람들이에요. 이게 하지 말라고 아무리해도 안됩니다 한국 사람들 홍은. 홍과 춤추고 노래 부르는 거 이거 못하게 만들어 보세요. 일본이 망한 게 왜 망한 줄 아십니까? 물론 전쟁에서 망해가지고 미국한테 져가지고 망한 건 그건 물리적인 망함이고 또 내부적으로는 우리나라 이름 바꾸고 글 못쓰게 하고 한국말 못하게 하고 한국 문화말살 시켰기 때문에 망한 겁니다. 그 점에 대해선 분명히 짚고 넘어가야 됩니다. 박정희 대통령, 전두환 대통령 아무리 누가 독재했다 그래도 그 사람들이 문화 말살시키지 못합니다. 절대로 못합니다. 다른 나라는 모르겠어요. 다른 나라는 문화를 억누를 수가 있을지 모르겠으나 한민족은 그건 안됩니다. 그랬다간 큰일 납니다.

청중 : 어떤 정책적인 그런 노력이라던가….

정홍택 : 정책적인 노력은 그렇게 크진 못했어요. 크진 못했는데 아까 말씀드린 대로 '잘살아보세' 때문에 박정희 대통령 시절엔, 박정희 대통령 말엽에 그 할라 그랬어요. 문화 쪽을 적극적으로 지원할라 그러다가 그때 시해사건으로 세상 떠나게 되고 아주 아쉽기 짝이 없죠. 말엽에 '77년인가 '78년인가부터 그게 정책에 들어가 있었던 걸로 전 알아요. 네. 그리고 문화공보부도 그때 강화시키고 그땐 문화공보부입니다. 강화시키고, 지금은 문화체육관광부지만은 했고 나중에 노태우 때 문화부로 바뀌게 되는데 문화가 우선이지 공보는 무슨 공보냐 했는데 공보는 따로 떼어 내고 그렇게 했는데 그건 내가 보기엔 누가 잘했는지 모르겠으나 어쨌든 박통 때 그렇게 하느라고 애썼어요. 애쓰다가 이렇게 된 거야. '79년에 그 김재규 사건이 나가지고 그렇게 됐기 때문에 아쉽기 짝이 없으나 그러나 박정희 대통령이 그때 지원하려고 계획했던 정책은 그 뒤에 남아있는 거지. 그렇죠?

청중 : 세종문화회관 의미도 크지 않습니까?

정홍택 : 참 좋은 질문이야. 그때 국립극장에서 육영수 여사가 세상 떠나잖아요. 문세광이한테 총 맞아가지고. 그렇잖아요? 그것도 또 요새 초등학교에서는 모 교사들이 그 가짜라고 얘기한대요. 문세광이가 가짜다 박종규가 쐈다 이런대요. 난 이렇게 역사를 자꾸 억지로 만들라고 그러면 안되죠. 역사는 역사대로 그대로 하고 거기에 뒤에 있는 내용을 얘길 해줘야지 역사 자체를 자꾸 바꿀라 그러면 안되죠. 문세광이한테 그래서 박정희 대통령이 국립극장을 싫어하게 됐죠. 싫다 이거지 여긴 싫다. 그렇지 않겠어요? 인간인데 그 양반도. 자기 부인이 죽은, 그 자리에 가서 무슨 또 신난다고 무슨 행사를 하겠어요? 그러니까 우리가 평양에 있는 극장보다 더 크게 멋있게 한번 지어봐라. 갈 곳이 없다. 어디냐. 서울 시민회관 헐어라 새로 지어라. 원래 서울시민회관이 여러분 아실는지 몰라도 첨에 질 때 이승만 대통령이 짓습니다. 그래서 그 당시에 이름이 우남회관입니다. 이승만 대통령 호가 우남(雩南)이기 때문에. 아시겠어요? 그러다가 너무 이승만 대통령 어쩌고 어쩌고 그런다 그래가지고 부산에 용두산 공원이 우남공원이에요 원래가. 제가 별걸 다 알죠? 예. 산 증인이죠. 근데 그러다가 우남회관 좀 이상하다 그래서 서울시민회관으로 바꾸죠. 그러다가 이걸 헐고 새로 지으면서 박정희 대통령이 제일 존경하는 인물이 충무공 이순신이고 두 번째 존경하는 인물이 세종입니다. 그래서 세종문화회관으로, 충무공문화회관 이상하잖아. 그래 세종문화회관으로 바꿔라 이렇게 돼가지고 세종문화회관이 돼. 그건 박통 직접지십니다. 제가 그렇게 알아요.

청중 : 예술의전당도 그것도….

정홍택 : 예술의전당 박통 때 한 게 아니에요. 그건 전두환 때 한 거예요. 전두환 때 해놓고 준공할 땐 노태우가 준공시키죠. 팔팔 년도에 서울올림픽도 전두환 때 유치해놓고 개최는 노태우 때하고. 노태우는

남의 거 그냥 앉아서 먹은 거예요. 예술의전당 저는 실패작이라고 지금도 생각해요. 그거는 '강남 예술의전당'일 뿐이야.

손동유 : 네. 긴 시간 좋은 말씀 많이 들었구요. 선생님 오늘 해주신 말씀 또 잘 촬영을 했으니까 기록으로 남겨서 저희들 연구하는데 도움 되도록 하겠습니다. 끝까지 즐겁게 말씀해주셔서 감사합니다.

정홍택 : 이렇게 오랫동안 얘기한 게 처음입니다. 여러분 고맙습니다.

찾아보기

【ㄱ】

검열 32, 42, 44, 48, 93, 150, 175, 217
검열관 16, 32, 54, 73, 93
고도를 기다리며 124, 151, 163, 164, 165, 166
공발연 77, 112
공연법 148, 150
공연윤리위원회 53, 54, 217
국립극단 125, 144, 151, 153, 156, 157, 158, 162, 163
국립극장 155, 158, 159, 161
김동원 131, 132, 133, 135, 146

【ㄴ】

노태우 90, 91, 92, 93, 95, 103, 105, 108, 115, 229, 230

【ㄷ】

다큐멘터리 67
대중가요 180, 210, 211, 227

드라마센터 132, 135, 136, 137, 138, 143, 144, 145, 146, 147, 151, 152, 153, 154, 158, 159, 160, 163, 167, 169, 170

【ㄹ】

리얼리즘 41, 46, 55, 56, 59

【ㅁ】

만다라 137, 139
무세중 38, 39
문공부(문화공보부) 21, 85, 86, 110, 114, 115, 203, 229
민족극단 37, 38
민중시대의 문학 48, 49

【ㅂ】

바람 불어 좋은날 21, 49, 52, 53, 57, 58, 61
바보선언 21
박완서 53

배창호 51
변영태 129
별들의 고향 16, 21, 40, 42, 45, 56, 57, 58, 60
부산국제영화제 23
부조리극 168
부천국제판타스틱영화제 22

【ㅅ】

새마을운동 87, 88, 89
세시봉 214, 216
세종문화회관 230
수신료 73, 101, 102, 105, 106
수치 148, 150, 151
신군부 93, 94, 96, 97, 102, 103
신상옥 16, 32, 34, 35, 36, 40, 59, 223
신성일 57, 58, 60, 134, 221
신필름 20

【ㅇ】

아침이슬 215
염무웅 40, 41, 48, 49
예술의전당 230, 231
유신 107
유신체제 87, 88, 89
유치진 140, 141, 144, 145, 146, 154, 168, 169, 170
유현목 59
이만희 222, 223

이승만 28, 82, 230
이영호 24, 25, 28
이탈리아 네오리얼리즘 47, 60
이해랑 141, 146, 162
임권택 64, 65, 66, 137

【ㅈ】

저작권 178, 179, 181, 193, 212
전두환 53, 94, 95, 96
존 웨인 134

【ㅊ】

최인호 40, 49, 51, 58, 61

【ㅋ】

클리프 리처드 225, 227, 228

【ㅍ】

판 영화사 21

【ㅎ】

하길종 44, 45, 47
한국예술문화단체총연합회 141
한국일보 174, 175, 178, 189, 191, 192, 201, 203
한국전쟁 184, 188
햄릿 131, 132, 135, 144, 145, 156

황활원 38

【기타】

1·4후퇴 24, 26, 33
10·26 51, 102
4·19 20, 26, 27, 38, 81, 82, 136, 146, 185, 187
5·16 125, 136, 137, 141, 185, 187, 205
6·25 128, 144, 157, 162, 168, 187
6·29선언 98, 99, 100, 116
7인의 여포로 222
ICOTEC 174, 181
KBS 72, 74, 75, 76, 85, 87, 96, 98, 99, 100, 102, 103, 104, 105, 110, 114, 200
KBS와 권력 72, 76, 85, 86
MBC 87, 94, 96, 101, 103, 200
NHK 85, 102, 106, 110, 115
TBC 87, 96, 103, 180

─────── 증언자 소개 ───────

이장호 | 영화감독·서울예술대학교 석좌교수
강동순 | 사단법인 한국방송인회 이사
전무송 | 연극인
정홍택 | 前 한국일보기자